哈飞微型汽车使用与维修问答

主编　杨智勇　钱振海

金盾出版社

内容提要

本书以问答的形式，围绕使用维修等实用技术，详细介绍了哈飞微型汽车的使用与技术数据，发动机、底盘、电气设备的基本结构、零件检修与维护以及常见故障诊断与排除方法，重点介绍了电控燃油喷射发动机的结构、故障诊断、拆装及检修方法。书中配有大量维修技术数据和插图，通俗易懂。

本书可供哈飞微型汽车的维修技术人员、用户及车辆管理人员使用，也可供大中专院校相关专业师生阅读参考。

图书在版编目(CIP)数据

哈飞微型汽车使用与维修问答/杨智勇，钱振海主编. --北京：金盾出版社，2013.6

ISBN 978-7-5082-8123-0

Ⅰ.①哈…　Ⅱ.①杨…　②钱…　Ⅲ.①微型汽车—车辆修理—问题解答
Ⅳ.①U469.110.7-44

中国版本图书馆 CIP 数据核字(2013)第 034050 号

金盾出版社出版、总发行

北京太平路 5 号(地铁万寿路站往南)
邮政编码:100036　电话:68214039　83219215
传真:68276683　网址:www.jdcbs.cn
封面印刷:北京精美彩色印刷有限公司
正文印刷:北京万友印刷有限公司
装订:北京万友印刷有限公司
各地新华书店经销
开本:705×1000　1/16　印张:11.5 字数:198 千字
2013 年 6 月第 1 版第 1 次印刷
印数:1～6 000 册　定价:29.00 元

前　言

哈飞微型汽车主要有哈飞路尊小霸王、哈飞新中意、哈飞民意金牛版、哈飞民意Ⅱ代、哈飞中意加长单排货车及哈飞中意加长双排货车等车型。

其中，哈飞民意和哈飞中意是哈飞汽车旗下两款主打车型，自上市以来，其舒适、便捷、高性价比，成为汽车中的明星产品。哈飞路尊小霸王是哈飞集团全新开发的新一代宽体大微客，在内部空间和承载能力最大化方面有着突出优势，2470mm 的轴距和 1310mm 的后轮轮距已经达到轻客范畴，车身长度已接近 4000mm。底盘系统严格按照欧洲标准进行道路强化试验，远高于国家现行标准要求，耐久性、可靠性好。

受汽车下乡和购置税优惠等利好政策的推动，农村汽车消费市场大幅增长，哈飞微型汽车的用户中，农村购车者的比例也大幅增加。

随着哈飞微型汽车社会保有量的增加，广大用户迫切需要深入了解车辆的结构特点和维修方法。为帮助微型汽车的使用人员和维修人员以科学、实用、简洁的方法了解、掌握使用方法和汽车故障的排除，更好地发挥汽车的使用性能，提高其工作可靠性能，特编写本书。

本书以问答的形式，围绕使用维修等实用技术，详细介绍了哈飞微型汽车的使用与技术数据，发动机、底盘、电气设备的基本结构、零件检修与维护以及常见故障诊断与排除方法，重点介绍了电控燃油喷射发动机的结构、故障诊断、拆装及检修方法。书中配有大量维修技术数据和插图，通俗易懂，可供哈飞微型汽车的维修技术人员、用户及车辆管理人员使用，也可供大中专院校相关专业师生阅读参考。

本书由杨智勇、钱振海主编，刘琦、冉树军、侯伟副主编，参加编写的还有范渝诚、李川峰、李丁年、于宏艳、张宁、高继生、李旭、栾宏宇、王鹏、陈剑飞、张喜平等。书中如有不当之处，敬请读者批评指正。

编　者

目　录

第一章　车辆的使用与技术数据

第一节　车 辆 驾 驶

1. 新车驾驶注意事项有哪些?

新车在正式使用前,需经走合期(也称磨合期),就是让汽车在较小的负荷、较低的速度下运行,使整车零部件的配合进行一个阶段的磨合,避免早期磨损,延长车辆的使用寿命。微型客车在最初行驶2000～2500km为走合期,并注意以下事项。

(1)保持中速行驶。新车初驶阶段都有速度规定,且要求在使用中注意观察发动机转速表和车速表,使发动机转速和车速都在中速下工作。哈飞微型汽车在磨合期时应按表1-1所示的规定车速行驶。

表1-1　走合期哈飞微型汽车规定的车速

变速器挡位	限速(km/h)	变速器挡位	限速(km/h)
一挡	15	四挡	60
二挡	25	五挡	75
三挡	40		

(2)不要满载运行。新车或刚大修好的车满载运行将会对机件造成损坏。因此,在最初的400km内空载,400～2000km之内载荷不得超过300kg。另外,最好不要让车坐满人,并且要保证车内无额外增加重量的重物、杂物。

(3)避免长途行驶。新车在没过磨合期跑长途,会使发动机连续工作的时间增长,造成机件磨损加剧。在尚未过磨合期一定要长途行驶时,建议首先要控制一个匀速行驶的范围,比如保持车速70km/h。另外,在每行驶3h左右,应停车使发动机怠速运转10～15min,让发动机做适当调整后再继续行驶。

(4)不要紧急制动。紧急制动不但使磨合中的制动系统受到冲击,而且加大了底盘和发动机的冲击负荷,所以在最初行驶的2000km内不要使用紧急制动。如确有突发情况,也应尽量先踏下离合器踏板再踩制动踏板,以减少对发动机的冲击。同样,在磨合期内,也尽量避免急加速的发生。

(5)及时变换挡位。车辆在行驶中应及时换挡,不能使用高速低挡行驶或低速高挡行驶,也不要长时间使用一个挡位。

(6)按规定加注燃油。新车使用的燃油不能低于厂家规定的标号。应到有质量保障的加油站加油。

(7)严格按驾驶操作规程操作。发动机起动后应原地短暂升温,待水温达到起步温度后再起步行驶。驾驶中要选择良好路面,保持中速行驶,尽量避免急加速和急刹车,油门要小,操作要轻,同时还应随时注意发动机的声音、温度等。多选择路况好的路面,避免到土道,碎石路上行驶。

(8)按时进行初驶保养。该到首保时,应按照厂家的要求及时做保养,不要认为多跑个千八百公里对车没影响。

(9)严禁做教练车使用。处于磨合期的车辆严禁做教练车使用,否则,将严重影响车辆使用寿命。

2. 乡村公路驾驶注意事项有哪些?

(1)临近村口,减速行驶。村口有限速标志的,按标志要求行驶。如果没有标志要求的,应减速慢行,提前按响喇叭,做好随时制动准备。

(2)警惕村民突然出现。通过乡村公路、土路时,要注意车速不能过高,防止村民突然出现。如果发现有村民横穿公路时,要提前减速,按响喇叭,不要与他们抢道。通过时,最好不要从其前方通过,要有意从行人后方绕行。

(3)见到牲口,少按喇叭。乡村集镇,临路的巷子比较多,除了自行车、摩托车突然出现外,牲口和牲口车也不少。有些赶着牲畜在路边行走的村民,当汽车驶近,牲畜就骚动起来,他们为了保护牲畜而冲到路中驱赶,常常却忘了自己的安危。

(4)路遇障碍,小心慢行。遇有晾晒的谷物,要放慢车速,选择较薄的一侧通过,并提防晾晒谷物人员突然做出有碍通行的举动,还要注意有小猫小狗或小孩隐藏在谷草之中突然跑出。

(5)坑洼土路,缓慢通行。土路上坑洼、碎石等障碍物较多,行驶速度不能过快,否则车震动加剧,不仅造成车辆传动系、行走系等机件损坏,而且直接威胁行车安全。特别是雨天在有积水和泥泞的路段行车,更要稳住加速踏板,控制车速,用中低挡通过。注意在通过溜滑地段时,不得加减挡位变速和紧急制动,即使需要减速也要靠减小加速踏板来控制。路面上有坑洼、乱石时,还应考虑到车辆的离地面间隙,转动方向盘小心避让。在通过松软、泥泞积水路段时,应特别谨慎,必要时下车观察,当判明车轮确实不会陷入泥土中时,方可挂低挡缓缓一气通过。新开通的土路,若路面有车辙,应尽量沿着车辙行驶，不可盲目冒险。

(6)减小油门，缓缓下坡。无论是晴天还是雨天，下坡时都应选择中低速挡位，减小油门缓缓下坡，不得空挡溜坡。因为土路上坑洼、乱石较多，情况复杂，下坡途中常需制动减速来避让，特别是有些土路下坡途中有急弯，若空挡溜坡，制动时极易造成车辆跑偏、横甩甚至翻车的重大事故。

(7)会车时要谨慎驾驶。行车中不要与前车跟得太近，以免晴天被前车扬起的灰尘或雨天溅起的泥水遮挡视线。遇有会车时，要注意观察路面，特别是久雨中不要太靠近路肩，以防塌方或车辆侧滑产生碰撞事故。当道路较狭窄时，更应避免靠边行驶。

(8)过沟越坑，先降车速。在泥路上行驶时，避免猛打方向盘，踩制动踏板时应柔和。遇较大的水洼时，应“惹不起，躲得起”，躲避行驶；无法躲过时，应判明是否可以通过；通过时，应保持直线行驶，尽快通过；遇到路上有凹陷的泥坑无法躲过时，应以较低的车速缓慢通过；通过较大的横向凹坑时，必须先降低车速，等前轮慢慢溜进沟底后再加速，当前轮上沟后立即放松油门，用同样的方法使后轮过沟。

(9)路面较差，谨慎超车。当前方有农用车或拖拉机等车辆时，要仔细观察道路情况，不可操之过急。在路面较窄或质量较差时，不要急于超越，待超车条件允许时再实施超越。

(10)穿村过镇，减速礼让。途经小县城、集镇街道，很多道路不设分道线，各种车辆和行人混在一起，行车时要主动减速礼让，尽量避免超车。行至拥挤街道，行车比较困难，要按喇叭减速行驶。在村、镇、小县城停车，要遵守停车规定，没有停车规定设施的要选择妥善停车地点，并向附近村民打招呼，以防阻塞交通或受刮碰，更防居心叵测的人搞破坏。

3. 城区公路驾驶注意事项有哪些?

(1)保持车距。市区大部分交通事故的原因是前后车追尾和各种碰挂。为了不撞人或不被人撞，既要时刻注意前车的距离和速度，也要经常通过后视镜观察后车的动态。行驶一段距离后，应踩一下刹车，提醒后车注意与前车的距离。尤其是夜间行车时，踩刹车预防追尾的办法是非常实用的。

(2)路口慢行。现在许多城市道路为行人、非机动车、机动车并行路面，相对而驶的车流之间没有隔离带或隔离墩，这给驾车带来困难。一般来讲，越靠近路口车辆行进的速度越要放慢，此时过往马路的行人及非机动车会乘隙穿行通过。

(3)抢红不抢绿。有些驾驶人在前方遇上信号灯时总喜欢加速“抢灯”。在远处见到绿灯就拼命加油提速，往往还未驶到路口停车线，绿灯却变成了红灯，不得不仓促刹车，这是非常不可取的。最好在远处见到绿灯时逐渐减缓车速，在保持低速前进的情况下，以备接近路口时变灯。在远处见到红灯时则可保持正常车速或略为提速以接近路口。因此，“抢红不抢绿”能避免紧急制动，顺利安全通过路口。

(4)安全超车。超车必须在有百分之百把握的情况下进行。当确认超车条件后，应先打左转向灯并示意(夜间超车时应变换灯光予以提示)，等前车有让路表示后，方可从前车的左侧超越。超越前车后，也不能过早地驶回原来的行驶路线。

(5)谨慎掉头。有的驾驶人行车到不熟悉的路线，有时一看走错路了，立刻原地掉头，全然不顾两边的车辆，这是十分危险的。中间画了实线的马路是绝对不能掉头的，如果万不得已必须掉头，不要在对面一大串车辆接连而来的状态时强行拐弯。应该等对面车道基本无车时，确认后面也没有来车时插空迅速掉头。

(6)低挡下桥。现在很多城市都建了立交桥和高架路，上下桥的落差比较大。有的人开车下坡时，只管空挡滑行，眼看要撞到前车了才踩刹车，这是很危险的。应该将变速器挂入低挡，使车辆利用发动机制动低挡下桥行驶。

4. 崎岖山路驾驶注意事项有哪些?

山路行车，依山傍崖，沟深坡陡，弯多路险，崎岖不平，除要求车况良好外，驾驶人必须掌握一定的驾驶技巧，才能保证行车安全。

(1)驾驶姿势。山路行车，驾驶人的驾驶操作强度要比在一般道路上大，驾驶人在行车前应调整好驾驶姿势，尽量创造一个舒适、宽松的驾驶环境。

(2)弯道行车。转弯道路行车最重要的是正确操纵转向盘。在转弯的同时应做到减速、鸣喇叭、靠右行，并随时做好对面有来车的准备。

(3)上、下坡驾驶。上坡时，要视坡道长度和车辆的装载质量情况选择合适的挡位，以便使车辆保持足够的动力。下长坡时，驾驶人要避免空挡滑行，充分利用发动机的牵阻作用，不能长时间使用脚制动。

(4)会车与超车。会车要选择相对宽阔、平坦的路面交会，如在险要路段会车，驾驶人一定要发扬风格，傍山一侧行驶的车辆主动让车，待他车通过后再前进，确保两车交会安全。山路超车危险性最大，应尽量避让，如确实需要超车，要选择较好的路段，待前车让出道路后方可超越。严禁在转弯时超越车辆。

(5)泥泞路行车。驾驶人在泥泞路行车时应在道路中央或顺前车车辙行驶，车速要保持在30～50km/h。如有会车等情况时，应提前放松加速踏板并轻踏制动踏板，待车速确实降下来后挂低速挡慢慢打转向盘驶向路边，等情况处置妥当，再驾车驶向道路中央或顺着前车车辙逐渐提速。处置这类情况时，切勿猛打转向盘或边踩制动踏板边打转向。

(6)夜间驾驶。在山路上夜间驾驶更要注意控制好车速，在转弯或弯多的路面开近光灯。车辆在行驶中若发现灯光越来越近，说明车辆正在上坡，反之则为下坡；当灯光离开行驶路线，说明车辆就要转弯了。夜间会车，应在两车相距100～150m时互换近光灯。夜间应尽量避免超车，如确实需要超越，应按超车要求选择相对宽阔、平直的路面，按几下喇叭或变换远近灯光提示前车，待前车让路后再超越，被超车辆应主动靠右并开近光灯让超越车辆通过。

(7)通过陡坡时，必须保持车辆有足够的爬坡动力，提前选择好合适的挡位，随时做好避让下行车的准备。下坡前应检查手制动、脚制动，不得采用空挡溜坡。

(8)通过转弯时，应减速、鸣喇叭、靠右行驶，并随时准备停车。山路行驶可打开车窗便于听到车外的声音，面临有可能落石的崖壁应关闭车窗。驾驶过程中，应注意查看仪表的工作情况，特别是水温和油压。

(9)通过傍山险路时，特别是刮台风、雷雨天后，路况差，要注意减速、鸣喇叭、靠右行驶，发现没有会车条件的，应做到“先让、先慢、先停”，选择安全地点会车，发现有塌方，应查明情况后，确认能安全通过后，才慢慢通行。如有指挥应服从工作人员的指挥。

(10)尽量避免在山路上停车，必要时应选择相对平直、视线好的安全地段。

总之在山路行车应当提高警惕，慢速通行，不要强行超车，只有这样才能在山路上开好安全车。

5. 冰、雪路面驾驶注意事项有哪些?

(1)冬季冰雪地路面附着系数非常低，车轮容易打滑，行车的危险性更大，所以行车速度要更低，以确保安全。行进中车速要平稳，要防止车速过快，避免猛加速。需要加速或减速时，油门应缓缓踏下或松开，以防驱动轮因突然加速或减速而打滑。

(2)在冰雪路上行驶，容易发生追尾事故，所以要增大行车间距，行车间距要比无雪干燥路面时增大4～5倍。雪天地面的阻力很小，只有干燥沥青路面的四分之一。跟车太近的话，很难在短距离内刹住车，一旦出现情况很容易造成追尾。用脚制动时，应以点刹方式，即轻踩轻抬，不要一脚踩死，没有ABS的车尤其要注意防止侧滑。

(3)雪融化后再次结冰，路面更滑，汽车行驶时车轮打滑，制动时更容易溜滑，给汽车行驶和制动都带来困难。为确保行驶安全，车速应控制在安全速度以内。

(4)在积雪较深的路面上行驶，要跟着前车的车辙行驶，因为前车已把松软的雪压实，可防止陷入深雪之中。

(5)尽量避免在冰雪路上超车，一是因为冰雪路上不宜加速，二是清扫路面积雪时把雪堆在路边，使路面变窄，这些都是超车的不利因素。实在需要超车时，一定要选择宽敞、平坦、冰雪较少的路段，不得强行超车，而且超过前车千万不要马上向右变线，而要尽量给被超车留出安全距离。

(6)车辆起步时若发现轮胎已被冻结于地面，应先用十字镐挖开轮胎周围的冰雪、泥土，以防损坏轮胎和传动机件。若驱动轮打滑，应铲除车轮下的冰雪，并在驱动轮下撒些干沙、煤渣、柴草等物，以提高附着性。

(7)驾车拐弯要特别注意避开弯道内的积雪、结冰。冰雪路无法避开时，一定要提早减挡减速、缓慢通过。车速降下来后，应采取转大弯、走缓弯的办法，不可急转方向，更不可在弯道中制动或挂空挡。

(8)停车要尽量选没有冰雪的空地，拉紧驻车制动器并将变速器挂上挡。需要在冰雪路面上停车时，应选择朝阳、避风、平坦干燥处停放，不得紧靠建筑物、电线杆或其他车辆，以防侧滑时碰撞。若必须在坡道上停车，应挂挡、拉紧驻车制动，并在车轮下填塞三角木、石块等，以防汽车溜坡。

6. 雨天驾驶注意事项有哪些?

(1)保持良好的视野。雨天开车上路除了谨慎驾驶以外，要及时打开雨刷器，天气昏暗时还应开启近光灯和防雾灯。如果前风窗玻璃有雾气，则需开冷气，并将冷气吹向前风窗玻璃；如果后风窗玻璃有雾气，应打开后风窗玻璃加热器开关，尽快消除雾气，以免看不清后面的车辆。

(2)防止车轮侧滑。雨中行车时，路面上的雨水与轮胎之间形成“润滑剂”，使汽车的制动性变差，容易产生侧滑。因此，驾驶人要双手平衡握住转向盘，保持直线和低速行驶，需要转弯时，应当缓踩刹车，以防轮胎抱死而造成车辆侧滑。如果是前轮侧滑，应当将方向朝侧滑的相反方向纠正；如果是后轮侧滑，要将方向朝侧滑的一侧纠正，切不可打反方向。

(3)低速挡缓慢行驶。有经验的驾驶人都知道，无论道路的宽窄、路面状况好坏，雨中开车尽量使用二或三挡、不超过 30km/h 或 40km/h 的时速，随时注意观察前后车辆与自己车的距离，提前做好采取各种应急措施的心理准备。如需停车时，尽量提前 100m 左右减速、轻点刹车，使后面来车有足够的应急准备时间，避免由于刹车过急造成碰撞或者追尾。

(4)防止涉水陷车。当车经过有积水或者立交桥下、深槽隧道等有大水漫溢的路面时，首先是停车查看积水的浓度，最简单的方法是水深不能超过排气管的高度，如果超过排气管的高度，应选择其他路线绕行；如水深只淹没少半个轮胎，可以挂一挡，稳住加速踏板，低速直行，一气通过，切不可中途停车、换挡或急转转向，防止因操作失误而导致发动机熄火、损坏。

(5)不宜加速超车。雨中行车，要随时注意前车的行驶速度和方向，绝不可因前车速度慢而加速超车。尤其是在高速公路上，由于各车道的车速相对较高，驾驶人的视角变窄，加上路面湿滑，强行越线超车时，稍动转向就很容易造成车轮打滑，极易造成与其他车辆发生刮蹭，引发车辆侧翻等意外事故。

(6)防止行车中撞人。由于雨中的行人撑伞，骑车人穿雨披，他们的视线、听觉、反应等受到限制，有时还为了赶路、争抢超车横穿猛拐，往往是车辆临近时惊慌失措而滑倒，使驾驶人措手不及。遇到这种情况时，驾驶人应减速慢行多鸣笛，耐心避让，必要时可选择安全地点停车，切不可急躁地与行人和自行车抢行，防止撞倒行人。

(7)车陷泥坑的自救方法。下雨天或在乡间土路上行车时，经常遇到车轮陷入泥坑的情况。一旦发生这种情况，可以挂上一挡或倒挡，试探性地缓踩加速踏板，当汽车能前行或者后退时，要保持加速踏板位置不变，低速开出泥泞路段。如果汽车无法前后移动，可以在驱动轮前后垫石块、砖头、木板或树枝等，以增加车轮与地面的附着力，使汽车平稳开出泥坑。

7. 雾天驾驶注意事项有哪些？

(1)要经常注意天气预报，及时收听当地的交通电台，随时了解路况信息，以便提前做好行车计划，尽量避免在大雾天气出行。

(2)在雾中行驶要遵守灯光使用规定，打开前后雾灯、尾灯、示宽灯和近光灯，利用灯光来提高能见度。出车前，检查车辆雾灯是否正常。未按国家标准安装雾灯的机动车不能进入高速公路。需要特别注意的是，雾天行车不要使用远光灯，因为远光灯射出的光线容易被雾气漫反射，会在车前形成白茫茫一片，开车的人反而会什么都看不见。

(3)限速行驶，保持车距，禁止超车。雾中行车，在打开雾灯和近光灯的同时，应注意限速行驶，留意观察路边关于雾天的限速标志，即使在轻雾区也要适当降低行驶速度，适当加大行车间距。

(4)在雾中行驶要勤按喇叭。听到其他车的喇叭声，应当立刻鸣笛回应，示意自己车辆的位置。

(5)要靠中间行车。在大雾中，可以尽量利用残存的视距，盯住路中的行驶线行驶。千万不要沿着路边行驶，以防不小心与路边临时停车等待雾散的车相撞。

(6)发生事故后应迅速采取安全措施,保护好现场,及时报案。后面来的车辆不要挤占紧急停车道,以免给交通管理部门疏导交通、抢救伤员、清障救援等工作造成不便。

8. 高速公路驾驶注意事项有哪些?

(1)在上高速公路前一定要对车辆做一番细致地检查工作。高速行驶时,燃料要准备充足;重点检查轮胎的气压,在高速行驶前,轮胎的气压要比平时高一些,避免在行驶中引起爆胎,发生车辆事故;要检查制动效果,在高速公路上行驶,更要注意制动效果;对机油、冷却液、风扇皮带、转向、传动、灯光、信号等一些部位的检查也不容忽视。

(2)正确进入行车道。车辆从匝道入口进入高速路,必须在加速车道提高车速,并打开左转向灯,在不影响行车道上车辆正常行驶时,从加速车道进入行车道,尔后关闭转向指示灯。

(3)保持安全距离。车辆高速行驶中,同一车道内的后车必须与前车保持足够的安全距离。经验做法是,安全距离约等于车速,当车速为100km/h时,安全距离为100m,车速为70km/h时,安全距离为70m,若遇雨、雪、雾等不良天气,更需加大行车间隙,同时也要适当降低车速。

(4)谨慎超越车辆。需超车时,首先应注意观察前、后车辆状态,同时打开左转向灯,确认安全后,再缓慢向左转动方向盘,使车辆平顺地进入超车道,超越被超车辆后,打开右转向灯,待被超车辆全部进入后视镜后,再慢慢地操作转向盘,进入右侧行车道,关闭转向灯,严禁在超车过程中急打转向。

(5)正确使用制动。高速公路上行车,使用紧急制动是非常危险的,因为随着车速的提高,轮胎对路面的附着能力下降,制动跑偏、侧滑的几率增大,使汽车的转向难以控制,同时,若后车来不及采取措施,将发生多车相撞事故。行车中需制动时,首先松开加速踏板,然后小行程、多次轻踩制动踏板,这样点刹的做法,能够使制动灯快速闪亮,有利于引起后车的注意。

9. 交叉路口驾驶注意事项有哪些?

(1)机动车通过有交通信号灯控制的交叉路口,应当按照下列规定通行:

①在划有导向车道的路口,按所需行进方向驶入导向车道;

②准备进入环形路口的让已在路口内的机动车先行;

③向左转弯时,靠路口中心点左侧转弯。转弯时开启转向灯,夜间行驶开启近光灯;

④遇放行信号时,依次通过;

⑤遇停止信号时，依次停在停止线以外。没有停止线的，停在路口以外；

⑥向右转弯遇有同车道前车正在等候放行信号时，依次停车等候；

⑦在没有方向指示信号灯的交叉路口，转弯的机动车让直行的车辆、行人先行。相对方向行驶的右转弯机动车让左转弯车辆先行。

(2)机动车通过没有交通信号灯控制也没有交通警察指挥的交叉路口，应当遵守下列规定：

①准备进入环形路口的让已在路口内的机动车先行；

②向左转弯时，靠路口中心点左侧转弯。转弯时开启转向指示灯，夜间行驶开启近光灯；

③有交通标志、标线控制的，让优先通行的一方先行；

④没有交通标志、标线控制的，在进入路口前停车瞭望，让右方道路的来车先行；

⑤转弯的机动车让直行的车辆先行；

⑥相对方向行驶的右转弯的机动车让左转弯的车辆先行。

10. 铁道路口驾驶注意事项有哪些?

(1)汽车通过铁道路口时，要听从道口管理人员的指挥。

(2)在行驶到无人看守的铁路道口的时候，更应该格外小心，要认真做到“一慢、二看、三通过”。必须先要停车观察，在确认没有火车通过的时候才能通行，在通行过程中不要变换挡位，不要踩下离合器，也不要突然加速或减速，而是一气通过，以免车辆在铁路上熄火。

11. 牵引(被牵引)驾驶注意事项有哪些?

对汽车的牵引，可分为用牵引软绳为工具的软牵引和用坚固的牵引架(杆)为工具的硬牵引。

(1)不管用何方式牵引，驾车之前要制定好牵引中起步、行驶、转向、减速、停车及遇特殊情况的联络方式和信号(可利用喇叭、灯光或由驾驶人身旁的乘车者用移动电话保持联络)。

(2)如果行进中确需掉头行驶，应当将两车分离，卸下牵引工具，待两车分别掉好头后实施牵引。

(3)在雨天、大雾天或夜里以及道路条件、亮度较差的情况下牵引时，更要谨慎驾驶。

(4)当采用软牵引方式牵引时，牵引软绳的长度5m为宜，被牵引车的驾驶人在行车中要注意保持牵引软绳时刻拉直。

(5)对转向系统失灵的车，要将转向盘做固定处理。

(6)被牵引车是重载时应先卸载,装危险品的车不准承担牵引任务。

(7)在夜间牵引或牵引喇叭失效、转向失灵的车辆时需用硬牵引。

12. 会车驾驶注意事项有哪些?

(1)会车时及时调整车的速度和行驶位置。

(2)选择有利的会车位置。

(3)降低车速,握稳转向盘。

(4)根据道路两侧情况,保持两车间足够的横向距离(最小 0.5m)。

(5)会车有困难时,有让路条件的一方让对方先行。

(6)会车有障碍时,有障碍的一方让对方先行。

(7)突遇对方强行时,较好的办法是尽可能地让出车道。

13. 超车驾驶注意事项有哪些?

(1)超车应减挡提速。超车应该减一挡,然后提高车速全速超车,虽然此时发动机转速高了一点,噪音大了一点,可超车的距离短了,超车所需的时间短了。如果是自动挡汽车,此时只需将加速踏板踩到底,变速器便会降低一挡,以提供足够的扭力减挡。这样在超车时才能够快速、安全超车。

(2)超车瞻前更需顾后。驾驶人在超车时除了确认前方可以超车外,更需要确认后车有无超车行为,并提前打开转向灯,超完车并线时,还要注意驶过必要的安全距离后,再回到行车道,以防止擦刮被超的车辆。超车时一定要瞻前顾后,在确定前、后方车辆无异常情况后,再鸣笛、打转向指示灯提醒前、后方车辆自已要超车,然后再果断地全速超车。

(3)特殊路段谨慎超车。超车时还需要把握好超车时机,做到准确判断,尤其是在一些较窄又是双向行驶的道路上,若在超车过程中与对面来车有会车可能性时,则不应超车。在起伏道路及山区道路行驶,遇有坡顶的地方,由于坡顶的阻挡,使我们看不见对面有无来车,成为视觉盲区,此时不要超车,万万不可存侥幸心理。盲目超车,极有可能与对面奔驰而来的车辆发生相撞。超车时应该选择在路面平直宽阔、视线良好、左右无障碍且前方路段 200m 范围内没有来车的状况下进行。

(4)超越路边车辆要提防。因为路边停靠的车辆,随时有起步的可能,很多交通事故就是由此引发的。因为当超车驾驶人临近超越时,对方正好起步并要向左驶入行车道,由于超车驾驶人思想准备不足,未先采取必要的停车或避让措施,从而使得两车发生擦刮或碰撞。遇到这类车辆,应提前减速,缓慢超越,并随时准备停车。千万不能想当然地不加理会加速超车,以免发生意外事故。

14. 转弯驾驶注意事项有哪些?

(1)街道或出入小区的转弯。驾驶人应特别注意路旁障碍物,在 50～

100m 内减速，用转向指示灯或手势表示行进方向。夜间用小灯，密切注意汽车转弯内侧，谨防同方向并行的行人、自行车、摩托车争道抢行；同时，还要注意前轮外侧和后轮内侧及防止汽车尾部与障碍物碰擦。

(2)狭窄道路上的转弯。驾驶人应视道路情况在开始转弯前 50～100m 处鸣喇叭，减速慢行。当汽车行至弯道视线不良时，应把汽车迅速驶向道路右侧，以免妨碍对方车辆的正常行驶。不可争道抢行，争道抢行中发现过不去，必然要紧急制动，后面的车辆停不住，容易发生追尾。

(3)岔路口的转弯。左转弯时，驾驶人要提前发出转向信号，转向时尽可能靠道路中心，为后车和右转弯的车辆提供方便；右转弯时，同样要先发出转向信号，转弯要缓慢，同时注意转向时内轮差的影响，防止右后轮驶出路外擦碰行人和障碍物。

(4)大雾、风沙天的转弯。驾驶人在这种天气下驾车转弯，一定要心中有数，及早打开前小灯、防雾灯和转向指示灯，勤按喇叭，以引起行人及其他车辆的注意，勤于观察，缓慢前进，并随时做好制动停车的准备。

(5)雨雪泥道上的转弯。驾驶人应提前利用发动机牵引阻力作用来降低车速、缓慢前进，并尽量避免猛打转向和急刹车。转上坡弯时，如遇其他车辆因打滑上不去坡而造成弯道堵塞的情况，应将车提前靠右停稳，待前方车辆通过后再前进；遇转弯下坡路打滑时，用驻车制动控制车速，车尾往哪侧滑，转向就往哪边打，防止汽车横滑而发生碰撞事故。

(6)陡坡处的转弯。临近弯道时，要减速、鸣号慢行，在陡坡处转弯预先换入低速挡，以求足够的爬坡动力，避免在转弯中换挡，以防意外。转向时机要选择适当，应做到一次性转弯，避免因转向不当造成不能一次转过而需倒一次车后再转弯，增加了危险性。

(7)傍山险路上的转弯。此种路况地形复杂，视距较短、行进前方情况不明，应把稳转向盘、控制车速、勤按喇叭，并随时选择前方路基坚实、路面较宽的地点准备会车。如弯道前方发现对方来车信号而尚未看见对方来车时，应提前选择适当地点主动礼让，使对方来车方便通过。

15. 掉头驾驶注意事项有哪些?

汽车掉头，必须严格遵守道路交通管理条例的规定："机动车在铁路道口、人行横道、弯路、窄路、桥梁、陡坡、斜道或容易发生危险的路段，不准掉头。"因此，掉头必须选择交通量小的路口，或平坦、宽阔、路面坚实的安全地段；根据路面宽度和交通情况，汽车掉头可分一次顺车掉头或顺车与倒车相结合掉头。如无上述条件，可选择利用路旁的空地或有缺口的地方进行掉头。

(1)一次顺车掉头。在较宽阔的道路上,要尽量应用大迂回一次顺车掉头(注意,有条件时尽量贴中线掉头)。此法迅速、方便、经济、安全。如在有交通指挥人员的地方,事先发出掉头信号,得到交通指挥人员的许可并示意后,降低车速用低速挡,鸣喇叭慢车行驶掉头。

(2)顺车与倒车相结合掉头。如果道路狭窄不能一次顺车掉头,可运用前进与后退相结合的方法掉头。掉头过程中,向前要进足,后退要留余地,切勿与障碍物触碰。宁可多进行几次进、退,也不可过分驶近路边,以保证安全掉头。

16. 倒车驾驶注意事项有哪些?

(1)无论何时,倒车前如果对车后的路面没事先留意,一定要下车先查看一下。确认无危险后方可倒车。比如地面露出的矮钢筋头,水泥墩,没有井盖的下水道孔等。

(2)移库或掉头需要倒车时,在后面无空间时与刹车前,一定要尽可能的"回轮",即向相反的方向打。很多人倒车不知道回轮。回轮的好处是抢得了下一次向前转动转向的先机,利于更好地达到下次要去的方向。

(3)不可原地打转向。很多人都在这么做,既伤害轮胎又损坏转向系统。

(4)一般倒车挡的设计扭矩都较大(大于前进的一挡),所以倒车时一般不用加油,用离合器控制速度足够,倒车距离较长时可松离合加油。

(5)在往两车中间倒或从中出来时,若往里倒,应倒着先进尾;若往外出时,向前先出车头。原因是转向轮在前,车尾的灵活性不及车头。

(6)倒车时躲过与车身极近的障碍的技巧是:先尽可能的贴近障碍,待车后门与障碍平行后,往有障碍的方向打轮。

17. 怎样正确停车?

(1)在街道上停车时,要靠右侧停正,不得并排停放。同时驾驶员不准离开车辆 ,妨碍交通时须迅速驶离。

(2)在停车场停放时,要听从管理人员指挥,停放要整齐并要保持能驶出的间隔距离。

(3)在夜间或遇风、雨、雪、雾天时,需停车时要打开示宽灯和尾灯,并靠路边停放。

(4)因故必须在坡道上停车时,要选择安全位置,停好后要在拉紧驻车制动的同时挂上一挡或倒挡,并用三角垫木或石块塞住车轮,将转向打向靠山体的一边,以防车辆溜滑。

(5)汽车因故障停在道路中央时,应设法及时地将车辆推移到道路右侧，以免阻碍交通。

(6)为减轻车辆载荷，负重车停放一夜以上，应用支车木在车后拖车钩处将车顶起。

(7)下雨天气，在傍山路、堤路或沿河道上不要靠边停放。行车中被暴风雨困在途中时，要将车顺着公路停放。

(8)在高速公路上因故障停车时，驾驶员要在车后150m摆放警告标志，夜间、雨雾等天气还应当同时开启小灯、示廓灯、尾灯和后雾灯，车上人员要远离车辆，到高速公路以外安全处躲避，等待故障排除或救援以防后来车辆径直撞上。

第二节　日常检查与维护

18. 为什么要对车辆进行日常检查?

为保障车辆安全、可靠地运行，要使车辆经常处于良好的技术状况，符合机动车安全运行技术标准，除应对车辆进行定期的检修保养外，还应结合进行预防性的日常检查维护。由驾驶员在出车前、行驶途中、收车后三个阶段进行，重点是清洁、检查和补给燃料和润滑油料。当您的车辆准备作长途行驶或您首次接任该车驾驶时，尤为需要进行出车前的检查工作，做到掌握车辆技术状况和熟悉车辆各操纵装置。

19. 出车前检查内容有哪些?

(1)检查行车证件、牌照是否齐全，并检查随车装置、工具及备件等是否齐全带足。

(2)环绕车辆一周，检视车身外表情况和各部机件完好状况，是否有漏油、漏水、漏气、漏电现象。

(3)擦拭门窗玻璃、清洁车身外表，保持灯光照明装置和车辆号牌清晰。

(4)检查燃油箱储油量、散热器的冷却液量、曲轴箱内机油量、制动液量(液压制动车)、蓄电池内电解液量等是否合乎要求。

(5)检查发动机风扇皮带是否有老化、断裂、毛边等现象，松紧度是否合适。

(6)检查轮胎外表和气压。剔除胎间及嵌入胎纹间杂物、小石子，轮胎气压应符合规定。还要注意带好备胎，放置要牢靠。

(7)检查转向机构是否灵活，横、直拉杆等各连接部位是否有松旷。

(8)检查轮毂轴承、转向节主销是否松动，轮胎、半轴、传动轴、钢板弹簧等处的螺母是否紧固。

(9)检视驾驶室内各个仪表和操纵装置的完好情况。检查灯光、刮水器、室内镜、后视镜、门锁与升降器手摇柄等是否齐全有效。

(10)检查方向盘、离合器、制动踏板自由行程和驻车制动器的情况是否正常,离合器踏板与制动踏板自由行程应符合正常规定值。注意转向盘自由转动量不得超过30°。

(11)起动发动机后,检查发动机有无异响和异常气味,察看仪表工作是否正常。

(12)检查车厢栏板及后门栏板是否牢固、可靠,货物的装载必须捆扎牢固、平稳安全。对拖带挂车的汽车,还应检查连接装置有无裂损、松旷、变形等现象,各种辅助设施是否符合规定,以保证牵引装置安全可靠。

20. 行驶途中检查内容有哪些?

(1)车辆起步后,应缓慢行驶一段距离,其间应检查离合器、转向、制动等各部分的工作性能。

(2)在行驶中,应经常注意察看车上各种仪表,擦拭各种驾驶机件,察听发动机及底盘声音;如发觉操纵困难、车身跳动或颤抖、机件有异响或焦臭味时,即应停车检查进行必要的调整和修理。

(3)车辆行驶涉水路段后应注意检查行车制动器的效能。

(4)行驶中发动机动力突然下降,应检查是否冷却液或机油量不足使发动机过热所致(注意水温高时不准打开水箱盖)。

(5)行驶中转向盘的操纵忽然变得沉重并偏向一侧,应检查是否因其中一边轮胎泄气所致。

(6)检查轮胎的外表和气压及温度,清除胎间和胎纹中的杂物。

(7)检查冷却液和机油量,有无漏水、漏油,气压制动有无漏气现象。

(8)检查车轮制动器有无拖滞、发咬或发热现象,驻车制动器作用是否可靠。

(9)检查轮毂、制动毂(盘)、变速器、分动器和驱动桥温度有无异常。

(10)检查转向、制动装置和传动轴、轮胎、钢板弹簧各连接部位是否牢固可靠。

(11)检查装载和拖挂装置是否安全可靠。

上述6~11项可在途中停车进行检查。

21. 收车后的检查内容有哪些?

(1)停车后,应将手制动杆拉紧,并把变速杆挂入一挡或倒挡,以防止汽车自动滑移,发生危险。

(2)检查轮胎气压,清除胎间及表面的杂物。

(3)检查有无漏油、漏水、漏气现象，视需要补充燃油、润滑油、制动液和冷却水。

(4)检查风扇V带和空压机V带的松紧度以及完好情况，必要时应进行调整。

(5)检查轮胎螺母和半轴螺母是否松动，并查看检查钢板弹簧总成是否有折断及骑马螺栓是否松动。

(6)检查、整理随车的工具、附件。

(7)打扫车厢和驾驶室，清洗底盘，擦拭发动机、各部附件和清洁整车外表。同时察看各部有无破损。

(8)及时排除已发现的故障，为下次出车做好准备。

22. 哈飞微型汽车定期维护内容有哪些?

哈飞微型汽车的正常使用定期维护见表1-2。项目上注明距离和时间，以先到者为准。如在环境差的条件下使用，则保养周期应视情况而缩短。

表1-2　车辆的正常使用定期维护表

使用周期应按里程表读数或月数判断，以两者先到者为准	km×1000	2.5	10	20	30	40	50	60	70	80
	月数	2	6	12	18	24	30	36	42	48
发动机										
1	风扇皮带(张力和磨损)	A	—	I	—	R	—	I	—	R
2	同步齿形带(磨损和损坏)	I	—	I	—	I	—	I	—I	
3	进、排气门间隙	A	—	A	—	A	—	A	—	A
4	气缸盖螺栓、歧管固定螺母及螺栓的拧紧力矩	T	—	T	—	T	—	T	—	T
5	发动机机油滤清器	R	R	R	R	R	R	R	R	R
6	发动机润滑油	每行驶5000km更换一次，对恶劣沙土路面应经常检查，及时更换								
7	燃油胶管和接头(胶管老化，接头开裂、损坏或松动)	I	I	I	I	I	I	I	I	I
8	冷却系统胶管和接头(漏水及损坏等)	—	—	I	—	—	I	—	—	I
9	高压电缆(老化和损坏等)	—	—	I	—	—	I	—	—	I
10	火花塞	—	R	R	R	R	R	R	R	R
11	空气滤清器	沥青路面，每10000km清理一次；尘土路，每2500km清理一次								

续表 1-2

使用周期应按里程表读数或月数判断，以两者先到者为准		km×1000	2.5	10	20	30	40	50	60	70	80
		月数	2	6	12	18	24	30	36	42	48
发动机											
12	油门控制拉线和节气门体轴		—	I. L	I. L	I. L	I. L	I. L	I. L	I. L	I. L
13	燃油滤清器		—	—	—	—	R	—	—	—	R
14	PCV 阀		—	—	I	—	I	—	I	—	I
15	变速器齿轮油(检查水平状态下漏油情况)		R	I	I	I	R	I	I	I	R
16	线束是否破损、搭铁是否牢靠		I	I	I	I	I	I	I	I	I
17	发动机冷却液		—	—	—	—	R	—	—	—	R
18	催化转化器		—	—	—	—	—	—	—	—	I
19	摇臂室盖通气软管和接头		—	I	—	—	I	—	—	I	
20	曲轴箱通风管及接头		—	—	I	—	—I	—	—	I	
21	爆震传感器紧固力矩		A	A	A	A	A	A	A	A	A
22	分电器盖和分火头(磨损和损坏等)		—	—	I	—	—	I	—	—	I
23	活性炭罐		每行驶 50000km 更换一次，对恶劣环境应经常检查，如发现堵塞或侵入液态燃油应及时更换								
24	离合器踏板空行程		I	I	I	I	I	I	I	I	
25	制动盘和摩擦块(磨损、损坏) 制动鼓和制动蹄(磨损、损坏)		—	I	I	I	I	I	I	I	
26	制动软管和制动管(泄漏、损坏、挤瘪)		—	I	I	I	I	I	I	I	I
27	制动液(液位、泄漏)		I	I	I	I	R	I	I	I	I
28	制动踏板(踏板与地板的间隙)		I	I	I	I	I	I	I	I	I
29	驻车操纵杆钢索(行程、损坏)		I	I	I	I	I	I	I	I	I
30	轮胎(异常磨损、气压)		—	I	I	I	I	I	I	I	I
31	车轮、车轮螺母(损坏、力矩)		I	I	I	I	I	I	I	I	I
32	减振器(漏油、损坏)		I	I	I	I	I	I	I	I	I
33	传动轴(损坏、松紧)		—	—	I	—	I	—	I	—	I
34	差速器(泄漏、油位)		R	I	I	I	R	I	I	I	R
35	悬架及转向(松紧、损坏、咯咔声、断裂)		I	I	I	I	I	I	I	I	I
36	试验运转		每次检修工作结束后进行试验运转								

注："R"—更换或修理；"I"—检查、调整或更换；"T"—按规定力矩拧紧；"L"—润滑；"A"—检查与调整。

第三节　随车工具的使用

23. 常见随车工具有哪些?

车辆在使用过程中,难免会出现这样那样的故障,了解你的随车工具,在出现意外时,可以方便简单处理。

哈飞微型车常见的随车工具如表 1-3 所示,包括千斤顶、车轮扳手、一字和十字旋具、鲤鱼钳、开口扳手等。

表 1-3　哈飞微型车常见的随车工具

序号	内　容	序号	内　容
1	工具袋	8	套筒扳手—火花塞用
2	开口扳手 8×10	9	柄—火花塞套筒扳手
3	开口扳手 12×14	10	四方头扳手
4	开口扳手 13×16	11	车轮扳手
5	两用旋具	12	千斤顶
6	旋具手柄	13	千斤顶手柄
7	鲤鱼钳		

24. 怎样正确使用千斤顶?

(1)千斤顶臂上的支撑条应插入固定支撑点的凹槽中保持固定。

(2)使用千斤顶时应放到车下指定的支撑位置上,否则易损坏车辆,甚至造成伤害事故。

(3)转动摇臂支起汽车时,支撑臂上的支撑条始终不能由支撑点内滑脱出来。

(4)千斤顶的支撑,如图 1-1 所示。转动摇臂一直到千斤顶的脚撑在地上为止,此时应保证顶脚大面积撑地且地面必须坚硬,若发现地面松软时应事

图 1-1　千斤顶的支撑

先垫上结实的面积较大的垫板或平整硬物。

(5)收千斤顶时应仍要注意车辆的安全平衡。

25. 怎样正确使用开口扳手?

开口扳手主要用于拆装一般标准规格的螺栓或螺母。使用时可以上、下套入或直接插入,具有使用方便的特点。

(1)使用开口扳手旋紧螺栓时应均匀使力,不得利用冲击力。

(2)为防止扳手损坏和滑脱,应使拉力作用在开口较厚的一边,这一点对受力较大的活动扳手尤其应该注意,以防开口出现“八”字形,损坏螺母和扳手。

(3)开口扳手是按人手的力量来设计的,遇到较紧的螺纹件时,不能用锤击打扳手;除套筒扳手外,其他扳手都不能套装加力杆,以防损坏扳手或螺纹连接件。

(4)使用时应当注意:一定要选择与所拆装螺栓(螺母)相同规格的扳手,如图 1-2 所示。不要使用尺寸过大的扳手,以免因扳手尺寸过大而损坏螺栓(螺母)的棱角,如图 1-3 所示。

图 1-2 开口扳手的正确使用

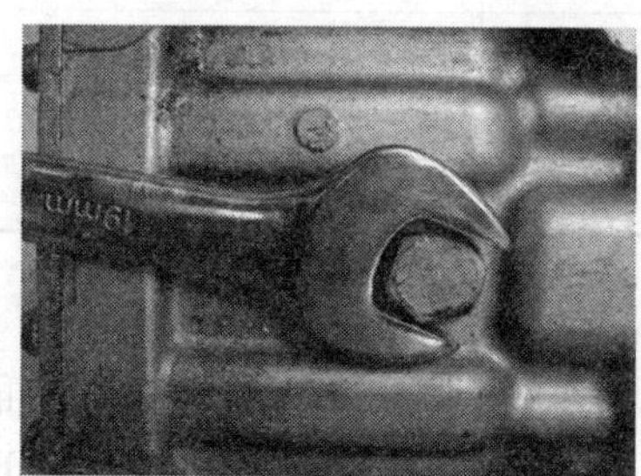

图 1-3 开口扳手的错误使用

(5)当使用推力拆装时,应用手掌力来推动,如图 1-4 所示。不能采用握推的方式,以免碰伤手指,如图 1-5 所示。

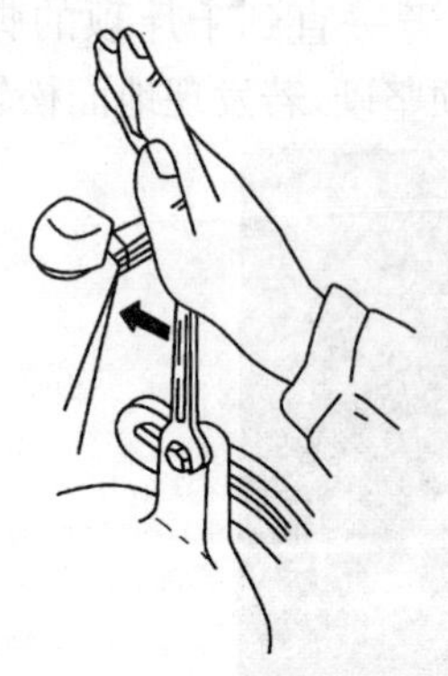

图 1-4 用手掌力来推动

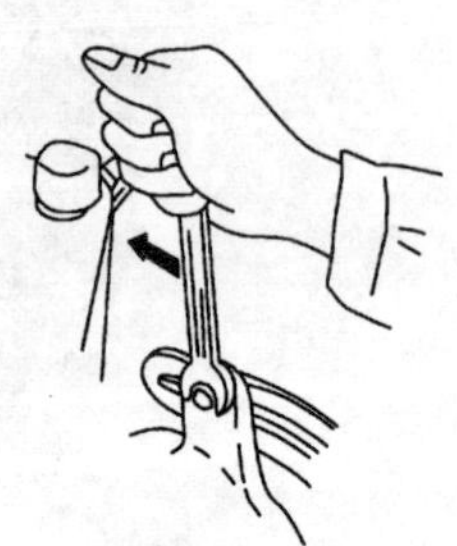

图 1-5 不能采用握推的方式

(6)错误加长扳手的方法,如图 1-6 所示。不能采用两个扳手对接或用套筒等套接的方式来加长扳手,以免损坏扳手或发生事故。

26. 怎样正确使用旋具?

旋具主要用于拆装一字或十字槽的螺钉等。使用注意事项有:

(1)旋具有木柄和塑料柄之分,塑料柄具有一定的绝缘性,适宜电工使用。

(2)使用前应先擦净旋具柄和口端的油污以免工作时滑脱而发生意外。

(3)选用的旋具口端应与螺栓(钉)上的槽口相吻合(如图 1-7a 所示),刀口端太薄易折断,太厚不能完全嵌入槽口内,而易使旋具口和螺栓(钉)槽口损坏。

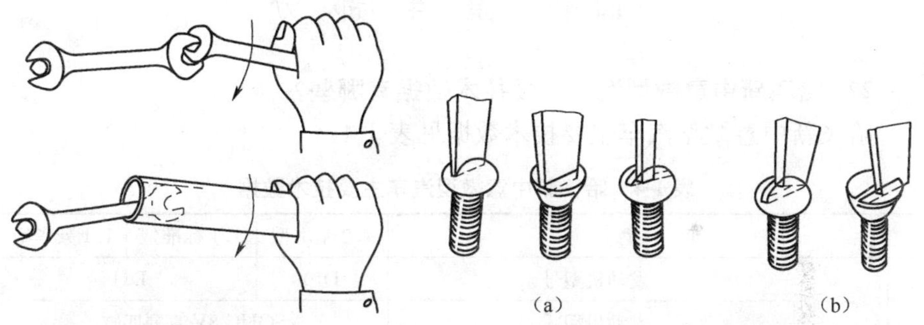

图 1-6　错误加长扳手的方法

图 1-7　旋具的使用
(a)正确使用　(b)错误使用

(4)使用时,不允许将工件拿在手上用旋具拆装螺栓(钉),以免旋具从槽口中滑出伤手。

(5)使用时,不可用旋具当撬棒或錾子使用(如图 1-8 所示),除夹柄螺钉旋具外,不允许用锤子敲击旋具柄。

(6)不允许用扳手或钳子扳转旋具口端的方法来增大扭力,以免使旋具发生弯曲或扭曲变形。

(7)正确的握持方法应以右手握持旋具,手心抵住旋具柄端,让旋具口端与螺栓(钉)槽口处于垂直吻合状态,如图 1-9 所示。当开始拧松或最后紧时,应用力将旋具压紧后再用手腕力按需要的力矩扭转旋具。当螺栓(钉)松动后,即可使手心轻压住旋具柄,用拇指、中指和食指快速扭转。使用较长的螺钉旋具时,可用右手压紧和转动旋具柄,左手握在旋具柄中部,防止旋具滑脱,以保证安全工作。

(8)使用完毕,应将旋具擦拭干净。

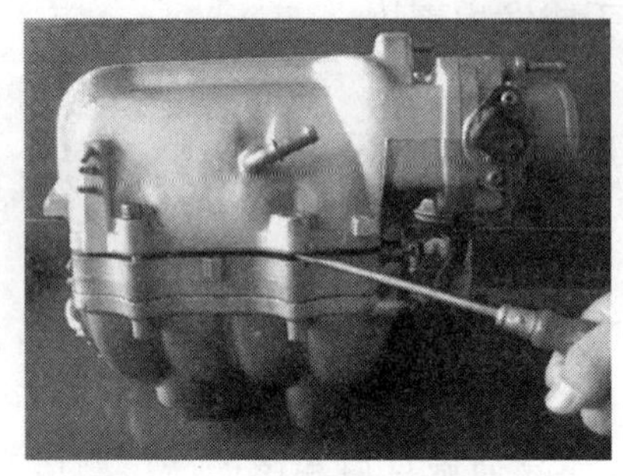

图 1-8 旋具的错误使用

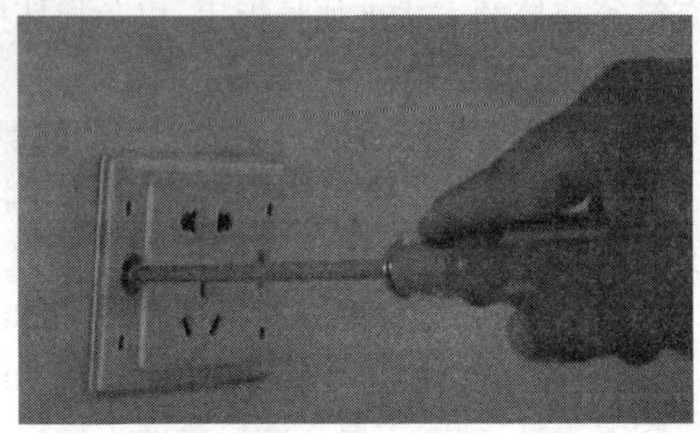

图 1-9 旋具的正确握持方法

第四节 整车部分

27. 哈飞新中意微型汽车主要技术数据有哪些?

哈飞新中意微型汽车主要技术数据见表 1-4。

表 1-4 哈飞新中意微型汽车主要技术数据

车型			1.0 基本型	1.1 标准型	1.1 豪华型
技术参数	发动机参数	发动机型号	D10	D11	
		发动机型式	SOHC 8V 直列四缸		
		排量(ml)	970	1051	
		最大功率(kW)	35.5	38.5	
		最大扭力(N·m)	74	83	
		变速器型式	手动 5 挡		
	整车参数	长×宽×高(mm)	3745×1480×1918		
		前/后轮距(mm)	1215/1200		
		轴距(mm)	1960		
		座位数(人)	5～8		
		整备质量(kg)	960	980	
		前悬挂/后悬挂	麦弗逊式独立,钢板弹簧式非独立		
		轮胎型号	155R12C		
		油箱容积(L)	36		
		最小离地间距(mm)	155		
		最高车速(km/h)	100	105	
		最小转弯半径(m)	4.5		

续表 1-4

车　　型			1.0 基本型	1.1 标准型	1.1 豪华型
车型配置	外观	水晶前后组合灯	●	●	●
		前雾灯	●	●	●
		钢轮	●	●	●
	座椅	滑动翻转前排座椅	●	●	●
		可折叠翻转后排座椅	●	●	●
	操控	中央空调	—	—	●
		转向柱管锁	●	●	●
		指针式收音机	●	●	●

注：●表示配备；—表示不配备。

28. 哈飞中意加长单排货车主要技术数据有哪些？

哈飞中意加长单排货车主要技术数据见表 1-5。

表 1-5　哈飞中意加长单排货车主要技术数据

车　　型			1.0 基本型	1.0 标准型	1.1 标准型
技术参数	发动机参数	发动机型号	DA465Q		DA465Q-1A
		发动机型式	SOHC 8V 直列四缸		
		排量(ml)	970		1051
		最大功率(kW)	35.5		38.5
		最大扭力(N·m)	74		83
		变速器型式	手动 5 挡		
	整车参数	长×宽×高(mm)	4054×1492×1797/1810(安全架)		
		货厢尺寸	2675×1380×319		
		前/后轮距(mm)	1235/1220		
		轴距(mm)	2370		
		座位数(人)	2		
		整备质量(kg)	840		
		额定载质量(kg)	630/490		630
		前悬挂/后悬挂	麦弗逊式独立，钢板弹簧式非独立		
		轮胎型号	165/70R13		
		油箱容积(L)	36		
		最小离地间距(mm)	150		
		最高车速(km/h)	95		97
		最小转弯半径(m)	4.5		

续表 1-5

车　　型			1.0基本型	1.0标准型	1.1标准型
车型配置	外观	晶钻组合灯	●	●	●
		前雾灯	●	●	●
		钢轮	●	●	●
	操控	空调	—	●	●
		转向柱管锁	●	●	●
		指针式收音机	●	●	●

注:●表示配备;—表示不配备。

29. 哈飞微型汽车螺栓或螺母规定的拧紧力矩是多少?

用螺纹连接件连接零、部件时,其拧紧力矩主要通过接触的螺纹来保证。哈飞微型汽车螺栓或螺母规定的拧紧力矩见表 1-6。

表 1-6　哈飞微型汽车螺栓或螺母规定的拧紧力矩

总成	拧紧部件	拧紧力矩(N·m)
发动机部分	缸盖螺栓	55～60
	火花塞	20～30
	进气和排气歧管螺母	18～23
	凸轮轴上的同步齿轮螺钉	50～60
	气门调整螺母	15～20
	同步齿型带外盖螺钉	3～4
	机油泵安装螺钉	4～5
	曲轴上的同步齿轮螺钉	50～60
	连杆轴瓦盖螺母	28～32
	曲轴主轴承盖螺钉	43～48
	固定飞轮螺钉	40～46
	油压传感器	12～15
	机油滤接管嘴连接螺钉	20～25
	发动机后部安装螺母和后悬挂螺栓	11～14
	油泵安全阀弹簧座	15～20
	油底壳螺钉	4～5
	放油螺塞	20～25
	发动机左右悬挂固定螺钉	20～30
	减振垫座安装螺栓	25～30

续表 1-6

总成	拧紧部件	拧紧力矩(N·m)
发动机部分	气门室罩壳螺钉	4～5
	张紧轮支架螺钉和螺套	15～23
	发动机后安装支架螺栓	17～28
	发动机托梁安装螺栓	45～50
	左右减振垫与托梁安装螺母	18～23
	氧传感器	40～60
	水温传感器	20
	节气门体安装螺钉	8～10
	曲轴位置传感器安装螺钉	8～10
	进气压力传感器安装螺钉	8～10
	冷却液温度传感器	15～20
	摇臂室盖螺钉	4.0～5.0
离合器总成	离合器压盘螺钉	18～28
变速器总成	变速器安装螺栓	40～50
	变速器螺栓(8mm)	18～28
	变速器螺栓(6mm)	8～12
	放油螺塞和注油螺塞	25～30
换档控制系统	操纵钢索螺母	22～35
后桥总成	从动齿轮与差速器壳体的连接螺栓	65～70
	主动齿轮的紧固螺母	170～220
	轴瓦与主减速器壳体连接螺栓	34～40
	放油口螺塞	50～70
	注油口螺塞	40～65
	主减速器与后桥壳连接螺栓	25～30
	后制动器与后桥壳连接螺栓	18～28
传动轴总成	传动轴与主减速器凸缘连接螺母	18～28
悬架系统	前减振器与螺旋弹簧总成上支撑安装螺母	65～85
	转向节与前减振器与螺旋弹簧总成连接螺母	80～110
	斜拉杆总成与前轴摆臂总成连接螺母	80～110
	前轴摆臂总成与转向节连接螺母	45～65
	前轴摆臂总成与前梁安装螺母	58～78
	前稳定杆与斜拉杆支架连接螺栓	23～30

续表 1-6

总成	拧紧部件	拧紧力矩(N·m)
悬架系统	斜拉杆支架与车体连接螺栓	45～65
	斜拉杆与连杆组件连接螺母	18～28
	连杆组件与前稳定杆连接螺母	40～60
	后钢板弹簧U形螺栓、螺母	30～45
	后钢板弹簧前吊耳螺母	45～70
	后钢板弹簧后吊耳钢板销螺母	30～55
	后减振器上连接耳螺母	22～35
	后减振器下连接耳螺母	10～16
转向系统	转向盘安装螺母	28～38
	转向管柱安装螺栓	10～20
	转向下轴与转向器安装螺栓	20～30
	转向器安装螺栓	20～30
	转向横拉杆锁紧螺母	40～50
	转向横拉杆与转向节臂连接螺母	35～45
	前梁安装螺栓	90～100
制动系统	车轮螺母	80～90
	备胎架固定螺栓	8～12
	前制动器放气螺塞	7～9
	制动钳固定螺栓	70～100
	转向节与前轮毂连接螺母	175～190
	后制动器放气螺塞	7～10
	后制动器安装螺栓	18～28
	真空助力器安装螺母	11～17
	制动主缸与真空助力器连接螺母	8～12
	踏板支架总成安装螺母和螺栓	20～26
	驻车操纵杆安装螺栓	10～14
	驻车钢索安装螺栓	10～14
	比例阀总成安装螺栓	10～12
	转接头组件安装螺母	10～12
	制动管扩口螺塞	15～18
	前制动软管与制动器连接	15～18
	六通固定螺栓	10～12

续表 1-6

总成	拧紧部件	拧紧力矩(N·m)
车身部件	外后视镜安装螺钉	6.8～8.3
	中、后排座椅安装螺栓	18～28
	安全带安装螺栓	34～54
	上导轨安装螺栓	4～6
	前门门锁锁体安装螺栓	6.8～8.3
	前门门锁锁环安装螺栓	26～32
	前门限位器安装螺栓	6.8～8.3
	前门铰链车体上安装螺栓	20.6～32.3
	前门铰链车门上安装螺栓	16.7～25.5
	滑门门锁锁体安装螺栓	6.8～8.3
	滑门门锁锁环安装螺栓	26～32
	滑门导向轮支架安装螺栓	20～28
	滑门铰链安装螺栓	27.6～33.8
	尾门气弹簧在侧围上安装螺栓	11～15
	尾门气弹簧在尾门上安装螺栓	6.66～9.94
	尾门防撞块安装螺栓	8.4～11.1
	尾门铰链安装螺栓	20～28
	尾门牌照板安装螺栓	4.5～6.0
	尾门锁环安装螺栓	26～32
	尾门锁体安装螺栓	6.8～8.3
	前机盖铰链安装螺栓	6.66～8.14

第二章　发动机机械部分的使用与维修

第一节　发动机机械部分检修数据与故障诊断

1. 发动机机械部分的检修数据有哪些？

发动机机械部分的检修数据见表 2-1。

表 2-1　发动机机械部分的检修数据

检测项目			标准值	极限值
压缩压力	规定值		1200～1400kPa(300r/min)	1127kPa(300r/mm)
	任何两缸之间压力差		不大于 98kPa(300r/min)	不大于 98kPa(300r/min)
气门间隙	进气门	冷态	0.08mm	—
		热态	0.1mm	—
	排气门	冷态	0.1mm	—
		热态	0.12mm	—
点火提前角			8°～12°(上止点前)	—
气缸盖	缸垫表面不平度		0.03mm	0.05mm
	支管座表面不平度		0.05mm	0.1mm
气门与导管	气门导管内径		5.5～5.12mm	—
	导管与气门杆之间的间隙		进 0～0.047mm、排 0～0.027mm	—
缸体	缸体上端面的平面度		0.06mm	—
	缸筒内径		65.5～65.502mm	—
	不同缸筒直径之差		—	0.05mm
	缸筒磨损限度		—	0.05mm
	缸筒与活塞的间隙		0.04～0.06mm	—
活塞	活塞直径		65.465～65.485mm	—
	活塞环槽宽	一道气环	1.53～1.55mm	—
		二道气环	1.52～1.54mm	—
		油环	2.81～2.83mm	—
	活塞销孔直径		15.99～16mm	—
	活塞销与连杆孔间隙		0.0125～0.0175mm	0.05mm

续表 2-1

检测项目			标准值	极限值
活塞环	环厚	一道气环	1.47～1.49mm	—
		二道气环	1.47～1.49mm	—
		油环	0.45mm	—
	环在槽内的间隙	一道气环	0.040～0.075mm	0.12mm
		二道气环	0.030～0.065mm	0.10mm
	活塞环终端间隙	一道环	0.15～0.35mm	0.7mm
		二道环	0.15～0.35mm	0.7mm
		油环	0.3～0.9mm	1.8mm
曲轴和连杆	曲轴第 3 道轴颈跳动量		—	0.06mm
	曲轴曲拐轴颈直径		37.985～38mm	—
	曲轴曲拐轴颈与连杆瓦间间隙		0.02～0.043mm	0.08mm
	连杆小端孔径		16.005～16.015mm	—
	曲轴轴颈		49.985～50mm	—
	曲轴轴颈与轴瓦之间间隙		0.022～0.041mm	0.08mm
	连杆大端轴向间隙		0.36～0.59	0.7mm
	连杆	弯曲	0.05mm	0.05mm
		扭曲	0.1mm	0.1mm

2. 发动机常见故障的诊断方法有哪些？

发动机常见故障的诊断方法见表 2-2。

表 2-2　发动机常见故障的诊断方法

故障现象		故障原因	故障排除方法
起动困难	起动机不运转	(1)主熔断丝烧断 (2)起动机电磁开关不良 (3)蓄电池电压小于 9V (4)起动继电器损坏 (5)蓄电池电极连接松动 (6)起动机电刷损坏 (7)蓄电池导线连接松动 (8)起动机的磁场或电枢的电路断开	(1)更换 (2)修理或更换 (3)充电 (4)修理或更换 (5)拧紧 (6)更换 (7)拧紧 (8)修理或更换
	火花塞无火花	(1)火花塞故障 (2)高压导线发生短路(搭铁) (3)点火开关没有闭合好或开关断路 (4)熔断丝松动或烧断 (5)点火线圈损坏	(1)调整间隙或更换 (2)修理或更换导线 (3)更换 (4)修理或更换 (5)更换

续表 2-2

故障现象	故障原因		故障排除方法
起动困难	进气和排气系统有故障	(1)空气滤清器堵塞	(1)清理或更换
		(2)排气管堵塞	(2)清理
		(3)进气系统是否漏气	(3)调整
	发动机的内部状态出现反常	(1)气缸垫破损	(1)更换
		(2)气门间隙没有调整好	(2)调整
		(3)气门弹簧变弱或断掉	(3)更换
		(4)歧管松动,使空气流进来	(4)拧紧
		(5)活塞、环和气缸筒过量磨损	(5)更换零件或镗缸
		(6)气门定时齿形带损坏	(6)更换
		(7)气门封严不良	(7)修理或更换
		(8)用了不同种类的机油	(8)清洗更换
		(9)气门烧蚀	(9)更换
	电喷系统故障	(1)曲轴位置传感器故障	(1)检查线路及是否损坏
		(2)进气温度压力传感器故障	(2)检查线路及是否损坏
		(3)水温传感器故障	(3)检查线路
		(4)步进电机故障	(4)检查接线
		(5)电动燃油泵总成故障	(5)检查线路及是否工作
		(6)ECU 总成故障	(6)检查 ECU 是否损坏
功率不足	进气量	(1)空气滤清器过脏或堵塞	(1)清理或更换
		(2)气门间隙没有调整好	(2)根据判断进行调整
		(3)气门与气门座接触不良	(3)修理
		(4)气门杆卡住	(4)更换
		(5)气门弹簧已损坏或变弱	(5)更换
		(6)活塞环卡死在槽里或损坏	(6)更换
		(7)活塞、活塞环和气缸筒已磨损	(7)更换零件或镗缸
		(8)气缸垫漏	(8)更换
	点火部分	(1)点火正时没有调整好	(1)根据判断进行调整
		(2)火花塞损坏	(2)更换
		(3)有些气缸的高压导线绝缘不良,漏电	(3)更换
		(4)点火线圈老化	(4)更换
	燃油系统	(1)电动燃油泵损坏或供油压力不足	(1)修理或更换
		(2)汽油滤清器堵塞	(2)更换
		(3)油门控制拉线工作不正常	(3)调整
		(4)燃油管堵塞	(4)清理或更换
		(5)燃油系统的连接处松动	(5)拧紧

续表 2-2

故障现象	故障原因		故障排除方法
功率不足	排气系统	消声器被积炭堵塞	清理或更换
	电喷系统	(1)节气门位置传感器故障 (2)进气温度压力传感器故障 (3)油轨总成故障 (4)水温传感器故障	(1)检查线路或更换 (2)检查线路或更换 (3)检查相关零件是否完好 (4)检查或更换
	其他	(1)制动器有阻力 (2)离合器打滑 (3)蓄电池电压过低导致电喷系统无法正常工作	(1)调整 (2)调整或更换 (3)充电或更换蓄电池
在高速行驶中，速度突然下降	电气系统	(1)火花塞间隙太大 (2)点火线圈发生劣化或裂纹，引起泄漏 (3)高压导线绝缘不良 (4)点火正时没有调整好	(1)调整 (2)更换 (3)更换 (4)调整
	燃油系统	(1)电动燃油泵损坏 (2)燃油管路破裂	(1)更换 (2)更换
	电喷系统	(1)发动机转速超过断油转速 (2)电子控制器总成是否因短路而击穿 (3)电子控制器总成常供电电源线是否断路 (4)曲轴位置传感器断路或损坏	(1)检查档位是否过低 (2)更换 (3)修理 (4)修理或更换
	其他	(1)由于气缸垫泄漏，气缸压缩力下降 (2)由于活塞、活塞环、气缸磨损或气门烧蚀使压缩压力太低	(1)更换 (2)更换，如有必要镗缸
加速迟滞	点火系统	(1)点火正时没有调整好 (2)火花塞损坏或火花塞间隙没有调整好 (3)高压导线绝缘不良，漏电	(1)调整 (2)调整 (3)更换
	电喷系统	(1)节气门位置传感器故障 (2)进气温度压力传感器故障	(1)检查线路或更换 (2)检查线路或更换

续表 2-2

故障现象	故障原因		故障排除方法
加速迟滞	其他	(1)空气滤清器肮脏和堵塞 (2)排气道有积炭 (3)消声器被积炭堵塞 (4)压缩压力太低 (5)气门接触不良 (6)气门间隙没有调整好 (7)活塞卡住 (8)轴承衬瓦卡住	(1)清理 (2)清理 (3)清理 (4)更换零件或镗缸 (5)修理 (6)调整 (7)更换活塞或镗缸 (8)更换
怠速不稳定	点火系统	(1)点火正时没有调整好 (2)火花塞损坏或间隙过大 (3)高压导线绝缘不良	(1)调整 (2)更换或调整 (3)更换
	电喷系统	(1)步进电机 (2)电子控制器总成 (3)进气温度压力传感器	(1)检查线路或更换 (2)更换 (3)检查线路或更换
	其他	(1)空气滤清器肮脏和堵塞 (2)进气系统漏气 (3)排气歧管被积炭堵塞 (4)气门间隙没有调整好 (5)气门接触不良 (6)气缸垫损坏	(1)清理 (2)调整 (3)清理或更换 (4)调整 (5)修理 (6)更换
异常敲击声(爆燃、早燃、燃烧滞后)	点火系统	(1)火花塞过热 (2)点火正时没有调整好	(1)更换火花塞 (2)调整
	燃油系统	油质有问题	更换符合标准的燃油
	电喷系统	(1)爆燃传感器故障 (2)进气温度压力传感器故障	(1)更换 (2)更换
	其他	(1)活塞顶或气缸盖上积炭过多 (2)气缸垫损坏,以致压缩压力太低 (3)气门间隙没有调整好 (4)气门卡住 (5)气门弹簧变弱	(1)清理 (2)更换 (3)调整 (4)修理或更换 (5)更换
发动机过热	点火系统	(1)点火正时没有调整好 (2)火花塞热值不符合要求	(1)调整 (2)更换合适的火花塞
	排气系统	排气管孔堵塞	清理

续表 2-2

故障现象	故障原因		故障排除方法
发动机过热	冷却系统	(1)冷却液不足 (2)风扇V带变松或损坏 (3)节温器工作没有规律 (4)水泵的性能太差 (5)散热器泄漏	(1)注入冷却液 (2)调整或更换 (3)更换 (4)更换 (5)修理或更换
	润滑系统	(1)机油滤堵塞 (2)集油器滤网堵塞 (3)机油泵性能太差 (4)机油盘或油泵漏油 (5)使用不同种类的机油 (6)机油盘中机油不足	(1)更换 (2)清理 (3)更换 (4)修理 (5)更换 (6)补充
	电喷系统	(1)氧传感器故障 (2)电动燃油泵供油压力不足 (3)水温传感器故障	(1)更换 (2)调整或更换 (3)更换
	其他	(1)制动器有阻力 (2)离合器打滑 (3)气缸垫损坏	(1)调整 (2)调整或更换 (3)更换
发动机异常噪声	曲轴噪声	(1)主轴颈轴瓦已磨损，造成过大的运动隙 (2)连杆轴颈轴瓦已磨损 (3)连杆变形 (4)曲轴轴颈已磨损 (5)曲轴连杆轴颈已磨损	(1)更换 (2)更换 (3)修理或更换 (4)修理或更换曲轴 (5)研磨修理或更换曲轴
	活塞、活塞环、活塞销或气缸引起的噪声	(1)气缸套反常的磨损 (2)活塞、活塞环或活塞销磨损 (3)活塞卡住 (4)活塞环损坏	(1)镗缸或更换缸体 (2)更换 (3)更换 (4)更换
	其他	(1)凸轮轴止推间隙过大 (2)曲轴止推间隙过大 (3)气门间隙过大 (4)机油不足	(1)更换 (2)调整 (3)调整 (4)补充
燃油消耗量高	点火系统	(1)点火正时没有调整好 (2)高压导线绝缘不良 (3)火花塞热值不符合要求	(1)调整 (2)更换 (3)更换适当的火花塞
	燃油系统	(1)燃油箱、燃油管泄漏燃油 (2)空气滤肮脏或堵塞	(1)修理或更换 (2)清理或更换

续表 2-2

故障现象	故障原因		故障排除方法
燃油消耗量高	发动机状态不正常	(1)气缸盖泄沁燃烧气体 (2)气门接触不良 (3)气门间隙没有调整好	(1)拧紧或更换气缸垫 (2)修理 (3)调整
	其他	(1)制动器有阻力 (2)离合器打滑	(1)调整 (2)调整或更换
机油消耗量太大	漏油	(1)放油螺堵松动 (2)机油盘固定螺钉变松 (3)机油盘衬垫损坏 (4)油密封圈泄漏机油 (5)气缸垫损坏 (6)机油滤安装位置不平或松动	(1)拧紧 (2)拧紧 (3)更换 (4)更换 (5)更换 (6)重新安装并拧紧
	机油进入燃烧室	(1)油环磨损或损坏 (2)活塞环对口没错开 (3)环槽磨损 (4)活塞或气缸磨损	(1)更换 (2)调整环的位置 (3)更换活塞 (4)更换活塞或镗缸
	气门杆周围漏油	(1)气门杆油封损坏 (2)气门杆或气门杆导套磨损过大	(1)更换 (2)更换

第二节　曲柄连杆机构的检修

3. 气缸盖变形的检查方法有哪些?

(1)缸盖接合面的检查。缸盖接合面的检查部位有:缸盖与缸体连接表面的平面度、进气和排气歧管接合表面的平面度。

①缸盖与缸体连接表面的平面度检查。使用刀口,如图 2-1 所示放于平面上,用塞尺测量刀口尺与平面间的间隙。测量平面度时,应在被测平面选取如图 2-2 所示的 6 个位置测量,取测量的最大值作为平面度误差,极限值

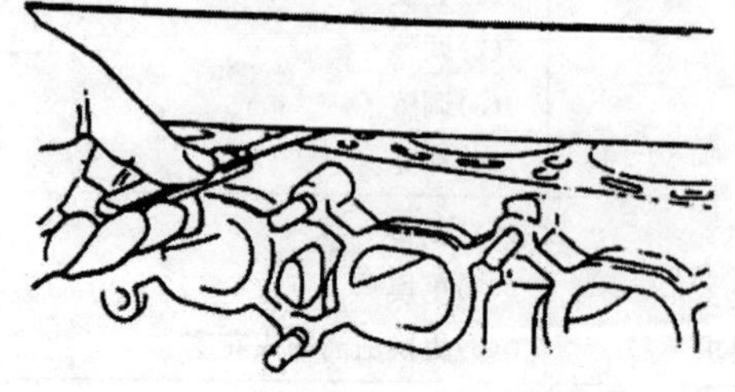

图 2-1　平面度误差的测量

图 2-2　平面度误差的测量位置

不得超过 0.05mm。

②缸盖与进、排气歧管连接表面的平面度检查。使用刀口尺，如图 2-3 所示，用塞尺测量其接合面的平面度。平面度极限值不得超过 0.10mm。

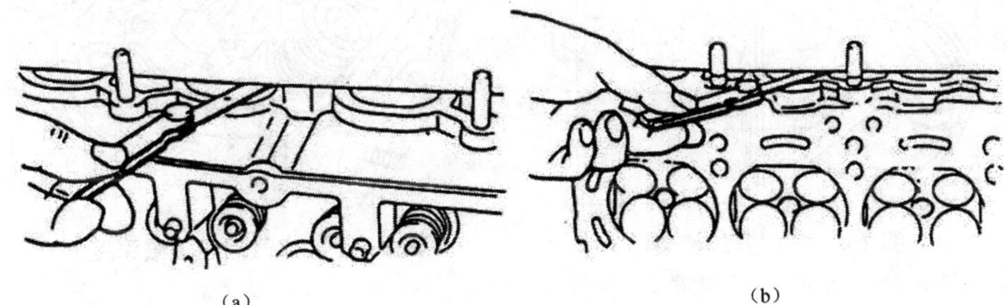

(a)　　　　(b)

图 2-3 缸盖与进、排歧管的平面度

(a)进气支管接合面　(b)排气歧管接合面

1. 缸盖　2. 刀口尺　3. 塞尺

(2)缸盖接合面变形的修理。当缸盖与缸体的接合面的平面度误差超过 0.05mm，或缸体与进、排气歧管接合面的平面度误差超过 0.10mm 时，可用平板和 400 号砂纸研磨接合面，磨去高的地方，使缸盖的平面度达到规定值；若平面变形过大，则应更换气缸盖。

4. 怎样检修气门座?

(1)气门座的检查。清除气门座上的积炭后，擦干气门座圈，并在气门座圈上涂薄薄一层红丹油。将气门装回气门座上，轻轻敲打气门头，然后取出气门，观察气门头与气门座接触宽度和接触面的均匀性和连续性，如图2-4 所示。气门座接触宽度应符合标准值，标准值为 1.3～1.5mm。若气门座与气门头的接触宽度或接触面积不均匀、连续性差时，应对气门座进行铰削、研磨，必要时更换气门座。

(2)气门座下陷的检查。发动机气门座下陷深度的检查如图 2-5 所示，用游标卡尺测量图中的“A”尺寸，应符合标准值。若超过规定值，则更换气门座圈。

(3)气门座的修理。

①气门座的铰削。进、排气门座角度标准如图 2-6 所示。进气门座的座角为 60°、45°、15°；排气门座的座角为 75°、45°、15°。

铰削顺序：对于进气门座，第一次用 15°角铰刀铰削其 15°座角，第二次用 60°角铰刀铰削其 60°座角，第三次用 45°角铰刀铰削 45°座角，并保证接触宽度达到 0.8～1.2mm；对于排气门座，选用铰刀的顺序为 15°、45°、75°铰刀，接触宽度为 0.8～1.2mm。

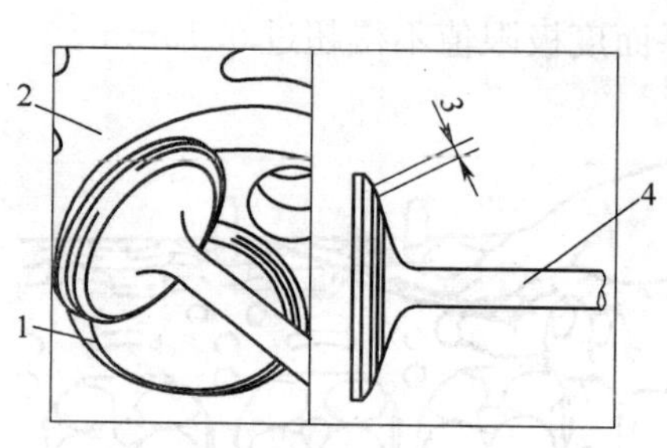

图 2-4　气门座的检查

1. 气门座　2. 气缸盖　3. 接触宽度　4. 气门

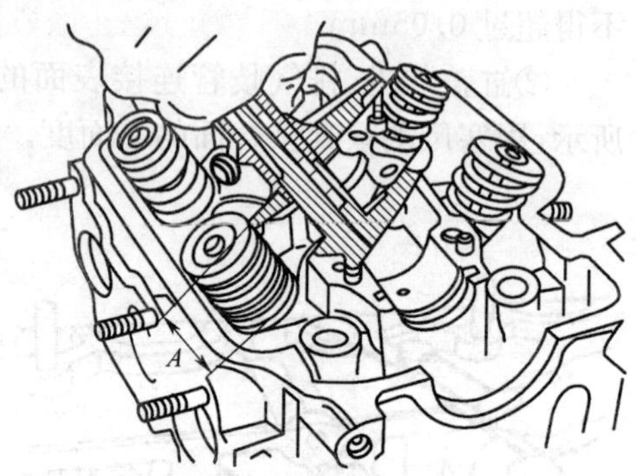

图 2-5　检查气门座下陷深度

A. 测量数据

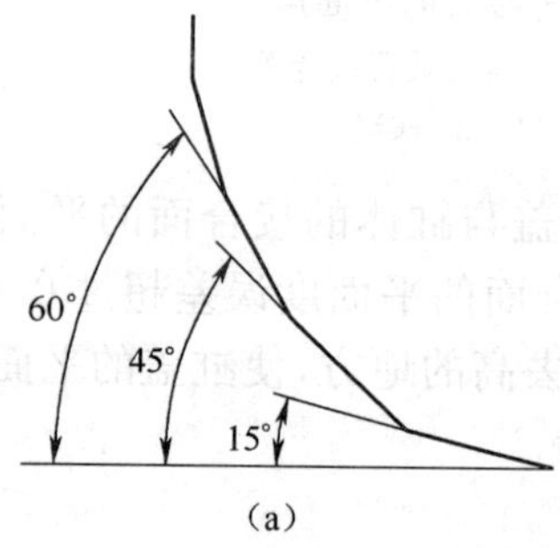

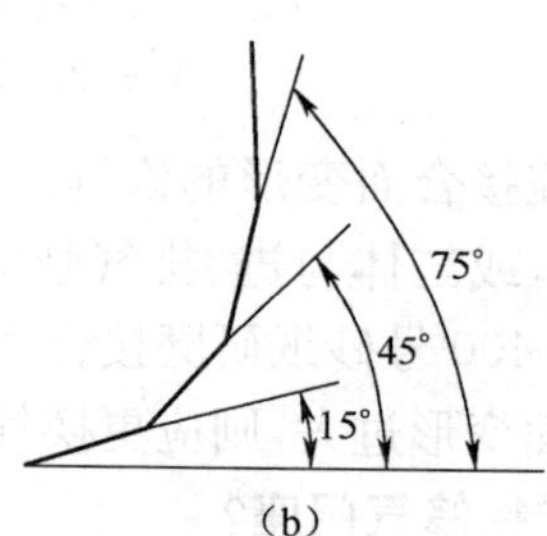

图 2-6　发动机进排气门座角示意图

(a)进气门座的座角　(b)排气门座的座角

②气门座的磨研。气门座铰削后，必须进行气门和气门座的配合研磨。研磨时，先涂粗研磨膏研磨，再涂细研磨膏磨至规定要求。粗磨时用力较大，细磨时用力要小，边研磨、边正反方向旋转气门，并不断改变气门转动的起点。

③气门座的更换。当气门座烧蚀、磨损严重时，要予以更换。更换气门座时，可用干冰冷却需要更换的气门座(气缸盖不用冷却)，使气门座收缩，即可取下气门座，再换上新的气门座。

④气门座的密封性能试验。对于铰削、更换并研磨后的气门座，必要时可进行密封性能试验。即用螺塞堵住火花塞孔，将气门装入气门座，再向燃烧室内注满煤油，保持 3min 内不漏油，表明密封良好，否则重新研磨。

5. 怎样检修气门导管？

(1)气门导管的检查。分别测量气门导管的内径和气门杆直径，导管内径最大值与气门杆直径最小值之差，即为导管与气门杆配合间隙，应符合规定值，否则应更换气门导管或气门，必要时两者同时更换。

气门杆与气门导管的间隙也可测量气门杆端部的偏差，如超过极限，则更换气门或气门导管或同时更换。

(2)气门导管的更换。用轴棒从燃烧室侧向气缸盖顶部，把气门导管敲退出来。再用12mm的铰刀铰削气缸盖上的气门导管安装孔，并除去毛刺飞边，铰扩后的导管孔直径应符合规定。

气门导管孔直径符合规定值后，把气缸盖加热到80～100℃之间，将气门导管从气缸盖上装入导管孔中，且导管凸出缸盖高度尺寸应符合要求。

用专用工具将导管压入发动机盖，直到导管上的卡环与气缸盖接触为止。

6. 缸体与缸盖接合面变形应如何检修？

(1)缸体与缸盖接合面变形的检查。使用刀口尺和塞尺，参考气缸盖平面度检查方法。

(2)气缸体上平面的修理。气缸体上平面的平面度超过0.05mm时，可用直板和300号砂纸磨去凸出部分或用机床铣削缸体接合面，使其达到平面度的要求。

7. 怎样检修气缸？

(1)气缸孔直径的检测。如图2-7所示，使用量缸表，在缸孔的纵向和横向两个方向，分别距缸体上平面15mm、45mm、90mm三个地方测量气缸孔直径，并记录其测得有6个数据，应符合规定。否则，应进行修理。

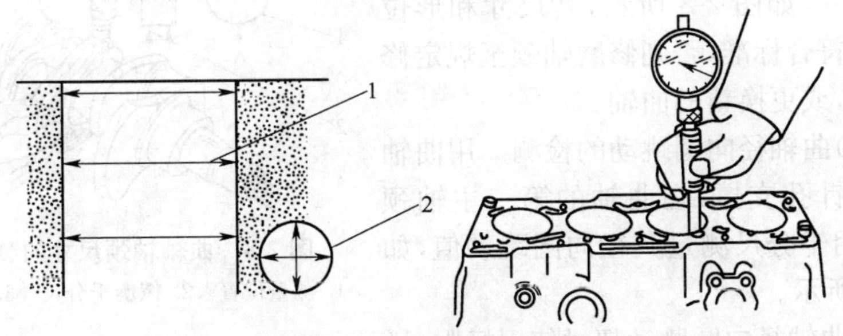

图2-7　气缸直径的测量

1. 测量部位　2. 测量纵、横方向

(2)气缸孔的修理。气缸孔直径超过规定值时，则要对缸孔进行镗削。缸孔一般有二级修理尺寸，每一级均加大0.25mm。气缸孔镗削后，应换用加大一级的活塞。

8. 怎样检修气缸体？

(1)缸体螺孔损坏的检修。缸体螺孔损坏一般为滑牙和胀裂。若螺孔损坏后，可将损坏的螺孔钻大，镶入相应的新螺塞，再在螺塞上根据螺栓直径钻孔、攻螺纹。为防止镶入的螺塞松动，可加装止动螺钉或止动销。

(2)缸体水套孔损坏的检修。缸体水套孔损坏一般为腐蚀和开裂，其修理方法与“气缸盖水套孔的检修”相同，但修理后应进行压力试验。

(3)缸体油道的清洗。若因发动机缺少机油，导致发动机烧瓦后，或者机油胶质堵塞油道，均应用清洗油清洗缸体油道，使油道清洁、畅通。

油道清洗干净后，要用压缩空气将各油道吹干。

9. 如何检查、更换气缸衬垫?

(1)气缸衬垫的检查。在发动机解体修理时，应检查气缸衬垫的钢带骨架是否损坏、橡胶石棉板是否已外露、耐热护圈是否被冲开或冲胶、铜管铆钉有无失效等缺陷，如有缺陷，应予更换。

(2)气缸衬垫的更换。确认气缸衬垫损坏或经二次拆解气缸盖后，应换用新的气缸衬垫。

在更换气缸衬垫时，应注意气缸衬垫的安装方向和气缸衬垫的正反面，以防止缸垫遮挡住水套孔和机油油道孔、回油孔。

10. 曲轴检修的内容有哪些?

(1)曲轴外观质量检查。检查曲轴的主轴颈、连杆轴颈外表面有无拉伤、烧蚀、严重磨损、裂纹或其他缺陷，如有不良，应予以更换。

(2)曲轴主轴颈、连杆轴颈尺寸的检测。用千分尺检测曲轴主轴颈和连杆轴颈的尺寸，如图 2-8 所示，其尺寸和形位公差应符合标准，否则修磨轴颈至规定修理尺寸，或更换新的曲轴。

(3)曲轴径向圆跳动的检测。用曲轴两端顶针孔支撑，在曲轴的第三主轴颈处，使用千分尺测量其径向圆跳动值，如图 2-9 所示。

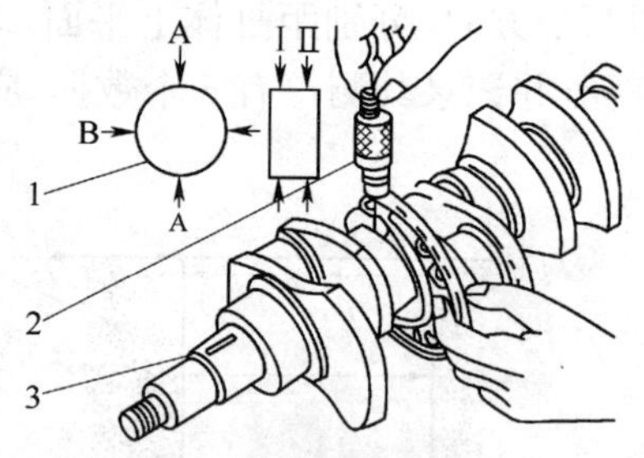

图 2-8　曲轴轴颈尺寸的测量

1. 测量位置　2. 螺旋千分尺　3. 曲轴

若曲轴径向圆跳动超过使用极限，说明曲轴弯曲变形超过限度，应进行冷压校正。必要时应予更换。

(4)曲轴主轴颈与轴承的间隙检测。

①测量缸体主轴承内径。测量前，主轴承、主轴承盖均按装配要求安装到气缸体上，按规定扭紧力矩值紧固主轴承盖的螺栓。

如果曲轴主轴颈修磨后，应选装相应的缩小修理尺寸的轴承，使轴颈的修理尺寸与轴承选配一致。主轴承、主轴承盖装配合格后，检查主轴承内径,如图 2-10 所示。

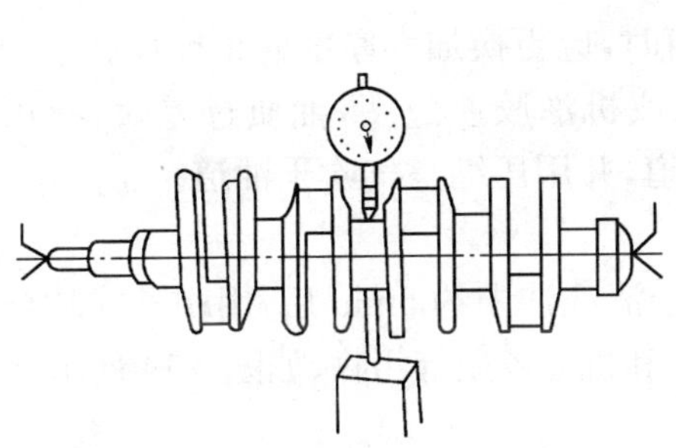

图 2-9　曲轴主轴颈的径向圆跳动测量

图 2-10　主轴承内径的测量

②主轴颈与主轴承的间隙测量。若测出了主轴颈尺寸、主轴承孔内径尺寸,两者差值即为配合间隙。但配合间隙也可用塑料间隙规来测量,其测量方法是:按轴承的宽度尺寸剪好塑料间隙规,沿曲轴轴向放置在主轴颈上,避开油孔位置,再按装配要求装好轴承盖,按规定力矩拧紧螺栓,然后取下轴承盖,用千分尺测量塑料间隙规被压薄的最宽处厚度,该值即为配合间隙,如图 2-11 所示。

(5)曲轴连杆轴颈与连杆轴承的间隙检测。

①连杆大头孔直径的测量。连杆大头孔直径的测量参见“活塞连杆组的检修”的内容。

②连杆轴颈与轴承的配合间隙测量。如图 2-12 所示,按连杆轴承宽度剪好塑料间隙规,然后放置到连杆轴颈上。

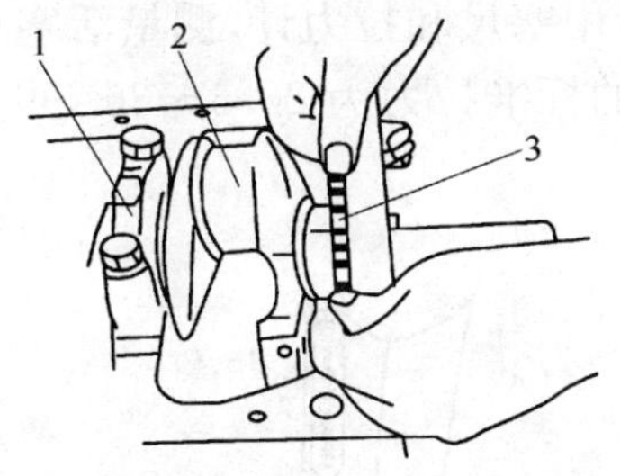

图 2-11　测量主轴颈与轴承的配合间隙

1. 主轴承盖　2. 曲轴　3. 塑料间隙规

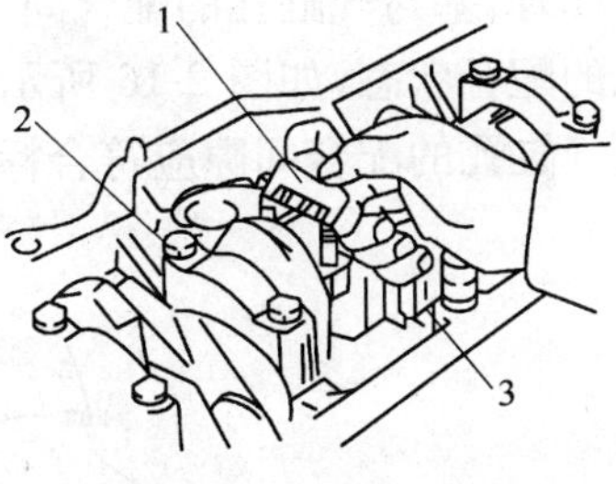

图 2-12　安放塑料间隙规

1. 塑料间隙规　2. 连杆　3. 缸体

按正常装配要求,装上连杆盖、轴承,并按规定力矩紧固连杆盖螺母。

拆下连杆盖,取出塑料间隙规,测量其连杆轴颈与轴承的配合间隙。若配合间隙过大,则应更换轴承。轴承尺寸的选配应与连杆轴颈尺寸相符合。

(6)曲轴轴向止推间隙的检测。在气缸体内装上曲轴、主轴承、止推片和主轴承盖,并按规定力矩拧紧主轴承盖螺栓。使用百分表测量曲轴的轴向窜动量。如图 2-13 所示。

若曲轴的轴向止推间隙超过极限值时,应更换加大厚度的止推片。

(7)曲轴油道的清洗。若曲轴烧瓦或机油胶质过多,油质过差时,有可能堵塞曲轴油道孔。因此,必须清洗油道,并用压缩空气吹干油道。

11. 活塞组检修内容有哪些?

(1)活塞积炭的清除。将活塞浸泡于清洗油中约 5min 后,用刷子或软金属摩擦工具,擦掉活塞顶部和环槽的积炭和机油胶质等污物,如图 2-14 所示。

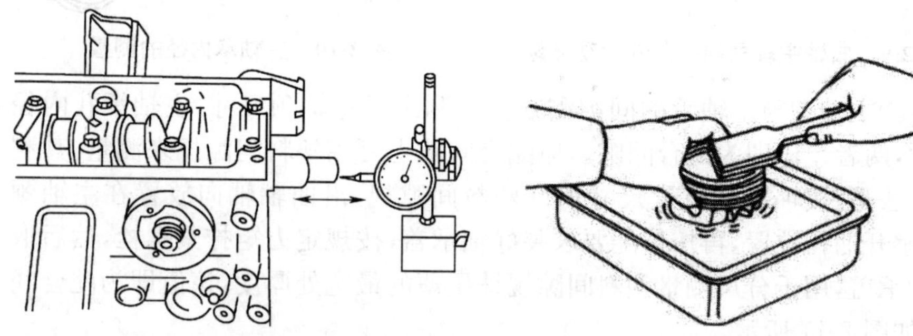

图 2-13　曲轴轴向止推间隙的测量　　**图 2-14　清除活塞积炭**

检查活塞外观有无拉伤、裂纹等缺陷,如有不良,应予更换。

(2)活塞直径的检测。如图 2-15 所示,使用外径千分尺,在活塞的水平面上、垂直于活塞销轴线方向上测量活塞直径。若测量值不符合规定值,应更换活塞。

(3)活塞与气缸孔的配合间隙的检查。用塞尺和拉力计,测量活塞与气缸孔的配合状态,如图 2-16 所示。拉力计的标准拉力为 22.5～36.5N。活塞与气缸孔的配合间隙应符合标准。

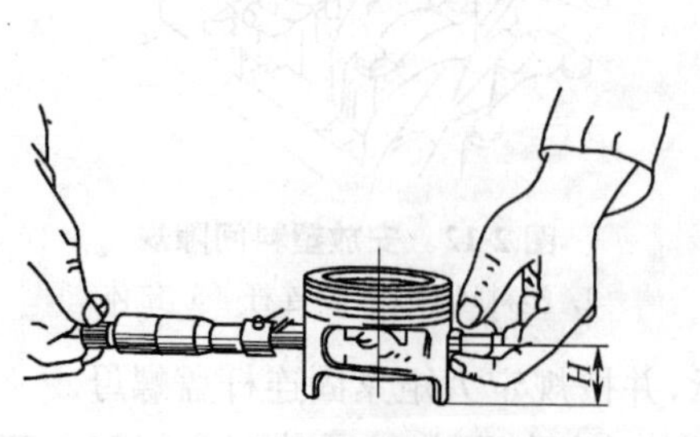

图 2-15　测量活塞直径

H. 测量部位距活塞裙部的距离

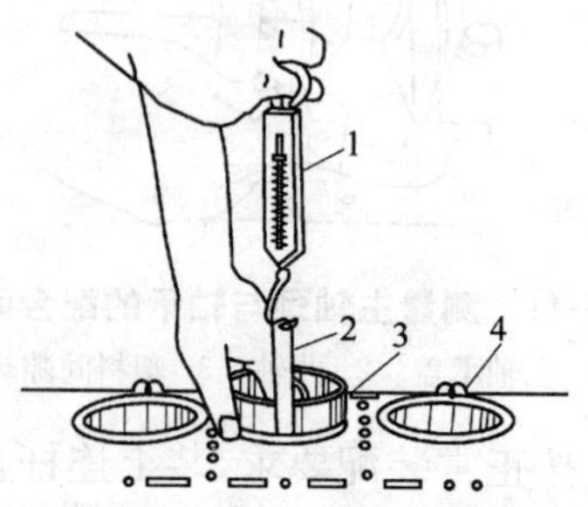

图 2-16　活塞与气缸孔配合间隙的测量

1. 拉力计　2. 塞尺　3. 活塞　4. 气缸体

(4)活塞环槽与活塞环的间隙(侧隙)检查。如图 2-17 所示,用塞尺检查活塞环在相应环槽内的侧隙。若侧隙超过使用极限值时,应测定槽宽和环厚,以确定更换活塞或活塞环或两者都换。

(5)活塞环的开口间隙(端隙)检查。如图 2-18 所示,把活塞环放入气缸孔中,并推入缸孔的底部,用塞尺测量活塞环的开口间隙。若开口间隙超过使用极限值,应更换活塞环。

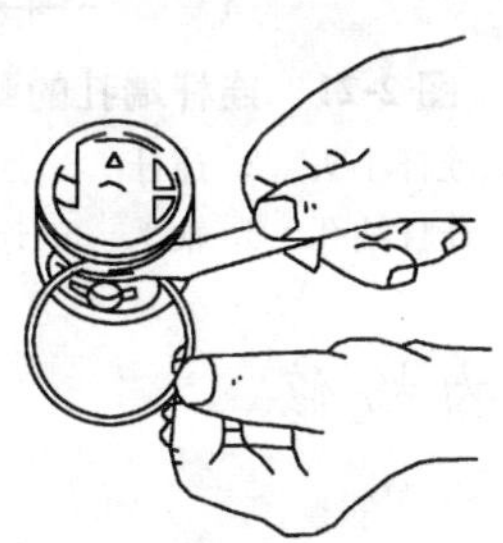

图 2-17　测量活塞环侧隙

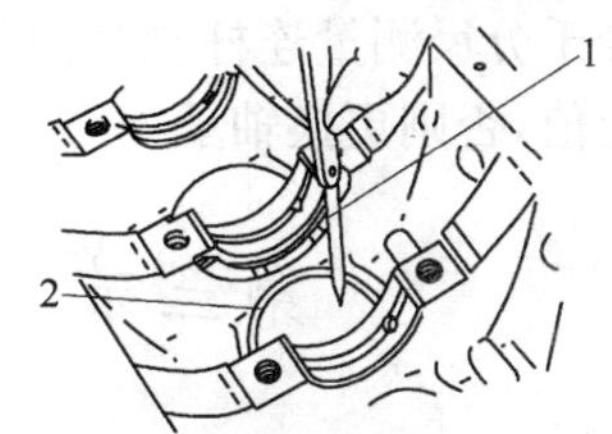

图 2-18　测量活塞环开口间隙

1. 塞尺　2. 活塞环

12. 连杆组件检修的内容有哪些?

(1)外观检查。检查连杆、连杆螺栓、螺母、连杆盖及活塞销等外表面有无裂纹、损伤缺陷,如有不良,应予更换。

(2)连杆大端与曲轴连杆轴颈的止推间隙检查。把连杆按装配状态与连杆轴颈相连接,按规定力矩拧紧连杆盖螺母。用塞尺测量连杆大端止推间隙,如图 2-19 所示。

若止推间隙超过使用极限,应测量连杆大端宽度和连杆轴颈宽度,以决定其更换连杆或曲轴或两者都换。

(3)连杆的变形检查。把连杆安装到连杆校正器上,使用三点规和塞尺测量连杆的弯曲、扭曲变形,如图 2-20 所示。若连杆变形超过使用极限,应予更换。

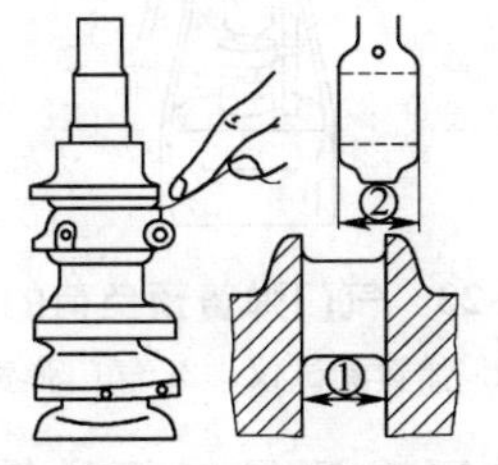

图 2-19　连杆大端止推间隙的测量

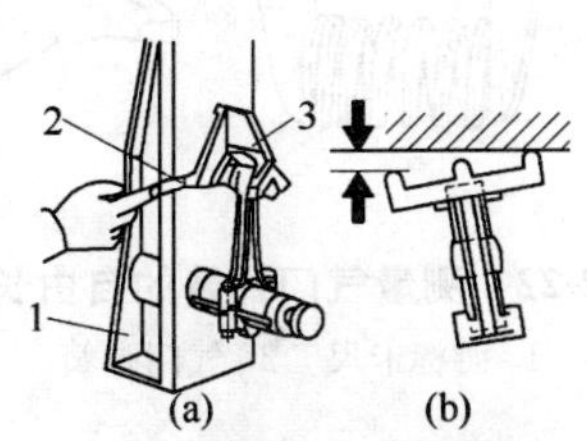

图 2-20　连杆变形的测量

(a)测量弯曲变形量　(b)测量扭曲变形量

1. 连杆校正器　2. 塞尺　3. 三点规

(4)连杆小头与活塞销的配合间隙检查。使用百分表和螺旋千分尺，分别测量连杆小头衬套孔和活塞销直径，以测出其配合间隙，如图 2-21 所示，若配合间隙超过规定值，则应更换连杆小头衬套或活塞销。

(5)连杆轴颈与连杆大端的配合间隙检查。把连杆、连杆轴承、连杆盖装配在一起。用内径千分尺测量连杆轴瓦内径，其值应符合规定值，否则更换轴承。

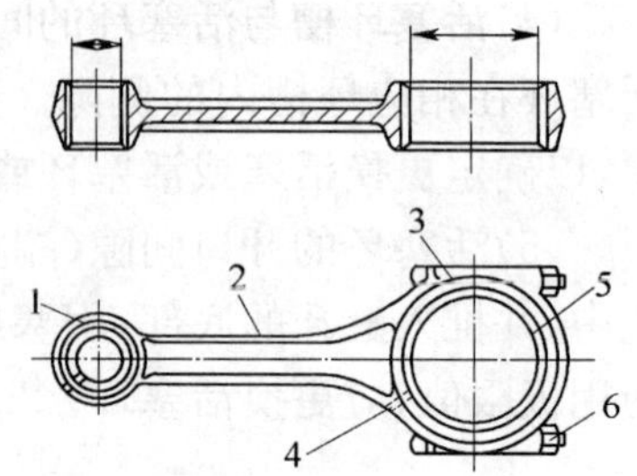

图 2-21 连杆端孔的测量

1. 连杆小头 2. 连杆 3. 连杆大头 4. 连杆油孔 5. 轴承 6. 连杆螺栓

第三节 配气机构的检修

13. 从外观上如何检查气门组件?

检查气门、气门弹簧、气门油封有无损伤、开裂、折断等缺陷。

如有外表损坏应更换；如有漏油现象，应更换油封。

注意：拆解后的气门油封，不可重新使用，应更换新件。

14. 怎样检查气门弹簧?

(1)气门弹簧自由长度的检查。用游标卡尺测量气门弹簧的自由长度尺寸，如图 2-22 所示。其自由长度应符合规定值，否则予以更换。

(2)气门弹簧的负荷检测。把气门弹簧安装到弹簧试验仪上进行测试，如图 2-23 所示。弹簧的预负荷应符合规定值，否则应予以更换。

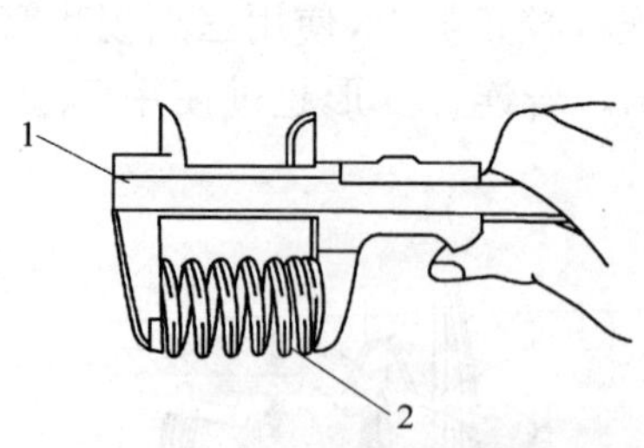

图 2-22 测量气门弹簧的自由长度

1. 游标卡尺 2. 气门弹簧

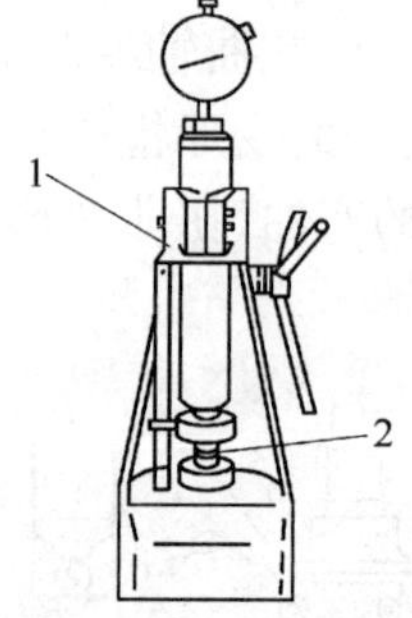

图 2-23 气门弹簧预负荷的检测

1. 弹簧测试仪 2. 气门弹簧

(3)气门弹簧垂直度的检查。用直角尺和平台测量气门弹簧的垂直度，如图 2-24 所示。其垂直度误差不应超过允许极限值，否则应更换气门弹簧。

15. 怎样检修气门?

(1)检查气门杆应无卡滞和损伤,若有应更换。

(2)检查气门杆尾端磨损情况。如有凹陷磨损超过 0.4mm 时,应修磨尾端。

(3)气门杆直径尺寸的检查。用千分尺在规定的部位和方向上测量气门杆直径尺寸,如图 2-25 所示。其值应符合规定值,否则更换气门。

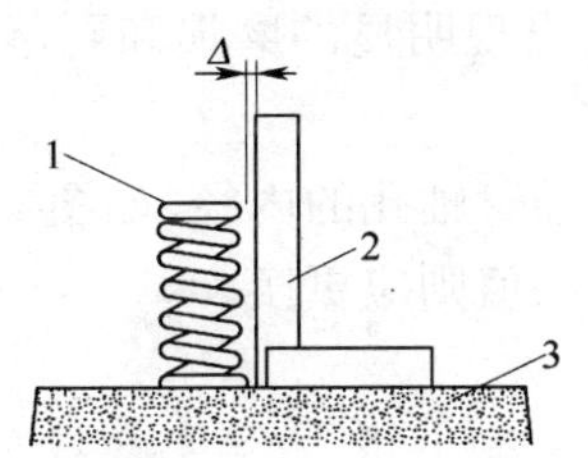

图 2-24　测量气门弹簧垂直度

1. 气门弹簧　2. 直角尺　3. 平台

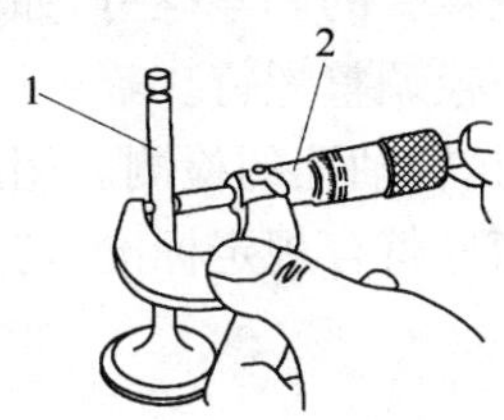

图 2-25　测量气门杆直径

1. 气门杆　2. 千分尺

(4)气门长度尺寸的测量。用游标卡尺测量气门长度尺寸,其长度尺寸的减少不应超过允许值,否则更换气门或堆焊气门杆修复。

(5)气门头部接触面的检修。将气门杆用 V 形架支撑,用百分表测量气门头部的斜向跳动量,如图 2-26 所示。其斜向跳动量不允许超过极限值,否则予以更换。

(6)气门头部接触面印痕的检查。在气缸盖的气门座圈上涂上一层红丹,将气门装入气缸盖内,测量其接触面印痕宽度 W,同时测量气门头厚度 B,如图 2-27 所示。其值应符合规定标准,否则更换或修磨气门。

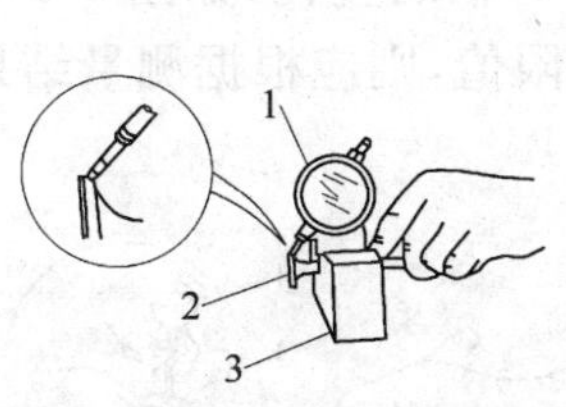

图 2-26　测量气门头部接触面斜向跳动量

1. 百分表　2. 气门　3. V 形架

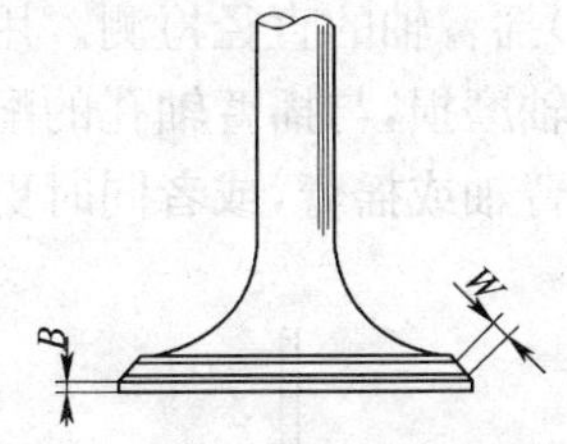

图 2-27　测量气门接触面和头部厚度

W. 接触面印痕宽度　B. 气门头厚度

(7)气门的修磨。当气门更换后,应对其配合表面进行配对研磨(气门的修磨方法见“气缸盖的检修”的有关内容)。

16. 怎样检查气门油封?

检查气门油封与气门杆之间的密封性能,如有漏油时,应更换气门油封总成。

拆装过的气门油封总成不允许重新装配使用，必须换用新的油封，以保证密封的可靠。

17. 怎样检修摇臂?

(1)摇臂的外观检查。检查摇臂的工作面。如有工作面出现明显的磨损、表面剥落等现象时，应用油石磨平或予更换，如图 2-28 所示。

检查摇臂的调整螺钉，如调整螺钉的环面出现明显的磨损和剥落时，应修理或更换调整螺钉。

(2)摇臂轴孔的检测。用内径千分表测量摇臂轴孔的内径，如图 2-29 所示。其值应符合规定标准，若超过允许使用极限值则应更换。

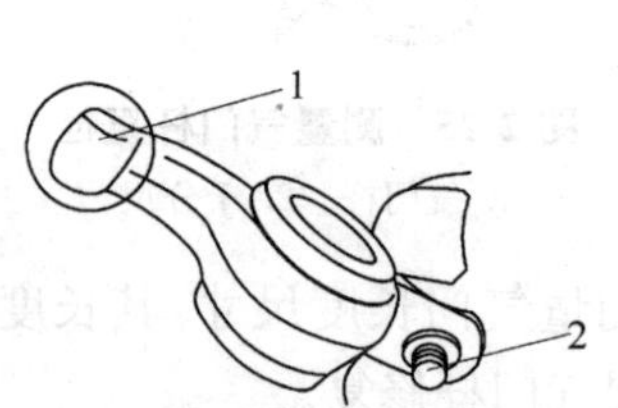

图 2-28 摇臂的检查

1. 工作面 2. 调整螺钉

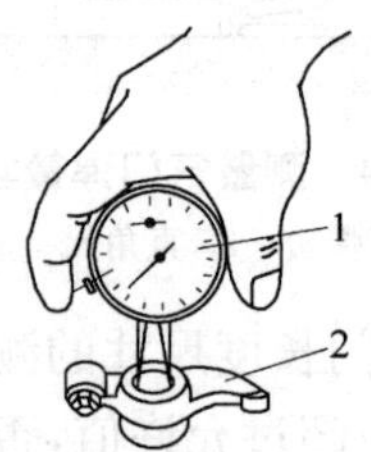

图 2-29 摇臂轴孔的检查

1. 内径千分尺 2. 摇臂

18. 怎样检修摇臂轴?

(1)摇臂轴的径向圆跳动的检测。用 V 形架支撑在摇臂轴的两端，用千分表在摇臂轴的中间位置测量其径向圆跳动量，如图 2-30 所示。若摇臂轴的径向圆跳动量超过允许值(0.06mm)，可用木槌冷校直或更换。

(2)摇臂轴的直径检测。用千分尺测量摇臂轴的直径，如图 2-31 所示。若摇臂轴磨损，与摇臂轴孔的配合间隙超过极限值，则应根据测量结果决定更换摇臂轴或摇臂，或者同时更换。

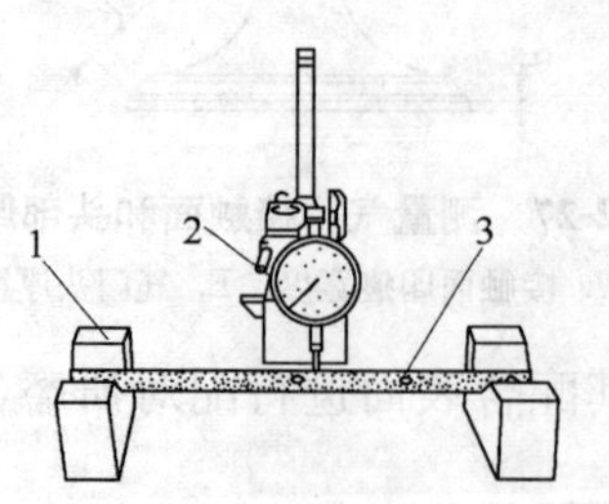

图 2-30 摇臂轴径向圆跳动量的测量

1. V 形架 2. 千分表 3. 摇臂轴

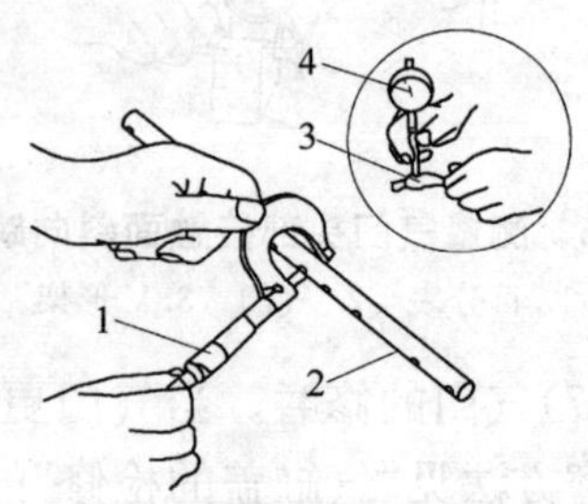

图 2-31 测量摇臂轴外径与摇臂孔内径

1. 千分尺 2. 摇臂轴 3. 摇臂 4. 千分表

19. 怎样检修曲轴正时齿带轮?

(1)曲轴正时齿带轮的外观检查。检查曲轴正时齿带轮外观的轮齿有无裂纹、剥落、机械损伤等缺陷。如有不良情况,应更换曲轴正时齿带轮。

(2)曲轴正时齿带轮的磨损检查。用游标卡尺测量曲轴正时齿带轮的直径,如图 2-32 所示。其值应符合规定标准,若超出使用极限值,则应更换曲轴正时齿带轮。

20. 怎样检修凸轮轴正时齿带轮?

(1)凸轮轴正时齿带轮的外观检查。检查凸轮轴正时齿带轮的轮齿有无裂纹、剥落、掉块、严重磨损、表面机械损伤等缺陷。如有不良情况,则应更换凸轮轴正时齿带轮。

(2)凸轮轴正时齿带轮的磨损检查。用游标卡尺测量凸轮轴正时齿带轮的直径,如图 2-33 所示。其值应符合规定标准,若超出使用限值,应予更换。

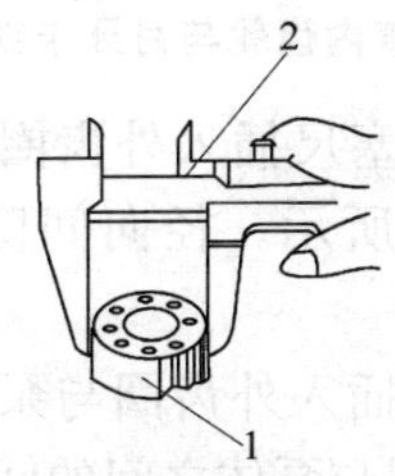

图 2-32　测量曲轴正时齿带轮

1. 正时齿带轮　2. 游标卡尺

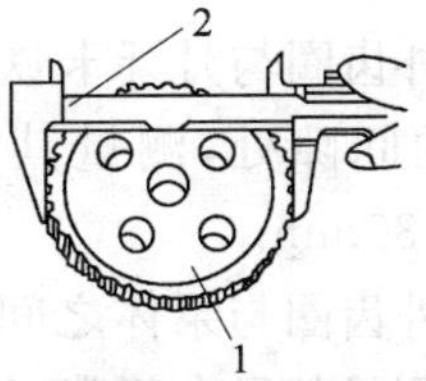

图 2-33　测量凸轮轴正时齿带轮

1. 凸轮轴正时齿带轮　2. 游标卡尺

21. 怎样检修正时带?

检查正时带的橡胶层、齿形部位有无裂纹、齿根开裂、帆布剥层、断裂、芯线外露等缺陷。

如有不良情况,应更换正时带。正时带的外部损伤部位如图 2-34 所示。

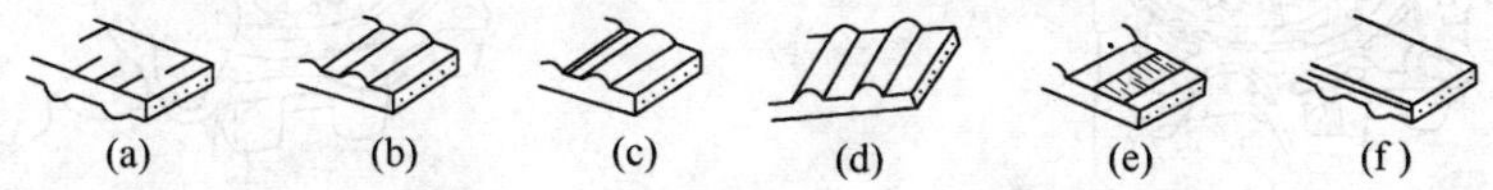

图 2-34　正时带的常见损伤部位

(a)破裂　(b)齿根裂纹　(c)齿根剥离　(d)胶质部分显露　(e)缺齿　(f)芯线显露

第四节　润滑系统的检修

22. 如何检查油底壳内机油量?

在发动机停止运转 15min 后拔出机油尺,检查机油量,如图 2-35 所示。

机油量应在机油尺“L”和“F”之间（或两孔之间），不足时添加相同牌号的机油。

23. 机油泵的检修内容有哪些？

(1)内齿轮与月牙卡铁之间的间隙检查。用塞尺插入内齿轮与月牙卡铁之间的间隙处，测量其径向间隙，如图 2-36 所示。径向间隙标准值：0.43～0.53mm。

图 2-35　机油量的检查

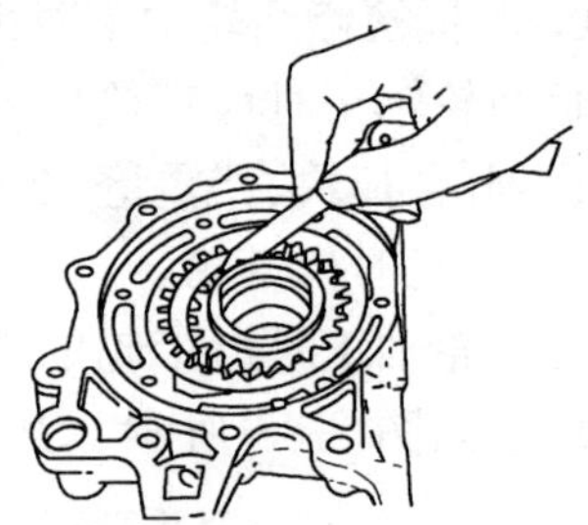

图 2-36　检查内齿轮与月牙卡铁的径向间隙

(2)外齿圈与月牙卡铁之间的间隙检查。用塞尺插入外齿圈与月牙卡铁之间的间隙处，测量其径向间隙，如图 2-37 所示。径向间隙标准值：0.19～0.30mm。

(3)外齿圈与泵体之间的间隙检查。用塞尺插入外齿圈与泵体之间的间隙处，测量其径向间隙，如图 2-38 所示。外齿圈与泵体之间的间隙的径向间隙标准值：0.045mm～0.12mm，极限值：0.17mm。

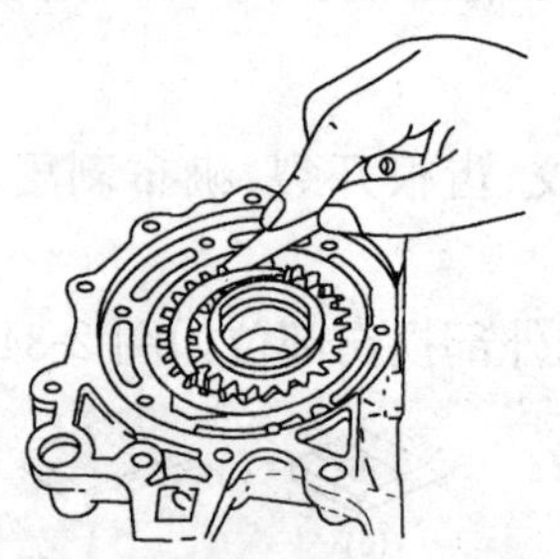

图 2-37　检查外齿圈与月牙卡铁的径向间隙

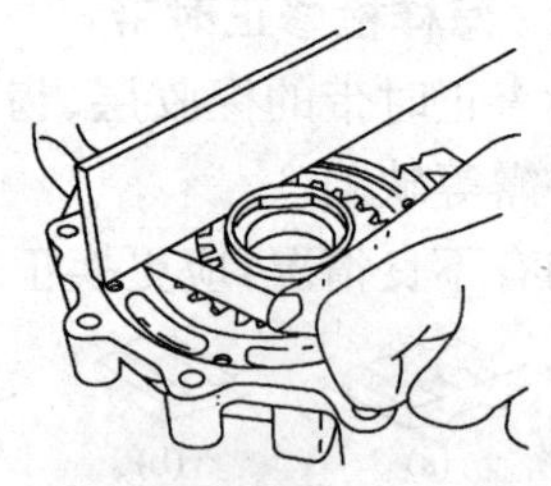

图 2-38　检查外齿圈与泵体的间隙

(4)内、外齿轮的侧向间隙检查。用刀口尺和塞尺测量内齿轮和外齿轮与泵体之间的侧向间隙，如图 2-39 所示。机油泵的侧向间隙标准值：0.12～0.20mm，极限值：0.3mm。

24. 怎样检查机油泵压力？

拆下机油压力传感器，在其螺纹孔上装上机油压力表接头，装好压力表；然后起动发动机运转，使水温达到 76℃～85℃时，加速发动机至 3000±

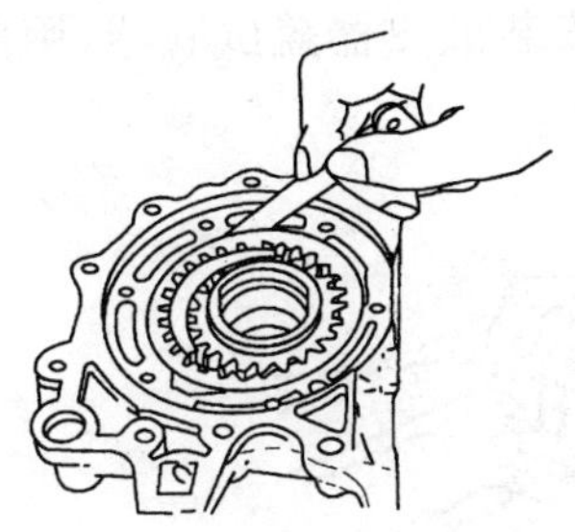

图 2-39 机油泵的侧隙检查

50r/min 记录其机油压力。机油压力标准值:294～441kPa。

> **维修提示:**
> ◆若机油压力表读数达不到标准值时,应检查机油泵的各间隙是否符合规定,必要时应更换内齿轮或外齿圈、月牙卡铁等组件。

第五节 冷却系统的检修

25. 如何检修水泵?

水泵是离心式水泵,装配在气缸体的前侧,主要由水泵 V 带轮座、水泵轴承、水泵密封组件、水泵转子和水泵盖等组成。

注意:不能分解水泵总成。如水泵需要任何修理,应更换总成。

(1)如图 2-40 所示,用手转动水泵轴,检查是否操作灵活。如水泵转动不灵活或有噪音,应更换。

图 2-40 转动水泵轴

(2)检查水泵叶轮是否损坏,若损坏应更换。

注意:不能分解水泵来检查水泵叶轮。

26. 如何检查散热器?

散热器常见故障是破漏,主要由腐蚀穿孔和机械损伤造成。

(1)检查漏水部位时,先拆下散热器盖,并往冷却系统中注入冷却液。

(2)如图 2-41 所示,安装散热器盖试验器,用散热器盖试验器对冷却系施加 110kPa 的压力。

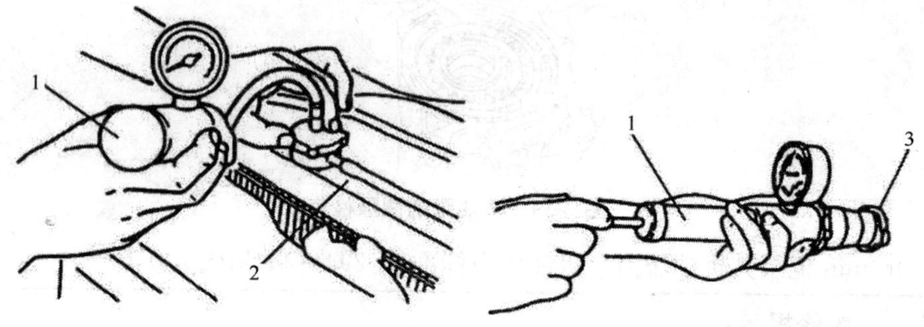

图 2-41　散热器盖压力测试

1. 压力测试仪　2. 散热器

3. 散热器盖/压力盖(包括节温器盖)

(3)依次检查散热器上、下水室和散热器芯、水泵和软管连接处是否有泄漏。

(4)如查到有泄漏之处,用锡焊进行修补。

(5)如破漏在上下水室,可用薄铜皮盖补在破漏处焊复;如破漏在散热器芯子外侧的水管,可用尖烙铁焊修或薄铜皮包焊;内部水管破漏,常采用乙炔气焊的方法修复。

27. 节温器的检查方法如何?

(1) 如图 2-42 所示,将节温器浸入盛有水的器皿中,然后逐渐将水加热,测量节温器阀门开启的温度。阀门的开启温度规定值为 82℃,阀门完全打开时的温度规定值为 95℃;阀门的总升程是在水温为 95℃时不小于 8mm。

(2)如果在常温时,阀门保持开启状态或在关闭时不能紧密关闭,则应更换节温器;若在加温检测时,检测数据不符合规定值,也应更换节温器。

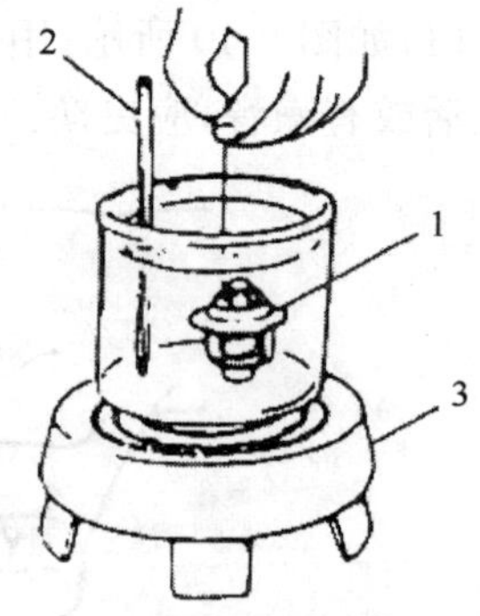

图 2-42　节温器的检查

1. 节温器　2. 温度计　3. 加热器

第三章　发动机电控系统的使用与维修

第一节　发动机电控系统组成及控制

1. 发动机电控系统部件位置如何?

发动机电控系统部件的位置(如图 3-1～图 3-6 所示)。

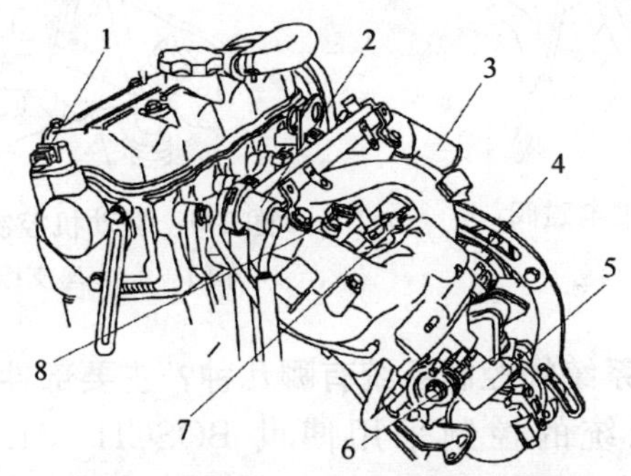

图 3-1　发动机电控系统部件的位置

1. 凸轮轴位置传感器　2. 油压调节阀　3. 节温器　4. 怠速控制阀　5. 节气门体　6. 节气门位置传感器　7. 进气支管压力温度传感器　8. 冷却液温度传感器

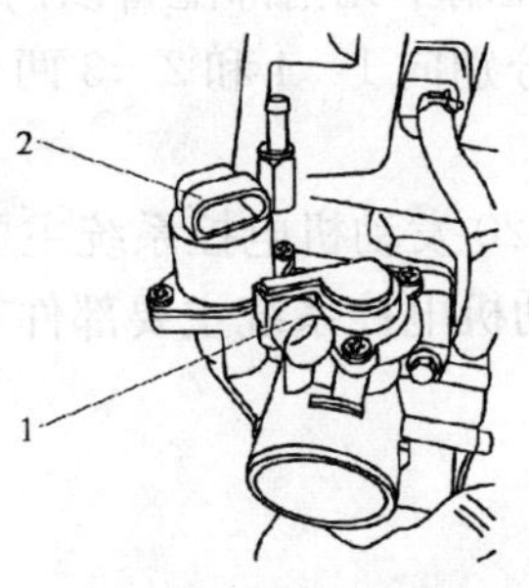

图 3-2　节气门位置传感器与怠速空气控制阀

1. 节气门位置传感器　2. 怠速空气控制阀

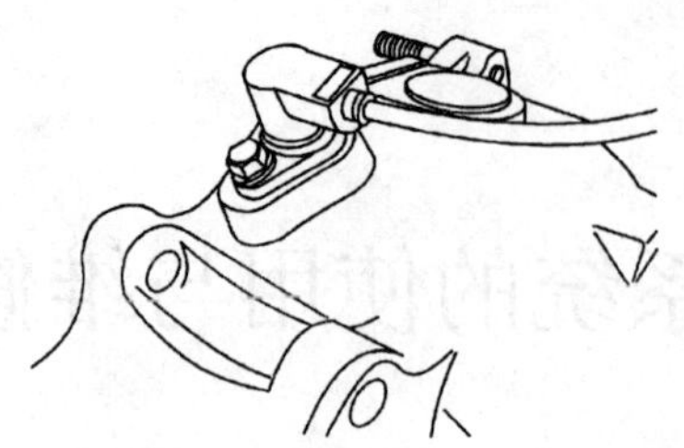

图 3-3 曲轴位置传感器

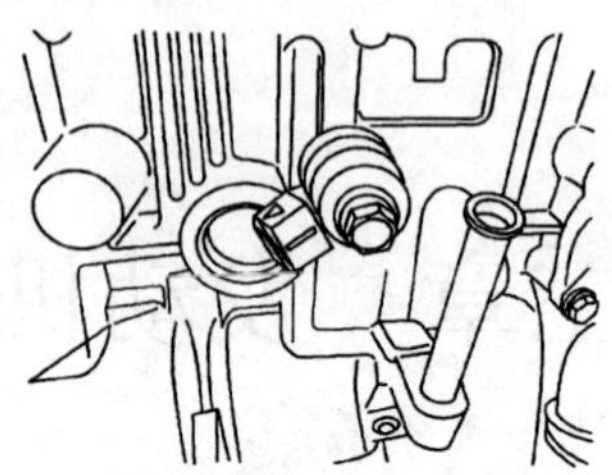

图 3-4 爆燃传感器

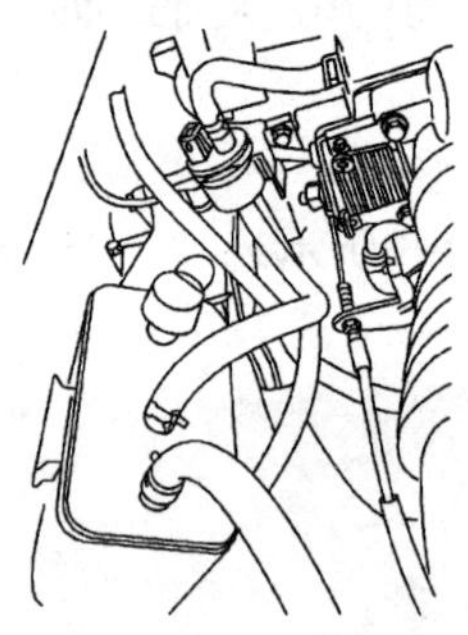

图 3-5 炭罐电磁阀

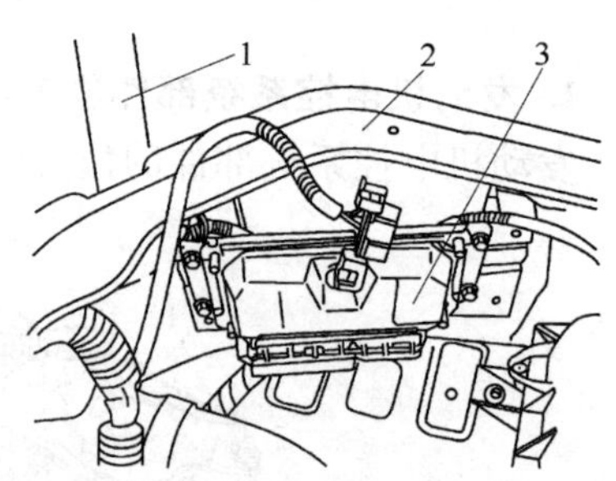

图 3-6 发动机控制模块(ECU 或 ECM)

1. 车门 2. 车座支撑架 3. 发动机控制模块

2. 发动机电控系统的控制系统有哪几种？主要部件是如何布置的?

发动机电控系统的控制采用博世 BOSCH M1.5.4 系统、德尔福 DELPHI MT20 系统、Motronic M7 系统等。

(1)BOSCH M1.5.4 发动机电控系统采用有分电器式顺序点火系统(如图 3-7 所示),发动机转速传感器安装在分电器内;

(2)DELPHI MT20 发动机电控系统采用无分电器直接点火技术(如图 3-8 所示),由发动机电子控制单元内部配备以内装式点火驱动电路,驱动双塔式点火线圈初级电路,分别向 1—4 和 2—3 两个气缸分组的线圈提供点火信号电压。

德尔福 DELPHI MT20 发动机电控系统主要部件布置如图 3-9 所示。

(3)Motronic M7 发动机电控系统主要部件布置如图 3-10 所示。

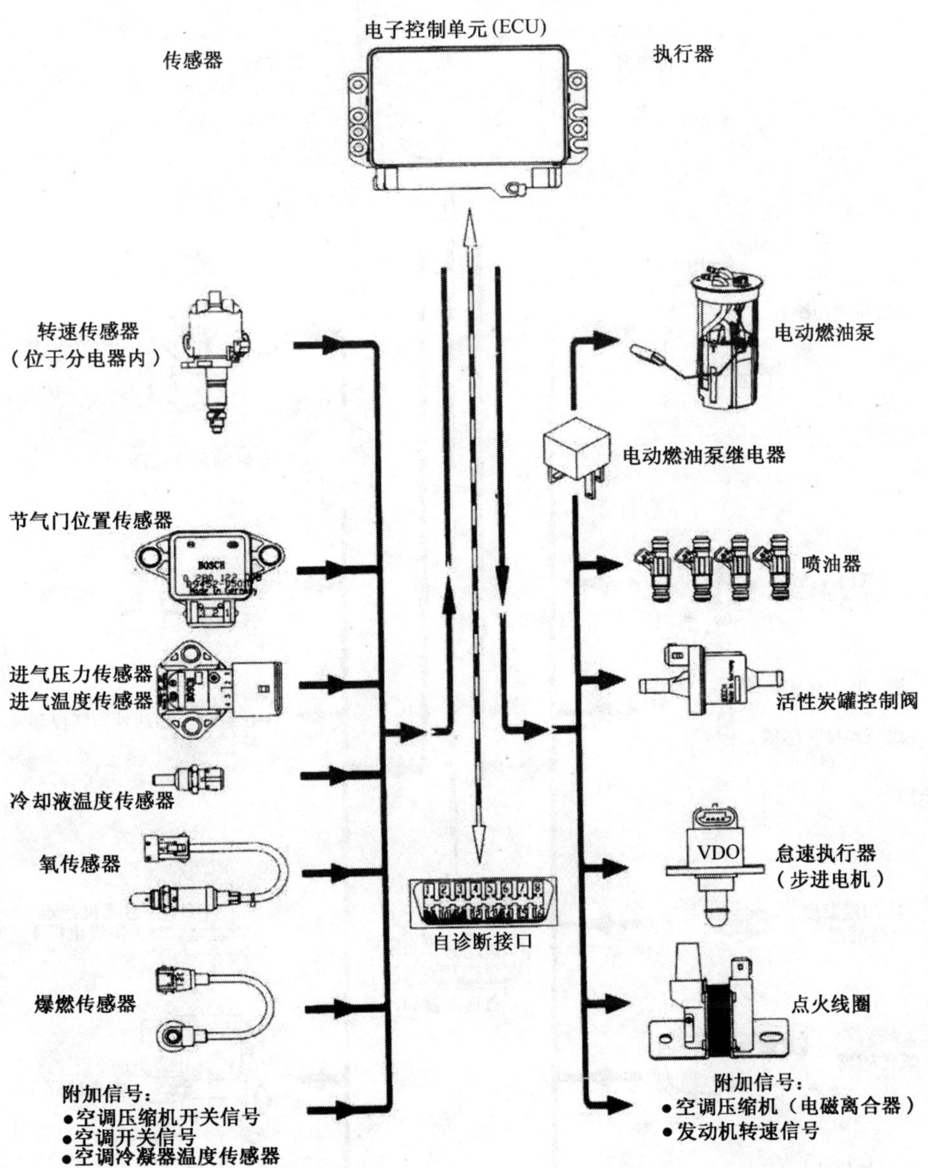

图 3-7 BOSCH M1.5.4 发动机电控系统

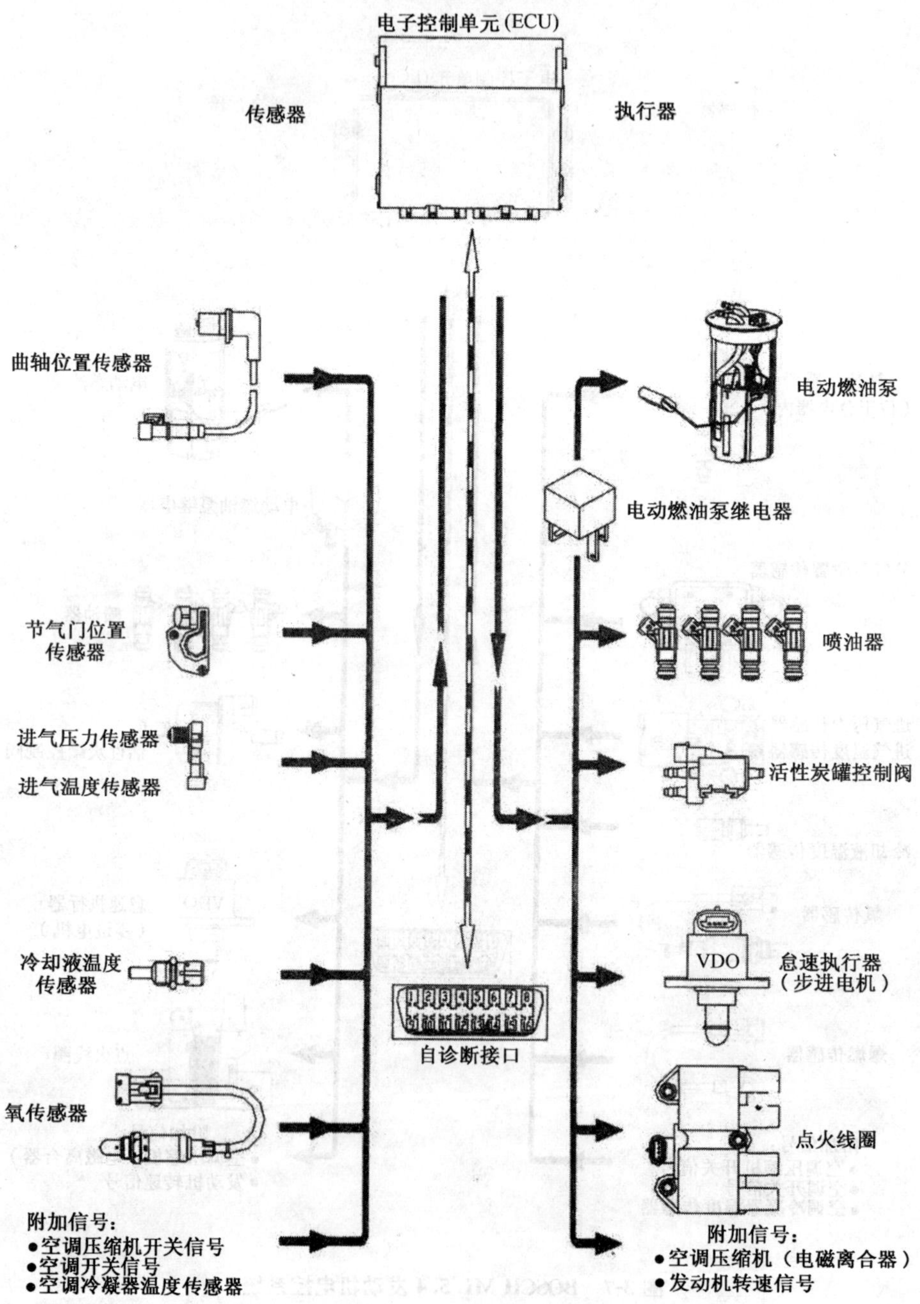

图 3-8 德尔福 DELPHI MT20 发动机电控系统

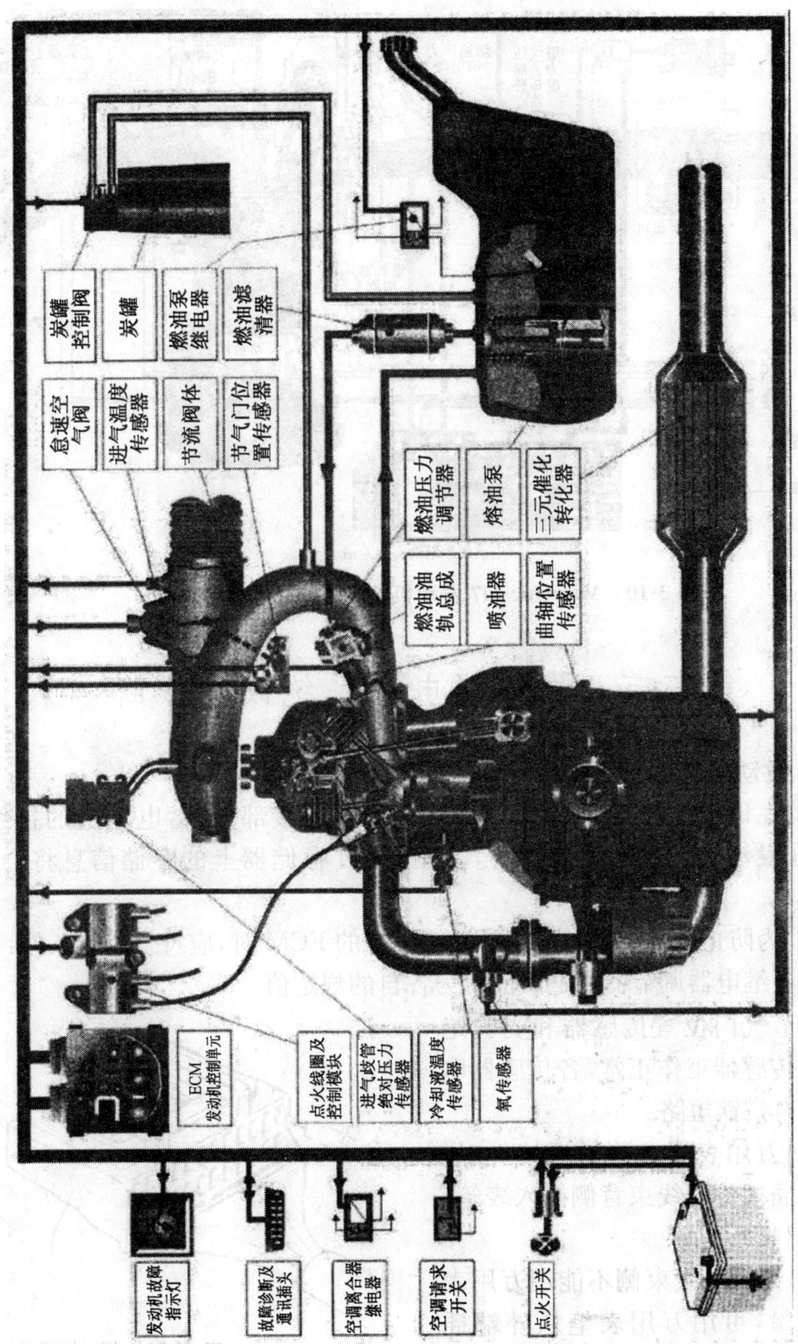

图 3-9 德尔福 DELPHI MT20 发动机电控系统主要部件布置

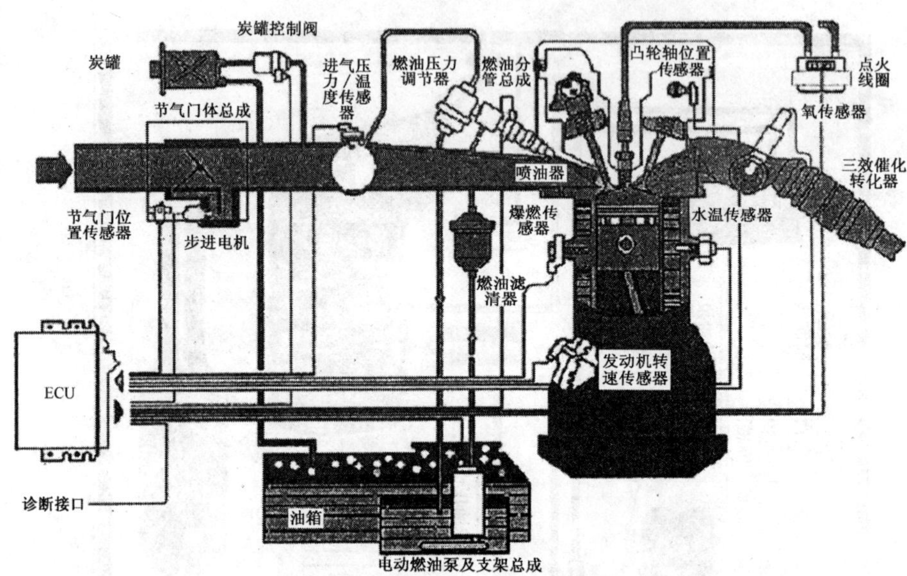

图 3-10　Motronic M7 发动机电控系统主要部件布置

第二节　发动机电控系统故障诊断

3. 发动机电控系统故障自诊断注意事项有哪些？

(1)在识别故障代码之前，不要将 ECM 连接部分、蓄电池上的接线、ECM 在发动机上的搭铁线拆开，否则 ECM 存储器上的存储信息将会被删掉。

(2)为防止损坏 ECM，当更换性能完好的 ECM 时，应符合以下条件：

①各继电器调节器的电阻值应为各自的规定值。

②节气门位置传感器和支管绝对压力传感器工作正常，各传感器电路都没有搭铁短路。

(3)万用表笔在测量插接件时，必须从插接件的线束背侧插入表笔，如图 3-11 所示。

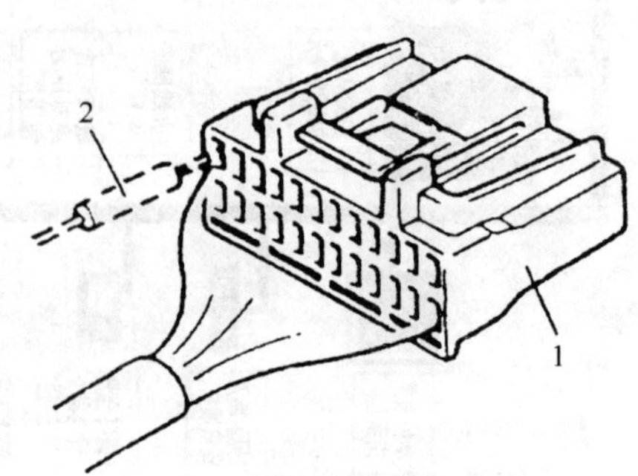

图 3-11　从线束背侧插入表笔
1. 插接件　2. 表笔

(4)如果从线束侧不能用万用表笔来测量，可用万用表笔从外端插入，如图 3-12 所示，注意不要弄弯插针。

(5)检查插接情况时，应检查插针是否弯曲，端子是否严重变形以及两者是否卡住(松落)、腐蚀、有无灰尘等。

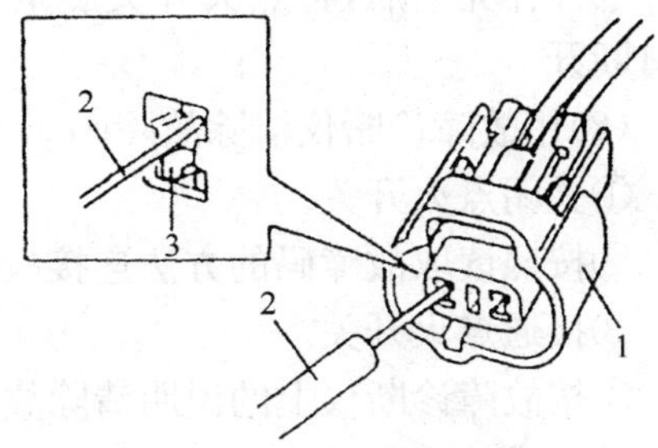

图 3-12　从外端插入表笔

1. 插接件　2. 表笔　3. 插针安装点

4. 发动机电控系统故障指示灯(MIL)检查方法如何?

发动机电控系统故障自诊断功能，通过故障指示灯(“CHECK ENGINE”灯)进行如下提示：

(1)当点火开关旋至 ON 位置(但发动机不起动)时，故障指示灯亮，检查电控系统故障指示灯及回路是否正常。

(2)如果在发动机起动(发动机运转)后，若发动机电控系统无故障，则故障指示灯熄灭。

(3)当发动机电控系统有故障时，故障指示灯在发动机运转时则会点亮，同时 ECM 储存故障代码。

5. 怎样用用故障诊断仪读取与清除故障码(DTC)?

(1)用故障诊断仪读取故障码

①通过故障指示灯确认有故障代码后，关闭点火开关(OFF)。

②如图 3-13 所示，把故障诊断仪连接到位于驾驶员座椅侧的仪表板下侧的故障诊断接口上。

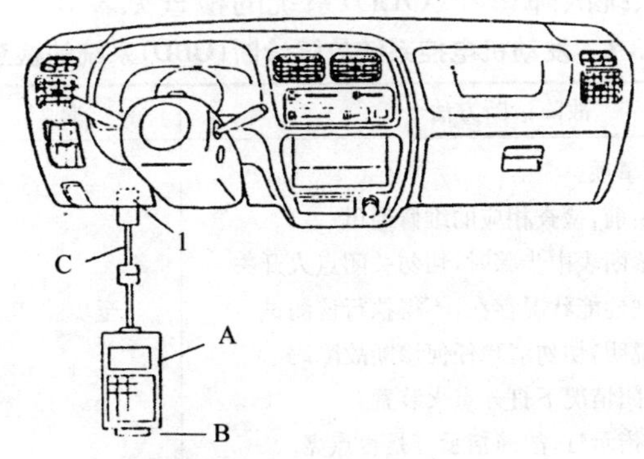

图 3-13　连接故障诊断仪

1. 故障诊断接口　A. 故障诊断仪　B. 存储卡　C. 数据传输线

③接通点火开关(ON)。

④按照故障诊断仪的操作要求读取故障码。

⑤操作完毕后，将点火开关旋至 OFF 位置，将故障诊断仪与故障诊断接口断开。

(2)用故障诊断仪清除故障码

①关闭点火开关。

②按照读取故障码的方法连接故障诊断仪。

③接通点火开关。

④按故障诊断仪上的说明清除故障码。

⑤完成故障码的清除后，关闭点火开关并从故障诊断接口上取下故障诊断仪。

6. 间断性故障可能的原因有哪些?

间断性故障可能由以下原因引起：

(1)接触不良。

(2)导线绝缘层磨穿。

(3)绝缘套中导线折断。

(4)检查动力系统控制模块线束和接头是否出现下列情况：

①匹配接合不良。

②锁片断裂。

③端子变形或损坏。

④端子与导线接触不良。

⑤线束损坏。

7. 发动机电控系统故障诊断(OBD)系统的检查内容有哪些?

发动机电控系统故障诊断(OBD)系统的检查见表 3-1。

表 3-1　发动机电控系统故障诊断(OBD)系统的检查

步骤	故障诊断方法	是	否
1	(1)重要注意事项： ①在继续诊断前，检查相应的维修通讯 ②在执行该诊断表中步骤时，切勿关闭点火开关 ③若没有驾驶性能状况存在，不得执行该测试 ④除非特别说明，切勿清除任何诊断故障码 (2)发动机关闭情况下打开点火装置 (3)观察故障指示灯，故障指示灯是否点亮	至步骤 2	检查故障指示灯有故障不能工作
2	(1)断开点火起动开关 (2)安装故障诊断仪 (3)发动机熄火时，接通点火装置 (4)用故障诊断仪显示发动机控制模块数据故障诊断仪是否显示发动机控制模块数据	至步骤 3	检查数据链接接头

续表 3-1

步骤	故障诊断方法	是	否
3	起动发动机 发动机是否起动	至步骤 4	检查发动机不能起动
4	发动机是否起动并继续运行	至步骤 5	检查发动机起动但不运行
5	(1)如果故障诊断仪指示所有诊断故障代码设置，记录下冻结故障状态/故障记录 (2)使用故障诊断仪以便显示诊断故障代码(DTC) 故障诊断仪是否指示已经设置任何诊断故障代码	至相应的诊断故障代码表	至步骤 6
6	使用故障诊断仪，将发动机控制模块数据与故障诊断仪数据列表进行比较 故障诊断仪是否指示发动机控制模块值等于或在典型范围内。	系统正常	进行相应故障诊断与排除

8. 发动机电控系统故障代码有哪些？

(1)BOSCH M1.5.4 发动机电控系统故障码(见表 3-2)

表 3-2　BOSCH M1.5.4 发动机电控系统故障码

故障代码	含　义	故障代码	含　义
11	无任何故障	25	炭罐控制阀
14	节气门位置传感器	31	空燃比修正
15	爆燃传感器	33	最高发动机转速超限
16	进气压力传感器	34	控制器坏
17	氧传感器	35	空燃比自学习
18	进气温度传感器	36	空燃比自学习
19	水温传感器	37	空燃比自学习
21	喷油器 4	38	蓄电池电压
22	喷油器 1	45	故障指示灯
23	喷油器 2	61	步进电机线圈 1
24	喷油器 3	62	步进电机线圈 2

(2)德尔福 DELPHI MT20 发动机电控系统故障码(见表 3-3)

表 3-3 德尔福 DELPHI MT20 发动机电控系统故障码

故障代码	含 义
P0105	进气压力传感器电压过高或过低
P0110	进气温度传感器读数过高或过低
P0115	水温传感器读数过高或过低
P0120	节气门位置传感器电压过高或过低
P0130	氧传感器电压无变化
P0130	氧传感器过稀
P0170	氧传感器过浓
P0170	喷油器电路故障
P0200	油泵电路对搭铁短路
P0230	油泵电路对蓄电池电压短路
P0230	曲轴位置传感器电路故障
P0335	点火线圈 A 电路对蓄电池电压短路
P0351	点火线圈 A 电路对搭铁短路
P0351	点火线圈 A/B 断路
P0352	点火线圈 B 电路对蓄电池电压短路
P0352	点火线圈 B 电路对搭铁短路
P0443	炭罐控制阀电路故障
P0505	怠速控制系统故障
P0560	系统电压过高
P1362	防盗器故障
P1530	空调离合器继电器电路
P1532	空调蒸发器温度传感器读数过低
P1533	空调蒸发器温度传感器读数过高
P1604	EEPROM 故障
P1605	内存芯片故障
P1640	QDSM 芯片故障

(3)Motronic M7 发动机电控系统故障码(见表 3-4)

表 3-4 Motronic M7 发动机电控系统故障码

故障码	含 义
P0107	进气压力传感器信号电路电压过低
P0108	进气压力传感器信号电路电压过高

续表 3-4

故障码	含 义
P0112	进气温度传感器指示温度过低
P0113	进气温度传感器指示温度过高
P0117	发动机冷却液温度传感器指示温度过低
P0118	发动机冷却液温度传感器指示温度过高
P0122	节气门位置传感器信号电路电压过低
P0123	节气门位置传感器信号电路电压过高
P0130	氧传感器信号不合理故障
P0132	氧传感器信号电路电压过高
P0134	氧传感器信号电路故障
P0135	氧传感器加热电路故障
P0171	空燃比闭环控制自适应值超上限
P0172	空燃比闭环控制自适应值超下限
P0201	一缸喷油器电路故障
P0202	二缸喷油器电路故障
P0203	三缸喷油器电路故障
P0204	四缸喷油器电路故障
P0230	油泵控制电路故障
P0325	爆燃传感器电路故障
P0335	转速传感器信号故障
P0336	转速传感器信号不合理故障
P0340	相位传感器信号故障
P0342	相位传感器电路电压过低
P0343	相位传感器电路电压过高
P0443	炭罐控制阀驱动级控制电路故障
P0444	炭罐控制阀驱动级控制电路电压过低
P0445	炭罐控制阀驱动级控制电路电压过高
P0480	空调冷凝器冷却风扇继电器控制电路故障
P0500	车速信号不合理故障
P0506	怠速控制转速低于目标怠速值
P0507	怠速控制转速高于目标怠速值
P0508	怠速调节器控制电路电压过低
P0509	怠速调节器控制电路电压过高

续表 3-4

故障码	含　义
P0511	怠速调节器控制电路故障
P0560	系统电压信号不合理
P0562	系统电压信号过低
P0563	系统电压信号过高
P0601	电子控制单元校验码未编程错误
P0602	电子控制单元诊断数据识别码未编程错误
P0645	空调压缩机继电器控制电路故障
P0646	空调压缩机继电器控制电路电压过低
P0647	空调压缩机继电器控制电路电压过高
P1651	发动机故障灯(SVS)电路故障

9. BOSCH M1.5.4 发动机电控系统故障诊断参考技术数据有哪些?

BOSCH M1.5.4 发动机电控系统故障诊断参考技术数据见表 3-5。

表 3-5 BOSCH M1.5.4 发动机电控系统故障诊断参考技术数据

诊断仪显示发动机各元件工作状态	工作状态与显示单位	怠速状况
实际转速	r/min	850±50
怠速设定	r/min	850
蓄电池电压	V	12～14
油泵继电器	工作/不工作	工作
节气门位置传感器信号	开度百分比%	0
进气压力传感器	hPa	350～650
进气量	kg/h	6～12
水温传感器	℃	80～90
发动机负荷	ms	1.8～3.0
进气温度传感器	℃	20～70
空燃比控制积分器		−5%～5%
空燃比控制自适应值		0.95～1.05
空燃比控制自适应值		120～140
空燃比控制自适应值		128
喷油器喷油时间	ms	4～7
点火提前角	°	5～10
氧传感器	V	0.2～0.8

续表 3-5

诊断仪显示发动机各元件工作状态	工作状态与显示单位	怠速状况
闭环模式	开/闭	闭
怠速控制	工作/不工作	工作
怠速调整状态		60～100
炭罐控制阀占空比		0

10. 德尔福 DELPHI MT20 发动机电控系统故障诊断参考技术数据有哪些?

德尔福 DELPHI MT20 发动机电控系统故障诊断参考技术数据见表 3-6。

表 3-6　德尔福 DELPHI MT20 发动机电控系统故障诊断参考技术数据

诊断仪显示发动机各元件工作状态	工作状态与显示单位	怠速状况
实际转速	r/min	880±50
怠速设定	r/min	880
蓄电池电压	V	10.8～14.1
油泵继电器	工作/不工作	工作
节气门位置传感器信号	开度百分比%	0
节气门位置传感器信号	V	0.50～0.82
进气压力传感器	10^2×kPa	0.28～0.38
进气压力传感器	V	0.65～1.32
水温传感器	℃	85～95
水温传感器	V	0～5
进气温度传感器	℃	0～110
进气温度传感器	V	0～5
空调开关	工作/不工作	不工作
空调负载信号	工作/不工作	不工作
喷油器喷油时间	ms	1.0～2.0
清除残油模式	工作/不工作	不工作
点火提前角	(°)	7～13
氧传感器	MV	100～950
闭环控制模式	开/闭	闭
怠速控制	工作/不工作	工作
怠速控制	步数	20～60

11. Motronic M7 发动机电控单元端子含义如何？

Motronic M7 发动机电控单元端子含义见表 3-7。

表 3-7 Motronic M7 发动机电控单元端子含义

端子	含义(连接点)	类型	端子	含义(连接点)	类型
1	下游氧传感器加热	—	33	—	—
2	—	—	34	—	—
3	点火线圈 1	输出	35	步进电机相位 C	输出
4	—	—	36	步进电机相位 D	输出
5	点火搭铁	搭铁	37	炭罐电磁阀	输出
6	上游氧传感器加热	—	38	—	—
7	点火线圈 2	输出	39	传感器搭铁 1	搭铁
8	非持续电源	电源	40	传感器搭铁 2	搭铁
9	发动机转速输出	输出	41	发动机冷却水温传感器	输入
10	空调压缩机开关	输出	42	凸轮轴位置传感器	输入
11	—	—	43	电子搭铁 1	搭铁
12	鼓风机开关	输入	44	空调中压开关	输入
13	空调温度传感器	输出	45	上游氧传感器	输入
14	—	—	46	发动机转速传感器 B	输入
15	诊断 K 线	输入	47	发动机转速传感器 A	输入
		输出	48	功率搭铁 1	搭铁
16	持续电源	电源	49	喷油器 2(第 3 缸)	输出
17	点火开关	输入	50	喷油器 1(第 1 缸)	输出
18	5V 电源 2	电源	51	非持续电源	电源
19	5V 电源 1	电源	52	冷凝器风扇	输出
20	故障灯	输出	53	—	—
21	步进电机相位 B	输出	54	—	—
22	步进电机相位 A	输出	55	—	—
23	—	—	56	—	—
24	大灯开关	输入	57	车速信号	输入
25	进气温度传感器	输入	58	—	—
26	节气门位置传感器	输入	59	进气压力传感器	输出
27	—	—	60	油泵继电器	输出
28	加速度传感器	输入	61	空调压缩机继电器	输出
29	下游氧传感器	输出	62	风扇控制 1	输出
30	爆燃传感器 A	输入	63	喷油器 4(第 2 缸)	输出
31	爆燃传感器 B	输入	64	喷油器 3(第 1 缸)	输出
32	主继电器	输出			

12. 发动机电控系统外观如何检查?

说明:对一些故障先要仔细进行外观检查,便可找出故障从而节省宝贵的时间。

外观检查项目有:

(1)检查发动机控制模块(ECU)搭铁是否清洁、紧固且位置正确。

(2)检查真空软管是否有裂口、扭结以及是否按照车辆排放控制信息标签所示正确连接,彻底检查任何形式的泄漏或堵塞情况。

(3)检查进气管,是否出现塌陷或损坏。

(4)检查节气门体安装部位、是否有泄漏空气。

(5)检查线束是否接触不良、卡紧、划痕或其他损坏。

(6)检查传感器是否损坏或松脱。

13. 发动机电控系统间歇(间断)性故障如何诊断?

说明:间歇性故障是指故障在当前未出现,但以往诊断故障代码中已经指明;或有客户投诉,但症状不能正确再现(如果故障与故障码无关)。

间断(间歇)故障诊断见表 3-8。

表 3-8　间断(间歇)故障诊断

检查	故障诊断方法
初步检查	(1)在起动发动机前,先进行外观检查 (2)必须在故障出现时,才能用诊断故障代码表确定故障的位置
线束/连接器检测	许多电路因振动、发动机扭矩、撞击,道路不平等引起线束/连接器移动,而容易产生间断性开路和短路。基本检查方法如下: (1)移动相关的连接器和线束,同时监视相应的故障诊断仪数据 (2)移动相关的连接器和线束,用故障诊断仪指令部件打开(和关闭)。观察部件的操作 (3)当发动机运行时,移动相关的连接器和线束,同时监视发动机的操作 如果线束或接头的移动会影响显示的数据、部件/系统操作或发动机的操作,则对线束,连接进行必要的检查和修理
故障诊断仪快检	用故障诊断仪快检可用参数。快检功能记录一定期间内的实时数据。记录的数据可以回放和分析。故障诊断仪还能绘制单参数图和参数组合图,以便进行比较。快检既可在注意到症状时手动触发,也可设置为在诊断故障代码设置时提前触发。记录数据中捕获的异常值,可能指示系统或部件需要进一步检查。

续表 3-8

检查	故障诊断方法
电气连接和导线	(1)检查插头是否配合不良，或是端子未完全插入到连接器壳体中(脱出) (2)检查端子是否变形或损坏。测试端子张力是否不足 (3)检查导线与端子是否接触不良，包括卷曲在绝缘体上的端子。该测试需要将端子从连接器壳体上卸下 (4)检查是否出现腐蚀、进水 (5)导线夹紧、切断或擦破 (6)布线不正确，距离高电压、高电流装置，如次级点火部件、电机、发电机等太近。这些部件会在电路中诱发电噪声，干扰电路的正常操作 (7)非制造厂(售后)加装的附件安装不当
故障指示灯间断和无诊断故障代码	(1)因继电器、ECU驱动的电磁线圈或开关功能失效导致的电气系统干扰。它们可引起强烈的电气波动。通常，当有故障的部件工作时就会出现这样的问题 (2)非制造厂(售后)加装的附件安装不当，如车灯、收音机、电机等 (3)故障指示灯电路对搭铁间断性短路 (4)ECU搭铁不良
存储的诊断故障代码丢失	按如下测试检测诊断故障代码内存是否丢失： (1)断开发动机冷却液温度(ECT)传感器 (2)起动发动机 (3)用故障诊断仪监视诊断故障代码的状态，观察是否出现DTC (4)使发动机怠速运行，直到DTC出现 (5)关闭点火钥匙开关并等待至少30秒钟 (6)打开点火开关 (7)监视故障诊断仪上是否出现诊断故障代码 即使关闭点火装置至少30s，ECU也应保存信息并将该信息保持在存储器中(只要ECU蓄电池输入和搭铁电路不受干扰，信息应被随机储存)。如果未保持诊断故障代码信息，而且ECU电源和搭铁都正常，则ECU有故障。
附加检查	(1)测试空调压缩机离合器上跨接的二极管和其他二极管是否开路 (2)非制造厂(售后)加装的附件安装不当，如车灯、收音机、电机等 (3)测试发电机整流器是否损坏

14. 发动机电控系统中发动机起动困难故障如何诊断?

发动机起动困难故障诊断见表3-9。

表 3-9　发动机起动困难故障诊断

检查	故障诊断方法
初步检查	(1)进行动力系车载诊断(OBD)系统检查 (2)起动前先进行间断性故障检查
传感器	(1)检查发动机冷却液温度(ECT)传感器值是否符合标准 (2)在故障诊断仪上检查曲轴位置传感器。如果无响应，则检查传感器输入电路 (3)检查 MAP 传感器是否正确安装和连接 (4)用故障诊断仪检查怠速空气控制(IAC)的操作
燃油系统	(1)检查燃油泵继电器电路的操作是否正常 (2)检查燃油压力是否过低 (3)检查燃油喷油器是否有故障。拆卸喷油器，用喷油器专用清洗分析仪检查喷油器是否存在泄漏或堵塞现象 (4)检查燃油是否污染
点火系统	(1)如果火花塞上未出现火花，检查如下内容： ①检查线圈是否损坏。线圈电阻规定值 11～15kΩ ②检查火花塞导线是否有跳火/交叉放电的现象，导线是否断裂、火花塞损坏或火花塞导线电阻值超出规定的范围等现象。火花塞导线电阻 1968Ω/m ③点火模块损坏 ④点火系统导线与点火模块输入或搭铁松开或系统导线损坏 (2)拆卸火花塞并检查以下内容： ①火花塞积炭 ②断裂 ③磨损 ④间隙不正确 ⑤电极烧损或损坏 ⑥型号是否正确 (3)如果火花塞受汽油或机油污染，在更换火花塞前，应确定引起污染的原因
发动机机械	(1)大量机油进入燃烧室—气门密封面泄漏。 (2)气缸压力过低 (3)检查发动机零件是否有故障： ①缸盖 ②凸轮轴和气门组件 ③活塞等

15. 发动机喘气、功率下降、运转不稳定故障如何诊断?

发动机喘气、功率下降、运转不稳定见表 3-10。

表 3-10 发动机喘气、功率下降、运转不稳定故障诊断

检查	故障诊断方法
初步检查	(1)先进行动力系车载诊断系统检查 (2)进行间断性故障检查
传感器	(1)检查加热型氧传感器(H02S) (2)在故障诊断仪上检查曲轴位置(CKP)传感器。如果无响应,检查传感器输入电路 (3)检查节气门位置调节器和相关导线 (4)检查 MAP 传感器和相关导线
燃油系统	(1)检查燃油是否污染 (2)检查喷油器
点火系统	(1)如果火花塞上未出现火花,检查如下内容: ①检查线圈是否损坏。线圈电阻规定值 11～15kΩ ②检查火花塞导线是否有跳火/交叉放电的现象,导线是否断裂、火花塞损坏或火花塞导线电阻值超出规定的范围等现象。火花塞导线电阻 1968Ω/m ③点火模块损坏 ④点火系统导线与点火模块输入或搭铁松开或系统导线损坏 (2)拆卸火花塞并检查以下内容: ①火花塞积炭 ②断裂 ③磨损 ④间隙不正确 ⑤电极烧损或损坏 ⑥型号是否正确 (3)如果火花塞受汽油或机油污染,在更换火花塞前,应确定引起污染的原因

16. 发动机断火、缺火故障如何诊断?

发动机断火缺火故障诊断见表 3-11。

表 3-11 发动机断火缺火故障诊断

检查	故障诊断方法
初步检查	(1)先进行动力系车载诊断系统检查 (2)进行间断性故障检查
燃油系统	(1)检查系统燃油压力 (2)检查燃油喷油器 (3)检查燃油是否污染 (4)检查燃油压力调节器真空软管中是否有燃油

续表 3-11

检查	故障诊断方法
传感器	(1)检查导致怠速不正确的条件： ①节气门体堵塞、沉积物过多或损坏 ②进气系统堵塞 ③真空泄漏 (2)检查节气门位置传感器及相关的电路导线 (3)检查曲轴箱强制通风的操作是否正常 (4)行驶车辆并将自动变速器的选挡杆置于直接挡或超速挡，检查变速箱挡位选择开关输入信号 (5)检查如下零件是否损坏： ①曲轴减振器损坏 ②曲轴位置传感器损坏
点火系统	(1)如果火花塞上未出现火花，检查如下内容： ① 检查线圈是否损坏。线圈电阻规定值 11～15kΩ ②检查火花塞导线是否有跳火/交叉放电的现象，导线是否断裂、火花塞损坏或火花塞导线电阻值超出规定的范围等现象。火花塞导线电阻 1968Ω/m ③点火模块损坏 ④点火系统导线与点火模块输入或搭铁松开或系统导线损坏 (2)拆卸火花塞并检查以下内容： ①火花塞积炭 ②断裂 ③磨损 ④间隙不正确 ⑤电极烧损或损坏 ⑥型号是否正确 (3)如果火花塞受汽油或机油污染，在更换火花塞前，应确定引起污染的原因
发动机机械	(1)检查发动机气缸压缩压力是否符合标准 (2)检查配气机构中以下部件： ①气门是否关闭不严 ②检查凸轮轴凸尖磨损情况 ③检查气门正时 ④检查摇臂磨损情况 ⑤检查气门弹簧折断是否折断 ⑥检查气门油封是否损坏 (3)检查发动机的缸盖和活塞等部件的工作情况

续表 3-11

检查	故障诊断方法
附加检查	(1)检查排气系统管路是否损坏或塌陷 (2)检查消音器的热疲劳或可能的内部故障 (3)检查三元催化转换器是否堵塞

17. 发动机燃油经济性差故障如何诊断?

发动机燃油经济性差故障诊断见表 3-12。

表 3-12 发动机燃油经济性差故障诊断

检查	故障诊断方法
初步检查	(1)先进行动力系车载诊断系统检查 (2)进行间断性故障检查 (3)观察用户的驾驶习惯: ①空调是否使用频繁 ②轮胎气压是否正确 ③轮胎是否阻滞 ④车辆负载是否过重 ⑤油门是否踩得过快、过于频繁
燃油系统	(1)检查燃油压力 (2)检查燃油喷油器 (3)检查燃油是否污染 (4)确保各条喷油器线束正确连接到相应的喷油器上 (5)检查燃油压力调节器真空软管中是否有燃油
传感器	(1)在故障诊断仪上检查曲轴位置传感器 (2)检查空气进气系统及曲轴箱是否泄漏空气 (3)检查车速表标度是否正确
点火系统	(1)如果火花塞上未出现火花,检查如下内容: ①检查线圈是否损坏。线圈电阻规定值 11～15kΩ ②检查火花塞导线是否有跳火/交叉放电的现象,导线是否断裂、火花塞损坏或火花塞导线电阻值超出规定的范围等现象。火花塞导线电阻 1968Ω/m ③点火模块损坏 ④点火系统导线与点火模块输入或搭铁松开或系统导线损坏 (2)拆卸火花塞并检查以下内容: ①火花塞积炭 ②断裂 ③磨损 ④间隙不正确 ⑤电极烧损或损坏 ⑥型号是否正确 (3)如果火花塞受汽油或机油污染,在更换火花塞前,应确定引起污染的原因

续表 3-12

检查	故障诊断方法
发动机冷却系统	(1)检查发动机冷却液面高度 (2)检查发动机节温器
发动机机械	(1)检查发动机气缸压缩压力是否符合标准 (2)检查配气机构中以下部件： ①气门是否关闭不严 ②检查凸轮轴凸尖磨损情况 ③检查气门正时 ④检查摇臂磨损情况 ⑤检查气门弹簧折断是否折断 ⑥检查气门油封是否损坏 (3)检查发动机的缸盖和活塞等部件的工作情况
附加检查	(1)检查排气系统管路是否损坏或塌陷 (2)检查三元催化转换器是否可能堵塞

18. 怎样检修进气支管绝对压力传感器(MAP 传感器)？

MAP 传感器的安装位置如图 3-14 所示。

(1)如图 3-15 所示，串联 3 节新的 1.5V 干电池(检查总电压是否在 4.5～5.0V 之间)。

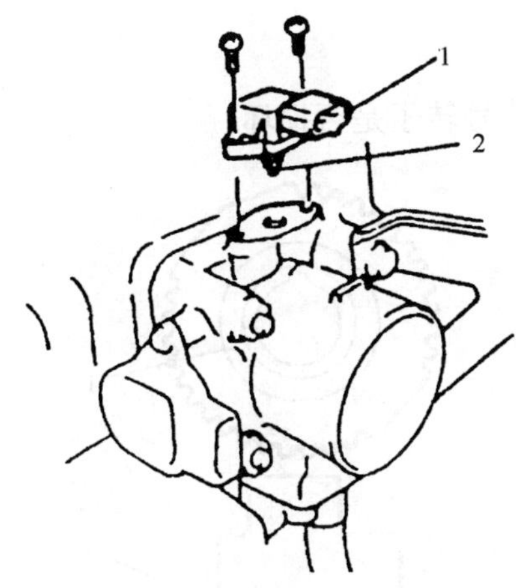

图 3-14　MAP 传感器的安装位置

1. MAP 传感器　2. O 型环

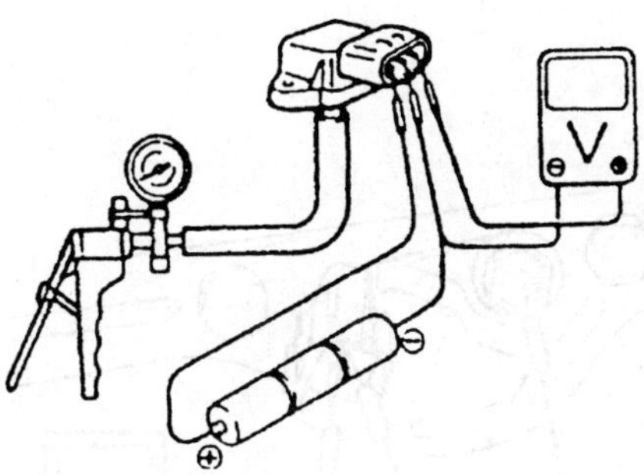

图 3-15　检查 MAP 传感器

(2)将干电池的正极与 MAP 传感器“Vin”端子相连，干电池负极与 MAP 传感器“搭铁”相连。然后检查 MAP 传感器“Vout”端子与“搭铁”之间的电压。

(3)当用真空泵将真空压力加到 53kPa 时,检查电压是否降低。MAP 传感器输出电压值见表 3-13。

表 3-13 MAP 传感器输出电压

真空压力(kPa)	输出电压(V)
100	3.5～3.7
93	3.2～3.5
83	3.0～3.2
75	2.7～3.0
69	2.6～2.8

19. 怎样检查曲轴位置传感器(CKP 传感器)?

(1)CKP 传感器的就车检查。

①断开蓄电池上的负极线。

②从 CKP 传感器上断开插接件。

③如图 3-16 所示,测量 CKP 传感器每个端子间的电阻,电阻值应为 360～460Ω。

④测量每个端子与搭铁间的电阻。电阻应为 1MΩ 或更大。

⑤若电阻不在规定值内,则更换 CKP 传感器。

(2)CKP 传感器信号转子的检查。

①拆下正时皮带罩。

②如图 3-17 所示,检查 CKP 传感器信号转子是否损坏。

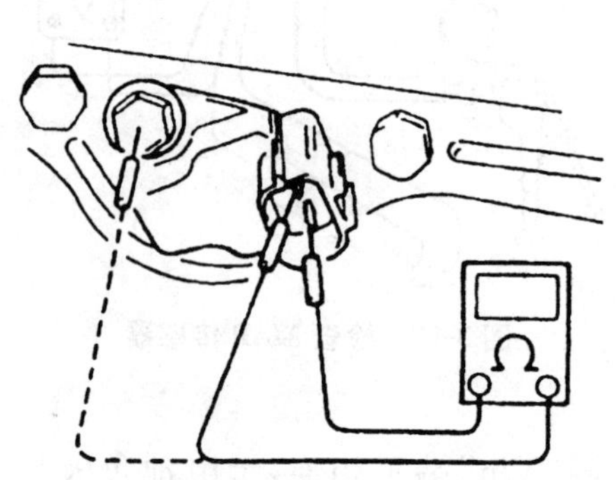

图 3-16 就车检查 CKP 传感器电阻

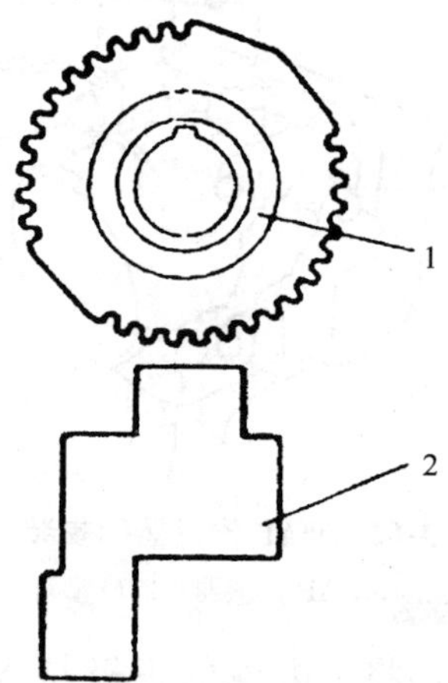

图 3-17 检查 CKP 传感器信号转子

1. CKP 传感器转子 2. CKP 传感器

③如果发现有故障，则更换所有出故障零件。

20. 怎样检修节气门位置(TP)传感器?

TP 传感器安装在节气门体上，如图 3-18 所示。

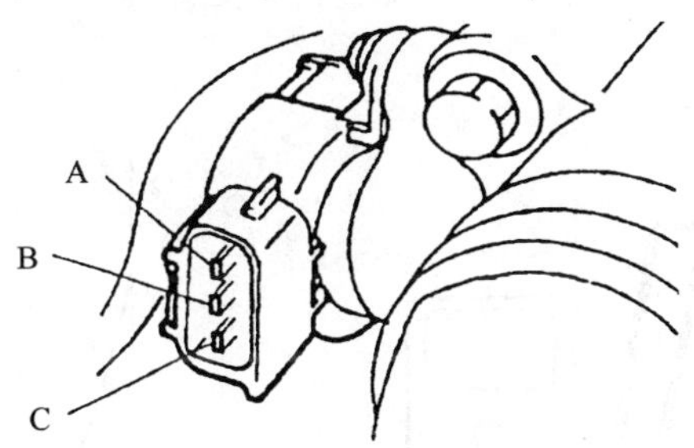

图 3-18　检查 TP 传感器电阻

A～C. 端子

(1)使用万用表，检查表 3-14 所列的条件下的电阻。

表 3-14　TP 传感器电阻值

端子	电阻/kΩ	
端子"A"与"B"之间	2.5～2.6	
端子"A"与"C"之间	节气门在怠速位置	0.17～11.4
	节气门全开状态	1.72～15.50

注意节气门在怠速位置与全开时的电阻应相差 1.5kΩ。

(2)如果检查结果不符合要求，则更换 TP 传感器。

21. 怎样检修空气进气温度(IAT)传感器和发动机冷却液温度(ECT)传感器?

IAT 传感器安装在空气滤清器外壳上，位置如图 3-19 所示；ECT 传感器安装在进气支管上，位置如图 3-20 所示。

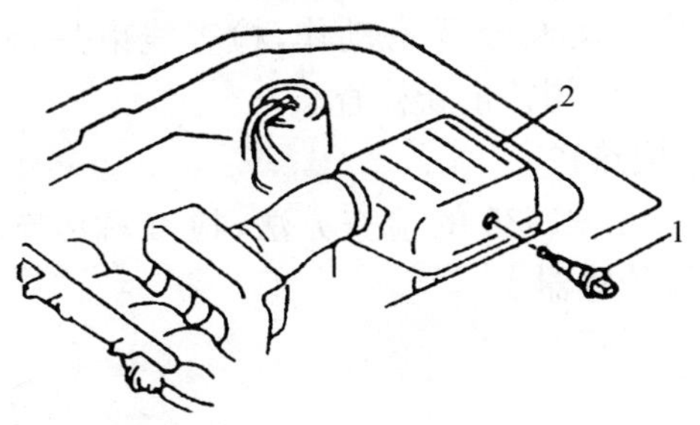

图 3-19　IAT 传感器的位置

1. IAT 传感器　2. 空气滤清器壳

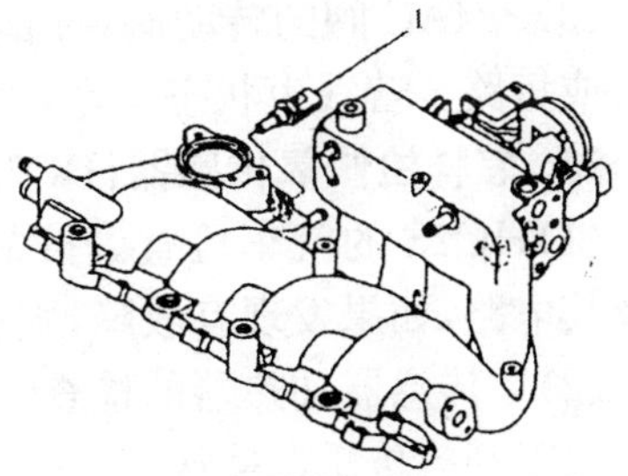

图 3-20　ECT 传感器的位置

1. ECT 传感器

(1)如图 3-21 所示,将 IAT 传感器或 ECT 传感器的温度传感零件浸入水中,当水温逐渐升高时测量传感器端子之间的电阻值。

(2)如果测得的电阻值不符合图 3-22 中所示的特性,则更换 IAT 传感器或 ECT 传感器。

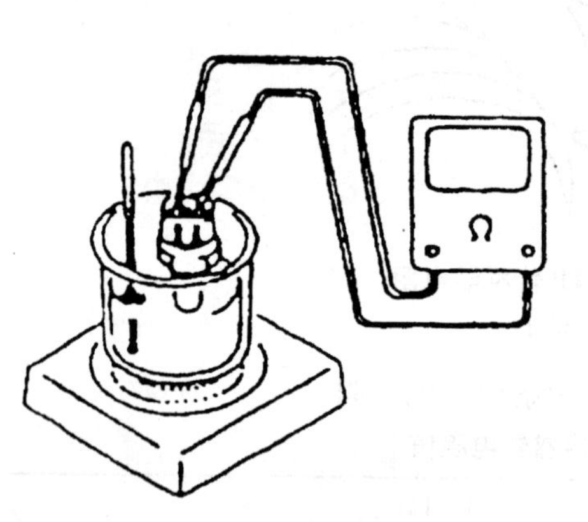

图 3-21 将 IAT 传感器和 ECT 传感器加热

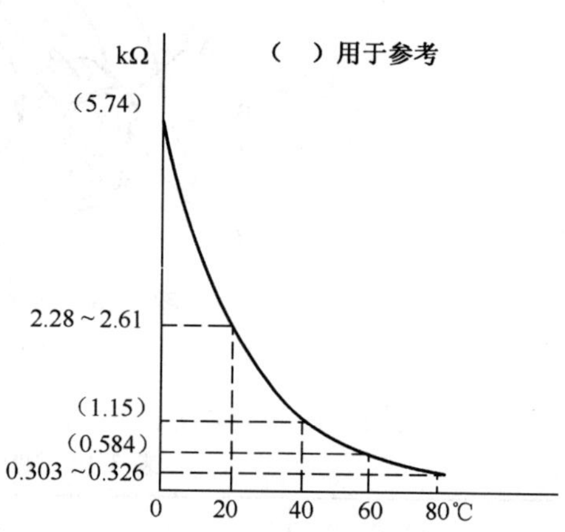

图 3-22 IAT 传感器和 ECT 传感器特性图

22. 怎样检修怠速空气控制阀(IAC 阀)?

IAC 阀的安装在节气门体上,位置如图 3-23 所示。

(1)将插接件牢固连接到 IAC 阀、MAP 传感器及 TP 传感器上。

(2)检查 IAC 阀转动阀在点火开关打开时,是否在约 60ms 内打开关闭一次,然后停止转动。

注意:阀体转动是瞬间完成的,可能看不到。因此按这个操作连续检查 3 次或更多次。

(3)若 IAC 阀的转动阀(如图 3-24 所示)确认没有动作,检查线束是否断路或短路。若线束状态良好,则更换 IAC 阀并重新检查。

23. 怎样检修氧传感器(HO2S)(带预热)?

(1)HO2S 的就车检查。按故障码 14/P1935 的检查方法,检查氧传感器及其电路,如果发现有故障,则更换氧传感器。

(2)氧传感器加热器的检查。

①断开氧传感器插接件。

②如图 3-25 所示,使用万用表,测量传感器端子"a"与"b"之间的电阻,应在 11~15Ω 之间。若有故障,则更换氧传感器。

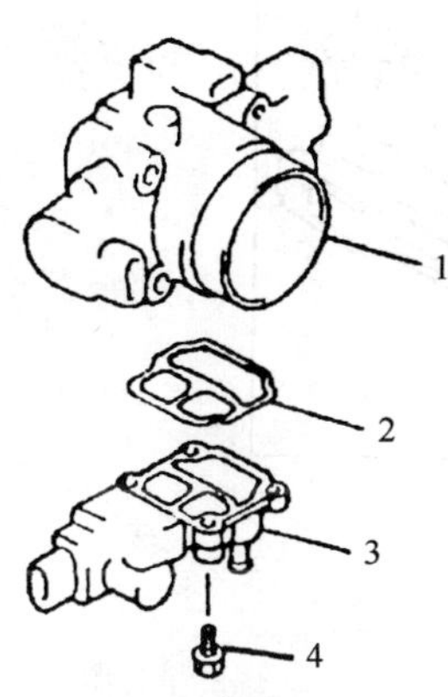

图 3-23　拆卸 IAC 阀

1. 节气门体　2. O 形环
3. IAC 阀　4. IAC 阀螺栓

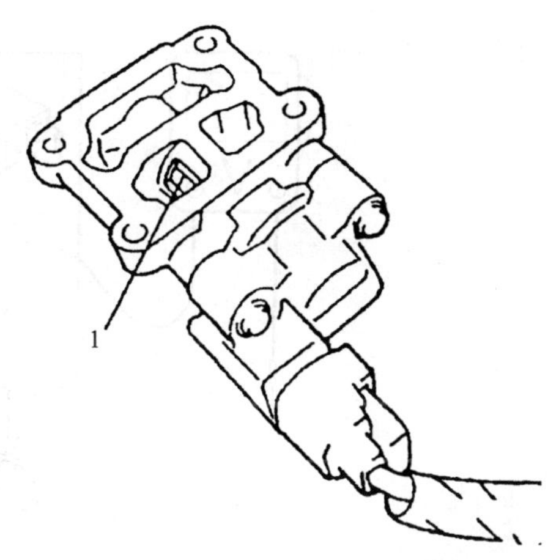

图 3-24　IAC 阀的转动阀

1. 转动阀

24. 怎样检查车速传感器(VSS)?

(1)升起车辆。

(2)松开驻车制动杆,使变速器处于空挡状态。

(3)拆下组合仪表,并断开组合仪表插接件。

(4)如图 3-26 所示,用电压表将组合仪表插接件插孔"a"与车身搭铁连起来。

(5)将点火开关旋至 ON(开)位置,并使右后轮慢慢转动,左后轮锁死。

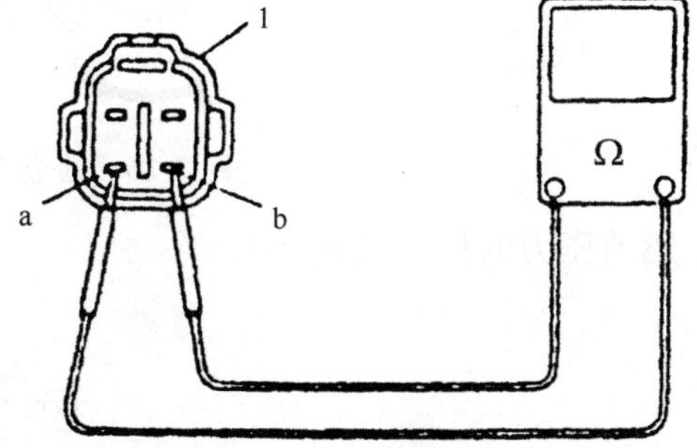

图 3-25　检查氧传感器加热器的电阻

1. 氧传感器插接器(从终端侧看)

(6)当轮胎旋转时,电压表将在 0～1V 和 4～14V 之间摆动。

(7)如果检查结果不正常,请参阅故障码 16/P0500—VSS 电路故障的排除。

25. 如何检查燃油压力?

说明:燃油供给系统的组成示意如图 3-27 所示。燃油压力调节器使供给喷油器 290kPa 的燃油压力高于进气支管处的压力或大气压力。在利用表 3-15 排除燃油压力故障之前,检查以确保蓄电池电压高于 11V。如果蓄电池电压低,即使燃油泵及输油管状态正常,燃油压力也变得低于规定值。

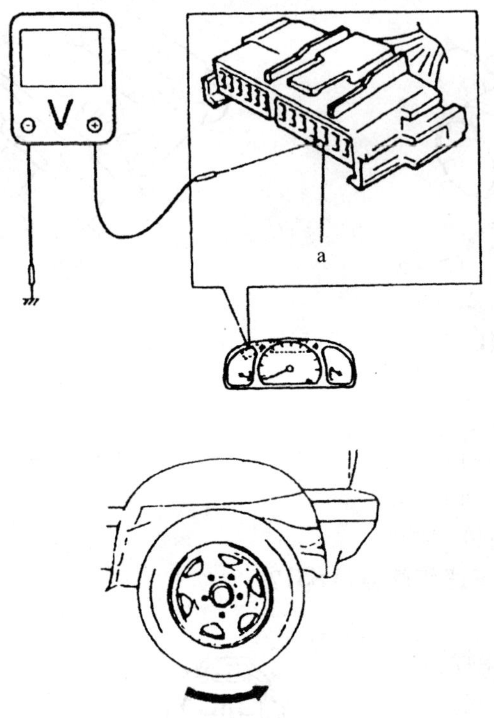

图 3-26 检查 VSS

燃油压力的检查见表 3-15。

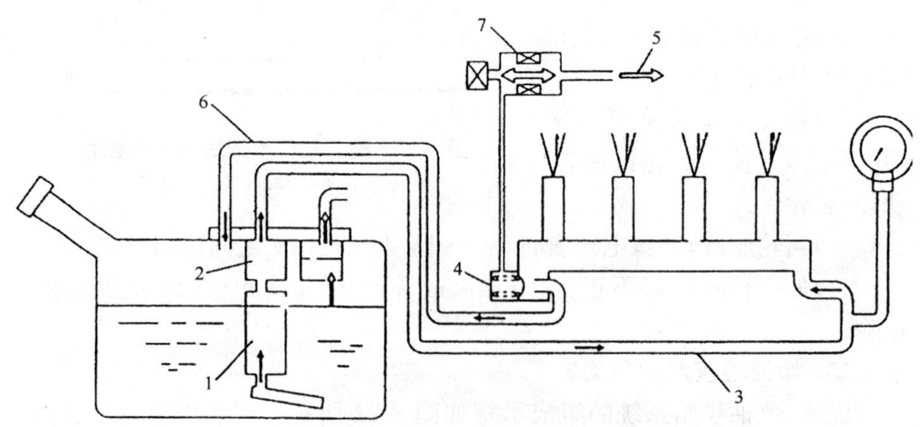

图 3-27 燃油供给系统示意图

1. 燃油泵 2. 燃油过滤器 3. 供油管 4. 燃油压力调节器 5. 进入进气支管 6. 回油管 7. 真空开关阀

表 3-15　燃油压力的检查

步骤	故障诊断方法	是	否
1	(1)降低燃油进油管中的燃油压力。从燃油输送管中断开燃油进油软管。 (2)如图 3-28 所示，将燃油压力表接到燃油进油管上。 (3)接通点火开关，发动机不转，3s 之后关闭点火开关，重复 3 或 4 次并且观察燃油泵工作时的油压。所显示的油压是否在 270～310kPa 范围内(蓄电池电压应在 11V 以上)	进入第 2 步	进入第 5 步
2	(1)关闭点火开关。 (2)在燃油泵停止工作之后，观察燃油压力表 1min。燃油压力是否保持在 200kPa 或 200kPa 以上	进入第 3 步	喷油器，燃油压力调节器或燃油泵中的燃油泄漏
3	(1)起动发动机到正常工作温度 (2)使发动机怠速运转，观察燃油压力表所显示的燃油压力是否在 210～260kPa 范围内	进入第 4 步	从进气支管到燃油压力调节器的真空段有故障，真空开关阀有故障或燃油压力调节器有故障
4	使燃油泵工作，当卡住燃油回油软管时，检查燃油压力。所显示的油压是否在 441～637kPa 范围内	油压正常	燃油泵有故障
5	油压是否在第 1 步中的规定值内	进入第 6 步	进入第 7 步
6	(1)将燃油回油软管从燃油压力调节器上断开，将新的燃油软管连接到燃油压力调节器上。 (2)接通点火开关，发动机不运转。观察燃油压力表所显示的燃油压力是否在 271kPa～310kPa 范围内	燃油回油软管或管道受阻	油压调节器有故障
7	(1)接通点火开关，保持发动机不运转 (2)卡住燃油回油软管时，检查是否有油压	油压调节器有故障	(1)燃油过滤器阻塞 (2)缺油 (3)燃油进油软管或管道受阻 (4)燃油泵有故障 (5)油箱上软管连接处漏油 (6)燃油泵电路有故障

说明：

(1)检查完燃油压力之后，拆下燃油压力表。当燃油进油管还处于高压状态下时，先将燃油容器置于三通接头处，再用擦布裹住三通接头并慢慢松开连接螺母以逐渐释放燃油压力。

(2)安装燃油进油软管并把它夹紧。

(3)接通点火开关，使燃油泵运行，3s 后使它停止工作。像这样重复 3 或 4 次然后检查燃油是否泄漏。

26. 怎样就车检查燃油泵？

(1)打开燃油注油口盖，接通点火开关(发动机不运转)，在注油口处是否能听到燃油泵工作噪音。

提示：检查完毕之后，重新关好燃油注油口盖。

(2)关闭然后再打开点火开关(发动机不运转)，点火开关接通 2s 后用手在燃油回油软管处感觉应有燃油压力，如图 3-29 所示。

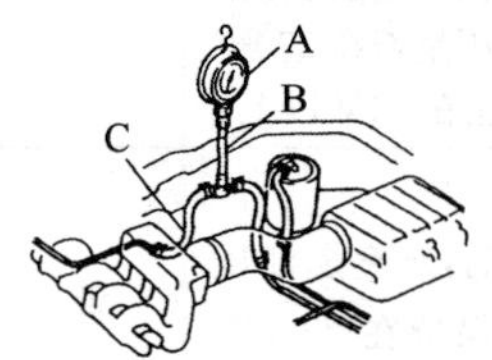

图 3-28　连接燃油压力表

A. 燃油压力表　B. 压力软管　C. 3 通接头及软管

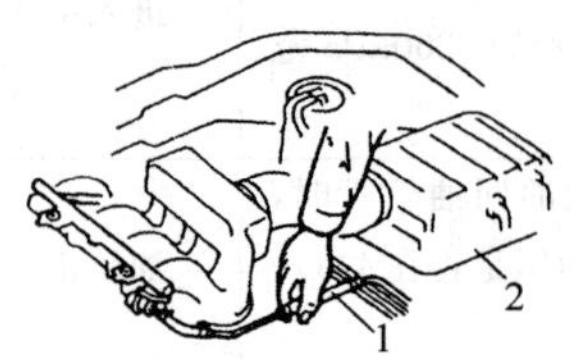

图 3-29　感觉燃油回油软管压力

1. 燃油回油软管　2. 空气滤清器

说明：若未感觉到燃油压力，则进行燃油压力检查；若不能听到工作噪音，则进行燃油泵电路检查。

27. 怎样就车检查喷油器？

(1)打开点火开关，不起动发动机，如图 3-30 所示，查听喷油器是否有喷油的声音。如果听不到，则进行喷油器电路检查。

(2)如图 3-31 所示，从喷油器上断开插接件，将万用表接到喷油器端子上，检查喷油器电阻，电阻应为 10～15Ω。若电阻超出规定值，则更换喷油器。

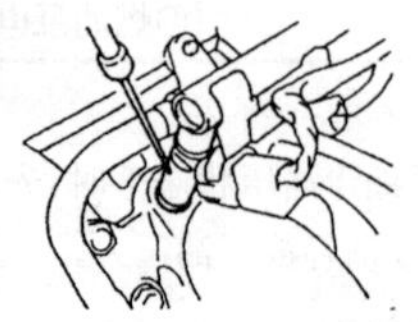

图 3-30　查听喷油器的声音

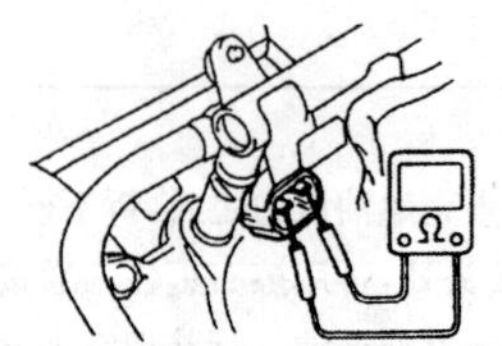

图 3-31　检查喷油器电阻

第四章　传动系统的使用与维修

第一节　离　合　器

1. 离合器由哪些部件组成?

离合器为单片、干式膜片弹簧离合器,膜片弹簧为锥指式膜片弹簧,其外部为一整体圆环,并具有一组内指锥指,离合器片总成上装有4个扭转减振器,通过花键连接装在变速器输入轴上,还可在轴上滑动。

离合器盖总成固定在飞轮上,而膜片安装状态,应为在分离轴承退回时,膜片弹簧固边部分能推动压力板靠住飞轮(其间装有离合器片),这就是离合器的接合状态。

当踩动离合器踏板时,分离轴承前移推动膜片弹簧锥指尖,此时,膜片弹簧推动压力板,脱离飞轮,从而切断飞轮通过离合器片传到变速器输入轴的传动力。

离合器由主动部分、从动部分、压紧机构和分离机构等组成。离合器总成结构如图4-1所示。

2. 离合器部件检查的内容有哪些?

(1)检查离合器从动盘总成摩擦片的表面状态。对于轻微烧坏或光滑(像玻璃表面)的衬片,可使用120～200#的砂纸研磨,如图4-2所示。烧毁严重不能修理的,就要更换整个摩擦片总成。

(2)测量摩擦片的磨损量。如图4-3所示,测量每个铆钉头的凹陷,即铆钉头部和摩擦片表面的距离(标准为1.2mm),以检查摩擦片的磨损。任何一个铆钉头的凹陷小于0.5mm,就必须更换摩擦片。

(3)如图4-4所示,将从动盘前后转动着装入变速器输入轴,以检查从动盘与输入轴花键的啮合间隙。如果间隙大于0.5mm,离合器每次啮合就会发出碰撞声,并且影响离合器顺利啮合,此时就必须更换摩擦片。

(4)检查压盘的隔膜簧铆钉有无松动的迹象。如铆钉已松或将要松动,就应该更换压盘。因为踩下离合器踏板时,压盘会发出卡塔的声音。

(5)检查膜片弹簧分离杠杆尖端是否磨损。如尖端磨损很严重时,就必须更换压盘。

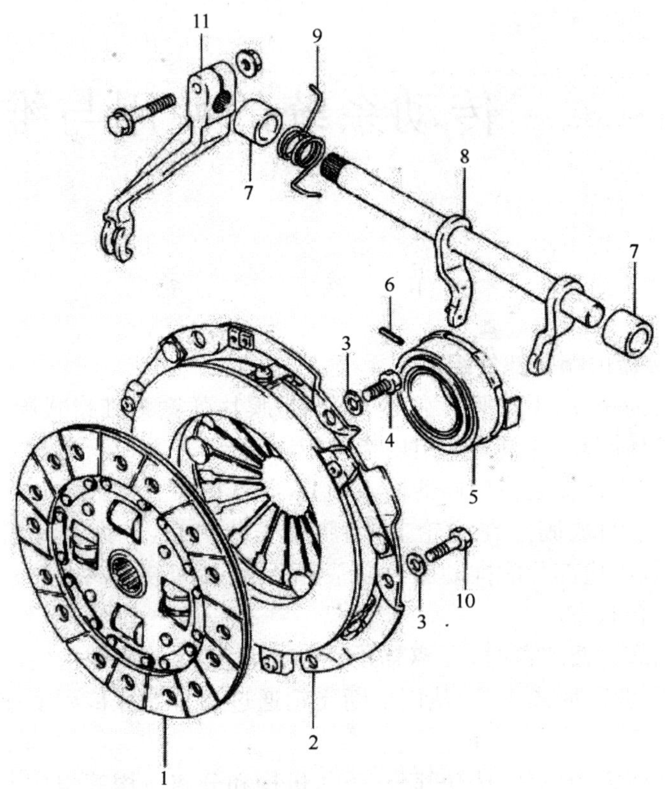

图 4-1 离合器结构图

1. 离合器摩擦片 2. 离合器压盘 3. 锁止垫片 4. 离合器压盘螺栓 5. 离合器分离轴承 6. 离合器分离叉销 7. 衬套 8. 离合器分离轴 9. 复位弹簧 10. 镶嵌螺栓 11. 离合器分离摇臂

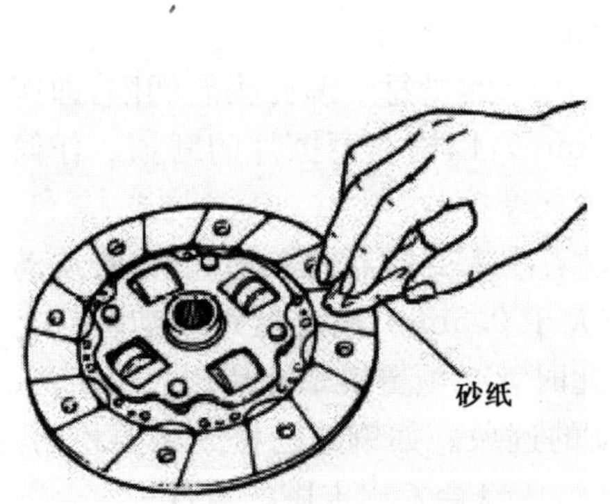

图 4-2 打磨摩擦片表面

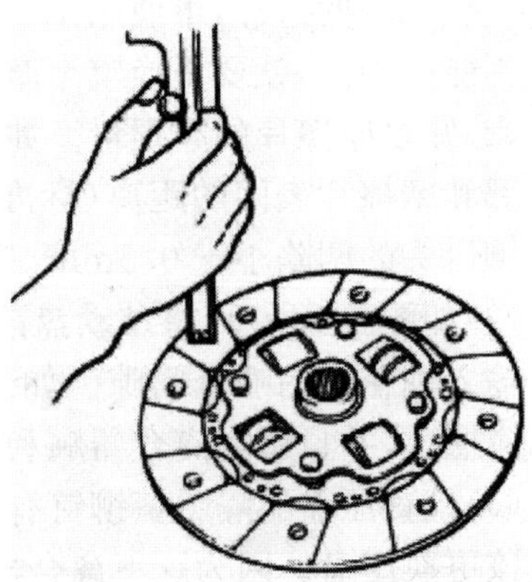

图 4-3 测量摩擦片的磨损量

(6)检查分离轴承。分离轴承如果旋转不灵活或用手旋转时发出异响，就要更换新件。

3. 如何调整离合器踏板自由行程?

(1)检查。离合器踏板自由行程规定值为 20～30mm。

①先测量从离合器踏板中部沿切线方向到地板的距离，此时未踩动踏板，踏板处于松弛的位置。

②再适当按下踏板，直到感觉阻力明显增加(即离合器分离轴承与膜片弹簧接触时)，测量此时踏板中部沿切线方向与地板的距离。两次测量之间的差值即是离合器踏板自由行程，如图 4-5 所示。

提示：离合器踏板高于制动踏板。离合器踏板随着离合器衬片磨损程度的加深而向上抬高。

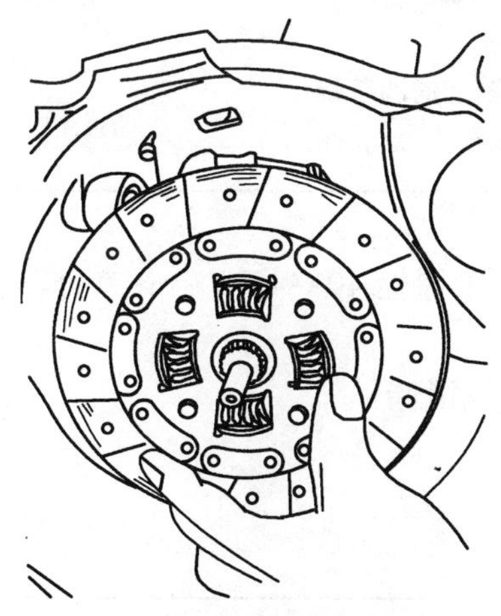

图 4-4 检查从动盘与输入轴花键的啮合间隙

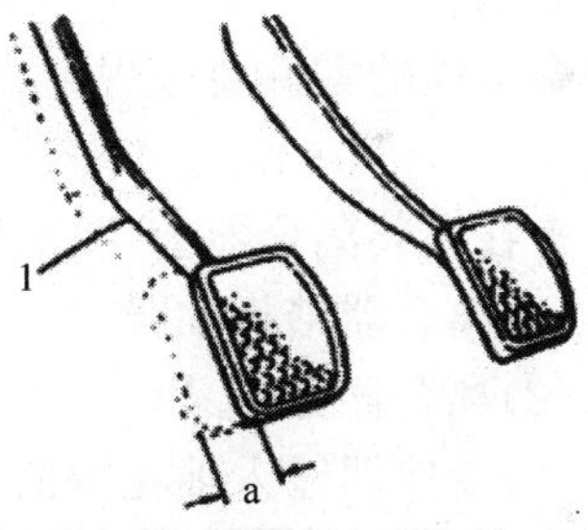

图 4-5 离合器踏板自由行程

1. 离合器踏板 a. 踏板自由行程

说明：如有必要，调整离合器拉索挡圈与套管位置以调节离合器踏板自由行程。

(2)调整方法。

①放松踏板，使踏板在回位弹簧的作用下向上运动，踏板杆与制动支架上的踏板限位板接触。

②按图 4-6 所示，通过旋转拉索调节螺母来调节踏板自由行程。

③调整后踩下离合器踏板数次，再次检查踏板的自由行程是否在上述规定范围之内。

④经过上述调整，在发动机运转时，还应检查离合器功能是否良好。

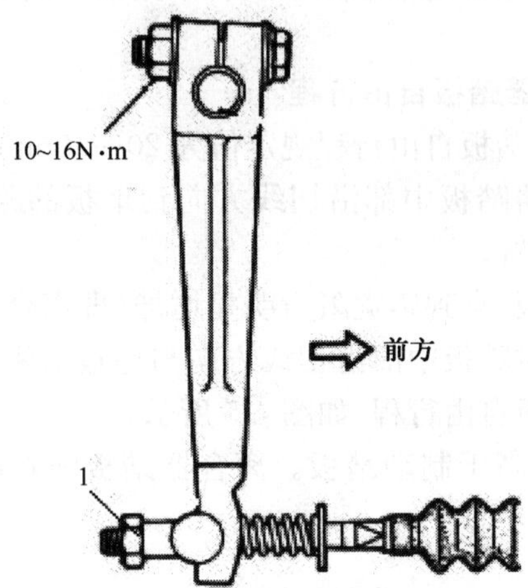

图 4-6 调节离合合器软轴上的调节螺母

1. 拉索调节螺母

> **维修提示：**
>
> ◆下面的零件要按规定力矩拧紧：飞轮螺栓 40～45N・m；离合器盖螺栓 18～28 N・m。
>
> ◆在安装离合器前，要对以下部件涂润滑脂：
>
> (1)离合器踏板轴臂；
>
> (2)离合器分离叉；
>
> (3)变速器输入轴花键前端。

4. 离合器常见故障如何诊断与排除？

离合器常见故障主要有离合器分离不彻底、离合器打滑、离合器抖动、离合器系统有噪声、离合器咬住等。具体原因及排除方法见表 4-1。

表 4-1 离合器常见故障及排除方法

故障	原　　因	排除方法
离合器打滑	(1)离合器踏板自由行程不当 (2)离合器片磨损或有油污 (3)离合器片压力板或飞轮面变形 (4)膜片弹簧变弱 (5)离合器拉索锈蚀	(1)调节自由行程 (2)更换离合器片 (3)更换离合器片、压盘或飞轮 (4)更换离合器盖 (5)更换拉索

续表 4-1

故障	原因	排除方法
离合器分离不彻底	(1)离合器自由行程不当 (2)膜片弹簧变弱或弹簧部磨损 (3)输入轴花键锈痕 (4)变速器输入轴花键损坏或磨损 (5)离合器片摆动严重 (6)离合器片损坏或有油污	(1)调节自由行程 (2)更换离合器盖 (3)润滑 (4)更换输入轴 (5)更换离合器片 (6)更换离合器片
离合器抖动	(1)离合器片磨亮(像玻璃一样) (2)离合器片有油污 (3)分离轴承在输入轴轴承护圈上滑动不平顺 (4)离合器片摆振或接触不良 (5)离合器片内的扭力簧变弱 (6)离合器片铆钉松动 (7)压力板或飞轮面变形 (8)发动机安装垫变弱或安螺栓、螺母松动	(1)修理或更换离合器片 (2)更换离合器片 (3)润滑或更换输入轴轴承护圈 (4)更换离合器片 (5)更换离合器片 (6)更换离合器片 (7)更换离合器盖或飞轮 (8)重新拧紧或更换安装垫
离合器有噪声	(1)分离轴承磨损或损坏 (2)前输入轴轴承磨损 (3)离合器片毂太松动 (4)离合器片有裂纹 (5)压力板和膜片弹簧松动	(1)更换分离轴承 (2)更换输入轴轴承 (3)更换离合器片 (4)更换离合器片 (5)更换离合器盖
离合器咬住	(1)离合器片浸有油 (2)离合器片磨损严重 (3)铆钉露出片面 (4)扭力簧变弱	(1)更换离合器片 (2)更换离合器片 (3)更换离合器片 (4)更换离合器片

第二节 手动变速器

5. 手动变速器主要部件有哪些？

变速器为全同步变速器，它有5个前进挡和一个倒挡，通过三个同步器和四轴(输入轴、输出轴、中间轴和倒挡齿轮轴)，完成变速。所有前进挡齿轮都是常啮合式，倒挡齿轮是为滑动或过轮结构。一、二挡同步器安装在中间轴上，并与中间轴上的第一挡轮或第二挡齿轮啮合，三、四挡同步器是在输入轴上，并与输入轴的第三挡齿轮或第四挡齿轮啮合。在输入轴上的五挡同步器是与装在输出轴上的第五挡齿轮啮合。换挡机构和选挡轴固定在变速器箱壳上方，并设有凸轮以避免换挡时从第五挡直转倒挡。

变速器的结构如图 4-7 所示。

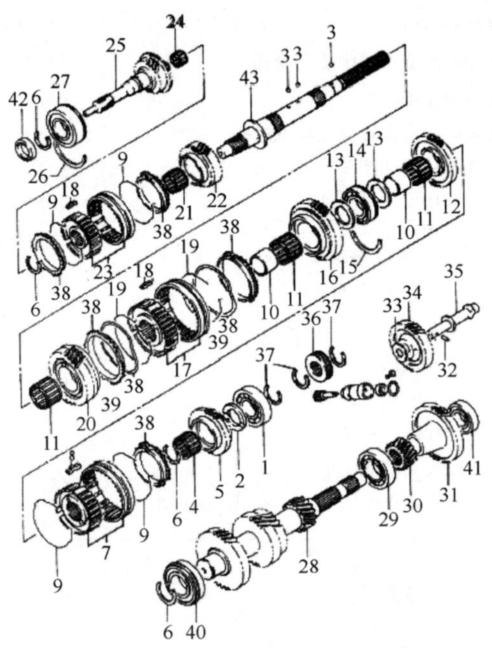

图 4-7 变速器的结构

1、14、27、29. 轴承 2、13、33. 止推垫圈 3. 钢球 4、11、21、24. 滚针轴承 5、16、20、22. 齿轮 6、37. 弹簧挡圈 7、17、23. 同步器 8、18. 滑块 9、19. 卡簧 10. 衬套 12. 倒挡齿轮 15、26. C形环 25. 输入轴 28. 中间轴 30. 倒挡齿轮 31. 中间轴齿轮 32. 销 34. 倒挡空转齿轮 35. 倒挡轴 36. 速度表传动齿轮 38. 齿圈 39. 齿圈弹簧 40. 前端轴承 41. 后端轴承 42. 油封 43. 输出轴

6. 怎样检查和装配输入轴组件?

(1)检查输入轴齿轮有无轮齿折断、齿面点蚀、齿面严重磨损和齿面胶合现象,若有上述任一种情况,则必须更换输入轴。

(2)检查输入轴花键有无严重磨损和损坏,若有,则必须更换输入轴。

(3)用手感觉轴承转动是否灵活,是否有卡滞现象,若轴承转动不灵活或有卡滞现象,则必须更换轴承。

(4)如果同步器零部件需要修理时,检查齿环与齿轮之间,齿轮各个倒棱轮齿之间,齿环与啮合套之间的间隙,然后决定需更换的零件。间隙 a 的标准值为 1.0～1.4mm,维修极限值 0.5mm,如图 4-8 所示。

(5)如图 4-9 所示,为确保润滑,应吹通油孔,并保证油孔无阻塞。

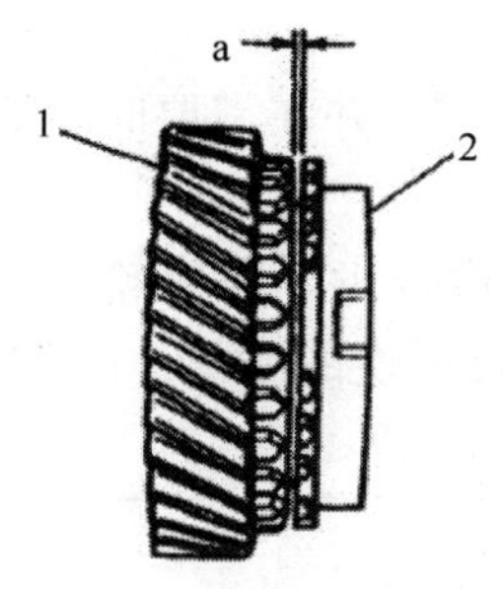

图 4-8　输入轴同步器的检查

1. 齿轮　2. 同步器齿环　a. 间隙

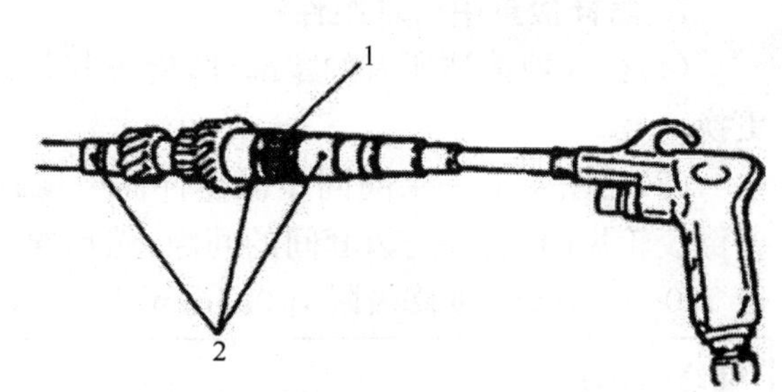

图 4-9　吹通油孔

1. 输入轴　2. 油孔

(6)三、四挡同步器齿套及齿毂总成规定有安装方向。如图 4-10 所示，在装配三、四挡同步器时，应先将三、四挡同步器齿合套装入齿毂，并将三个滑块插入齿套内，然后再装上弹簧。

说明：各滑块没有规定具体定向，但在组装时应设定一个方向。

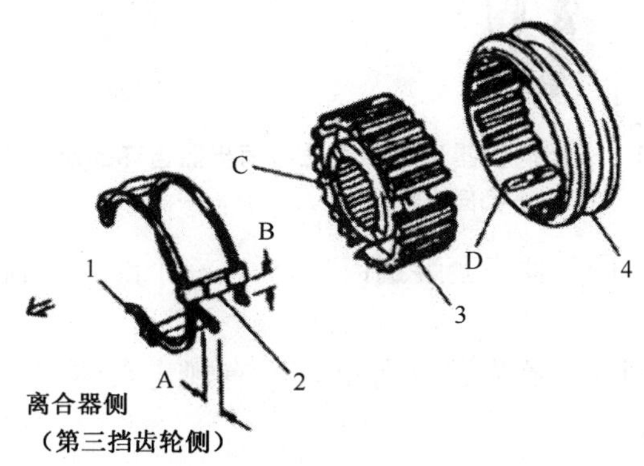

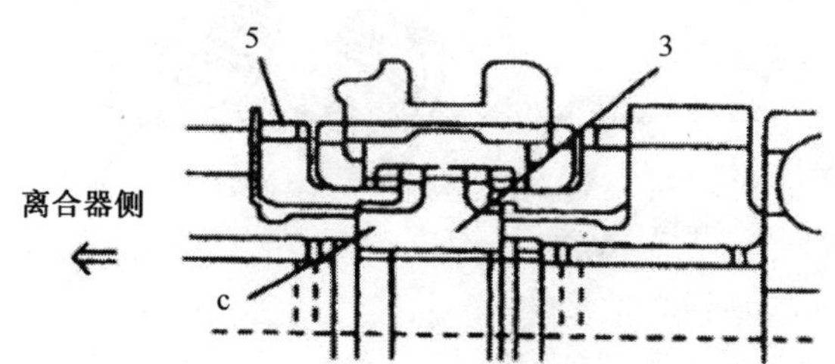

图 4-10　三、四挡同步器的安装

1. 三、四挡同步器弹簧　2. 滑块　3. 齿毂　4. 齿套　5. 第三挡齿轮

A＝B　C. 长凸缘(离合器侧)　D. 滑块槽

7. 怎样检查中间轴组件?

(1)彻底地清洁所有的零部件,检查其是否有异常,并在需要时,用新件更换。

(2)见图 4-8,如果同同步器零件需要修理时,检查齿环与齿轮间,齿轮各倒棱轮齿间、齿环与齿套间的间隙,然后决定需要更换的零件。间隙标准值 1.0~1.4mm,维修极限值 0.5mm。

维修提示:

◆一挡同步器齿环的滑块槽宽度小于二挡同步器齿环的滑块槽宽度,宽度差别如下:宽度"b":8.2mm,"c":8.8mm,如图 4-11 所示。

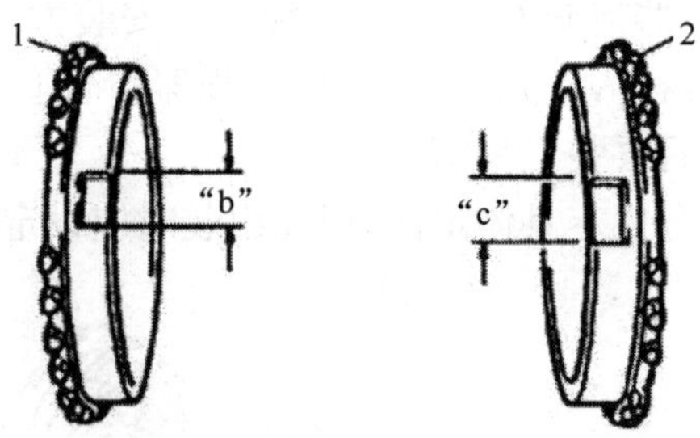

图 4-11　一挡同步器齿环小于二挡同步器齿环的滑块槽宽度

1. 一挡同步器齿环　2. 二挡同步器齿环

(3)将一、二挡同步器齿套装到齿毂,插入三个滑块,然后按照图 4-12 所示装上弹簧。

说明:一、二挡同步器齿毂和各滑块没有规定具体的方向,但在装配时应设定一个方向。

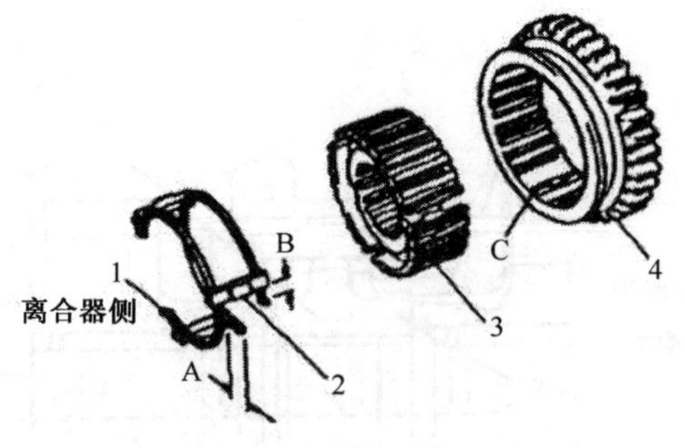

图 4-12　一、二挡同步器的安装

1. 一、二挡同步器弹簧　2. 滑块　3. 齿毂　4. 齿套 A=B　C. 滑块槽

8. 怎样检查输出轴组件?

(1)检查输出轴花键有无严重磨损和损坏,若有,则必须更换输出轴。

(2)如图 4-13 所示,检查同步器组件的滑动灵活性。若有卡滞现象则必须修复或更换零件。

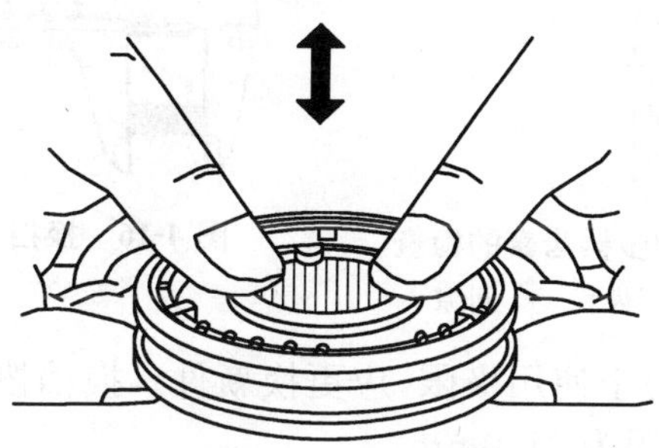

图 4-13 检查同步器组件的滑动灵活性

(3)按图 4-14 所示组装五挡同步器齿套和带滑块及弹簧的齿毂。

维修提示:

◆齿毂内的长凸缘 C 和齿套内的倒棱的齿槽 E 应朝内配合(后壳侧)。

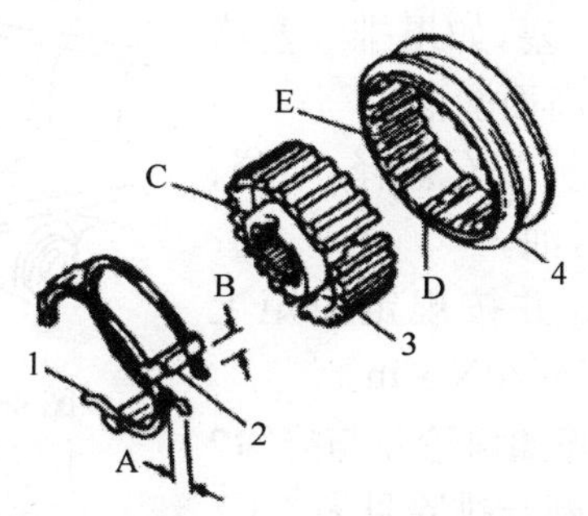

图 4-14 组装五挡同步器齿套和带滑块及弹簧的齿毂

1. 第五挡速度同步器弹簧 2. 滑块 3. 齿毂 4. 齿套

A=B C. 卡凸缘 D. 滑块槽 E. 倒棱齿槽

9. 怎样检查换挡叉与同步器齿套、换挡拨叉轴弹簧?

(1)换挡叉与同步器齿套的检查。如图 4-15 所示,用塞尺检查换挡叉与同步器齿套之间的间隙,如超过 1.0mm 的极限,应更换这些零件。

(2)换挡拨叉轴弹簧的检查。如果齿轮处于脱离啮合状态,则应用游标卡尺检测各拨叉轴弹簧的自由长度是否符合标准,如图 4-16 所示。

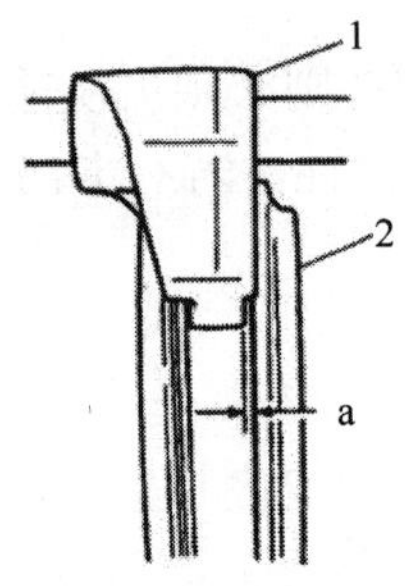

图 4-15 换挡叉与同步器齿套的检查

1. 换挡叉 2. 同步器齿套 a. 间隙

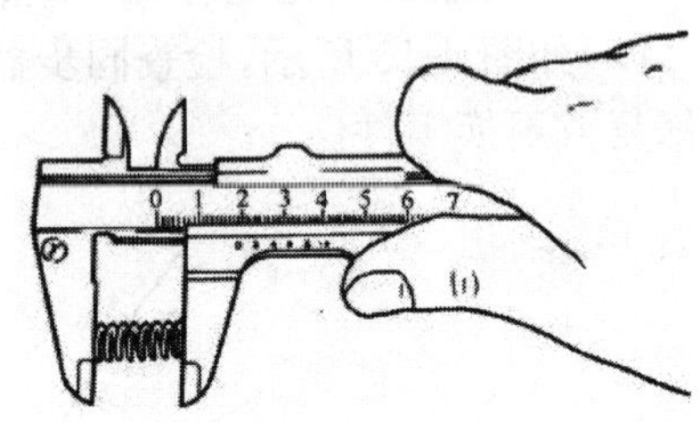

图 4-16 换挡拨叉轴弹簧的检查

如果自由长度短于使用极限，应更换新件。换挡拨叉轴弹簧的标准值为 25.5mm，使用极限为 21.0mm。

10. 如何检查变速器油液面？

(1)如图 4-17 所示，拆下变速器加油螺塞。

(2)检查润滑油液面，以油面与加油口下缘对齐为准。油面过底可能会造成润滑不良而烧坏轴承和齿轮，油面过高则会引起过热和漏油。

(3)检查和清洗排气塞，如果排气塞堵塞会造成箱体内气压过高而漏油。

(4)检查润滑油质量，若有稀释、结胶、过脏等现象，应更换润滑油。

(5)装上加油螺塞，并按规定力矩上紧。螺塞规定力矩为 15～20N·m。

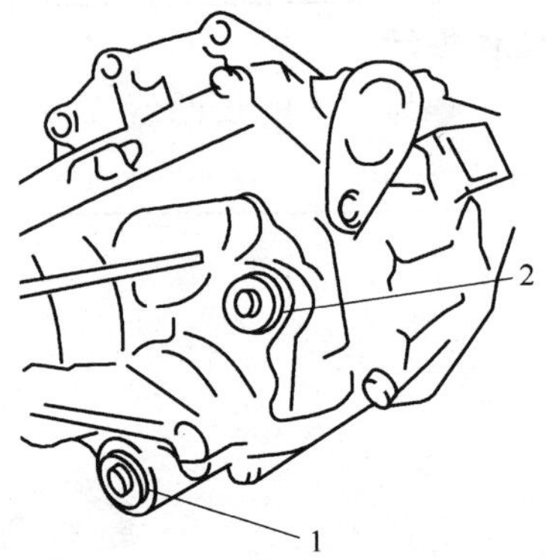

图 4-17 拆下加油螺塞

1. 放油螺塞 2. 加油螺塞

11. 变速器常见故障如何诊断与排除？

变速器常见故障诊断与排除见表 4-2。

表 4-2 变速器常见故障诊断与排除

故障模式	原　因	处理方法
脱挡	换挡杆严重磨损和变形	调整或更换
	换挡摆杆严重磨损和变形	更换
	自锁钢球与换挡杆凹槽磨损严重	更换
	弹簧弹性不足	更换
	齿轮轴向间隙过大	更换
	拨叉磨损及变形	调整或更换
	同步器齿壳、齿套、齿环磨损	更换

续表 4-2

故障模式	原　　因	处理方法
噪声过大或异响	油量不足或油质低劣	加油或换油
	齿轮轴向间隙过大	调整或更换
	齿轮磨损或折断	更换
	同步器齿环损坏	更换
	轴承损坏和磨损	更换
	齿轮挡圈损坏和磨损	更换
挂挡困难	离合器分离不彻底	检查调整
	换挡机构磨损或变形	更换
	同步器齿环卡在齿轮锥部	更换
	同步器弹簧损坏	更换
	齿套齿端磨损或齿环键槽磨损变宽	更换
渗、漏油	加油过多,油温过高	放油至规定位置
	需涂胶的螺栓未涂胶	涂胶
	密封件漏油	更换
	箱体结合面漏油	检查或更换
	放油螺塞漏油	调整或更换
	螺栓松动或漏装	补装并按规定拧紧
轴承、齿轮烧结	油量不足或油质低劣	加油或换油
	润滑油太脏	更换
	不同油料混用或使用添加剂	更换
	使用不合格的轴承	更换
乱挡	互锁销脱落或磨损严重	更换
同步器损坏	换挡用力过猛	更换
	同步器弹簧损坏	更换

第三节　传　动　轴

12. 传动轴检查内容有哪些?

(1)传动轴弯曲检查。如图 4-18 所示,用专用工具百分表和百分表固定座检查传动轴弯曲,弯曲极限值在 0.5mm 以下。若超过该值,应当进行校正,并需经动平衡校正,也可直接更换。

(2)轴颈轴向侧隙检查。如图 4-19 所示,用塞尺检查轴颈轴向侧隙,标准数值 0～0.06mm。若超过该值,应当进行校正或更换。

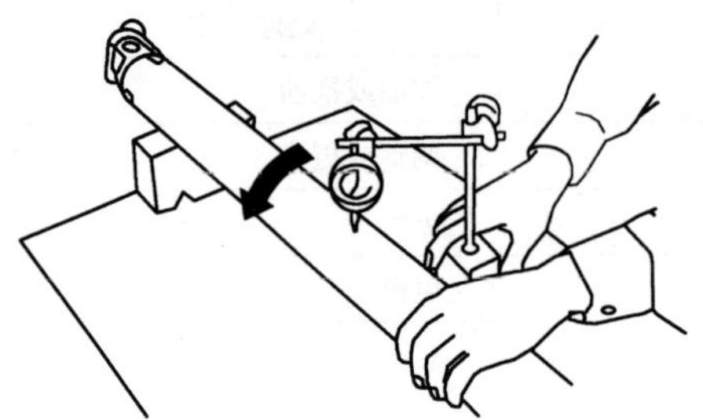

图 4-18　传动轴弯曲的检查

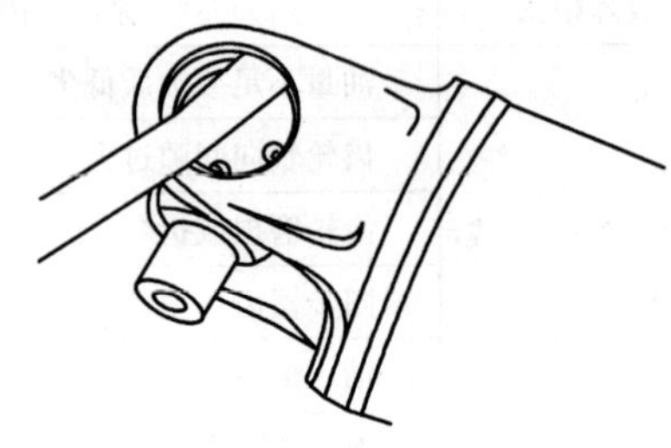

图 4-19　传动轴轴颈轴向侧隙的检查

(3)传动轴噪声检查。

①在高速时出现的噪声。整车有抖动感觉,一般是传动轴总成动平衡超过规定或已弯曲变形引起。应当进行校正,并需经动平衡校正,或是更换。

②在低速或变速时出现的噪声一般是零件磨损松动引起。如系滑动叉花键.十字轴和滚针轴承磨损严重,则应更换整根传动轴。

维修提示:

◆在安装十字轴轴承前,要对十字轴轴承座圈涂润滑脂。

13. 传动轴异响的故障如何诊断与排除?

(1)故障现象。汽车在行驶中,发出一种周期性的响声,车速增加,响声增大,严重时车身抖振,甚至握转向盘的手有麻木感。

(2)故障原因。

①传动轴弯曲、轴管凹陷或平衡片脱焊,转动时不平衡造成发响。

②传动轴的凸缘或轴管歪斜,运转时不平衡发响。

(3)故障诊断与排除。

①架起驱动桥,起动发动机,挂上高速挡,观察传动轴的振摆情况。

②若收油门车速下降后,振动更大,一般属传动轴凸缘和轴管歪斜或轴管弯曲变形,使传动轴运转不平衡而引起发响,应视情况进行修理或更换。

14. 传动装置异响的故障如何诊断与排除?

(1)故障现象。汽车起步或车速突然改变时,车身发抖,传动装置发出撞击声。

(2)故障原因。

①十字轴及滚针轴承磨损松旷或轴承滚针破碎。

②驱动桥主减速器凸缘花键槽磨损过甚。

③变速器第二轴上花键齿与传动轴套管叉花键套磨损过甚。

④各连接部位的固定螺栓松动。

(3)故障诊断与排除。

传动装置有异响时，应停车检查。

①首先检查凸缘连接螺栓，看其是否松动。

②如松动应予紧固，不松动时可两手分别握住万向节的两端或者传动轴套管叉的主、从动部分，检查其游动间隙。

③如果万向节游动间隙过大，则响声来自十字轴及滚针轴承；如果传动轴套管叉游动间隙过大，则为传动轴套管叉花键套磨损过甚所致，应分别进行修理或更换。

第四节 驱 动 桥

15. 驱动桥由哪些部件组成?

后桥为驱动桥，主要由主减速器、差速器、半轴和驱动桥壳等部件组成，如图 4-20 所示。

后桥总成采用单级准双曲面圆锥齿轮传动，其基本作用是将从传动轴传来的转矩增大，并改变传动方向后，传至驱动轮；承受并传递汽车后部的重力、反力及有关力矩；确保两侧车轮根据行驶条件变化，既可等速又可差速，前进、后退。半轴采用半浮式半轴，桥壳采用钢板冲压焊接而成。

16. 怎样检查后桥传动系统总间隙?

(1)把变速箱换档杆置于空挡，拉起驻车制动手柄。

(2)顺时针将传动轴转到底，打上匹配记号，如图 4-21 所示。

(3)如图 4-22 所示，再反时针将传动轴转到底，测量匹配记号距离。此距离即为后桥传动系统总间隙，极限值为 5mm。

(4)如间隙超过极限值，应将减速器总成拆下并进行调整。

17. 如何检查主减速器润滑油油位?

(1)将汽车停在水平地面上，并拉紧中央制动器。

(2)卸下加油口螺塞，如图 4-23 所示。

(3)伸手指进加油口感觉油面位置，正常油位如图 4-24 所示。

(4)安装加油口螺塞。紧固加油口螺塞扭矩至 40～60N·m。

注意：车辆行驶后。油温很高，应让温度降低后才进行油位检查。两手感觉放油口螺塞，不再烫手即可。

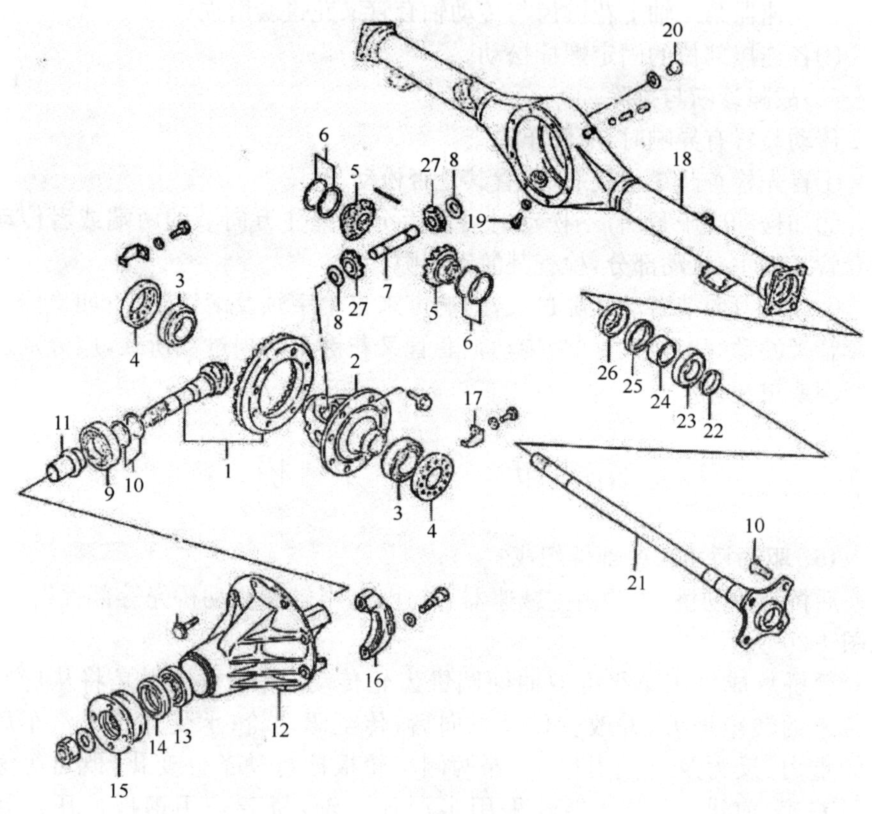

图 4-20 驱动桥结构

1. 主、从动齿轮 2. 差速器壳体 3. 轴承 4. 轴承调整环 5. 半轴齿轮 6. 止推垫圈 7. 行星齿轮轴 8. 球形垫圈 9. 轴承 10. 调整垫片 11. 主动齿轮衬套 12. 主减速器壳体 13. 轴承 14. 油封 15. 万向节凸缘组件 16. 轴瓦 17. 轴承锁片 18. 后桥壳焊接总成 19. 放油口螺塞 20. 加油口螺塞 21. 半轴 22. 半轴挡圈 23. 轴承 24. 轴承挡圈 25. 油封组件 26. 油封保护架 27. 行星齿轮

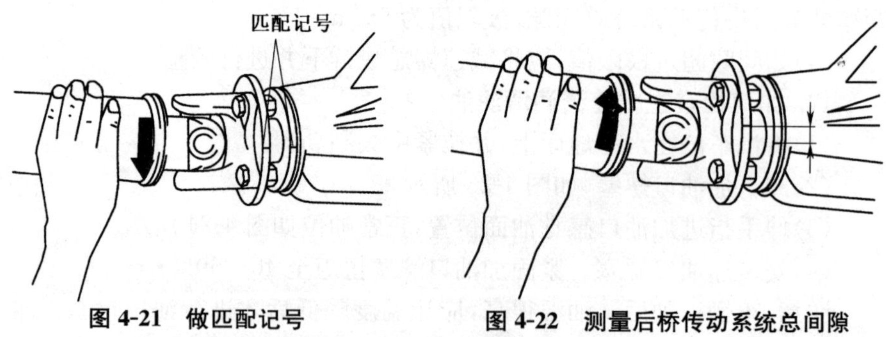

图 4-21 做匹配记号

图 4-22 测量后桥传动系统总间隙

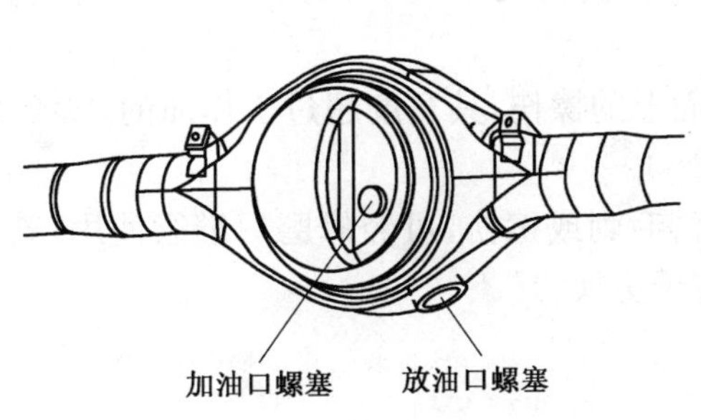

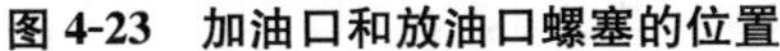
图 4-23　加油口和放油口螺塞的位置

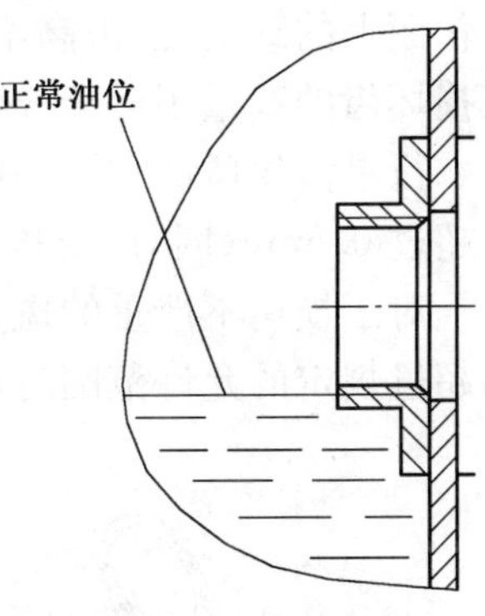

图 4-24　正常油位

18. 如何检查主动锥齿轮和从动锥齿轮？

如图 4-25 所示，检查齿部 1、半轴齿轮凸面 2、半轴齿轮花键部 3、有无裂纹、表面点蚀和剥脱、机械损伤或严重磨损等缺陷，如有，应更换。要求轮齿剥落面积不大于 25%，轮齿损坏不大于齿长的 20%，主动锥齿轮损坏不小于 3 齿，从动锥齿轮损坏不少于 4 齿。

注意：主动锥齿轮和从动锥齿轮是作为一个组件来供应的，因此，若其中之一损坏需要更换时，必须两者同时成对进行更换。

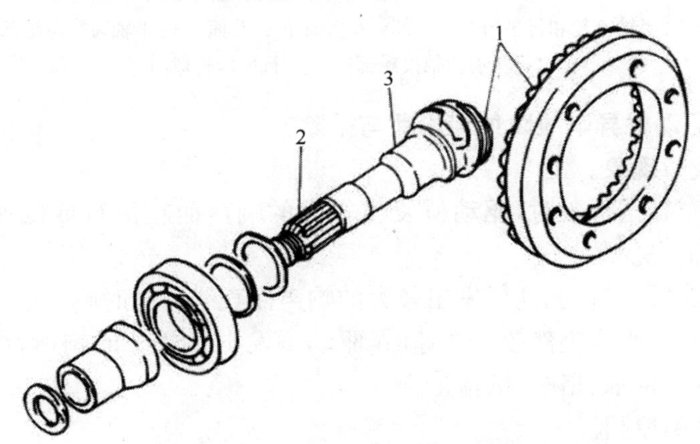

图 4-25　主、从动锥齿轮的检查

1. 齿部　2. 半轴齿轮凸面　3. 半轴齿轮花键部

19. 如何检查半轴齿轮和行星齿轮？

如图 4-26 所示，检查半轴齿轮和行星齿轮的齿部 1、半轴齿轮凸面 2、半轴齿轮花键部 3、行星齿轮轴接触部位 4、行星齿轮球面部 5 有无裂纹、表面点蚀和剥落、机械损伤或严重磨损等缺陷。要求行星齿轮和半轴齿轮轮齿工作面上的缺损，沿齿高不大于33%，沿齿长不大于25%，且在一个齿轮上其损坏齿的数量不多于3个。

行星齿轮球面和半轴齿轮端面上的擦伤，其宽度超过工作面的33%、深度超过0.5mm时，应予修磨。

对于损伤不严重的斑点、剥落、毛刺或擦伤，可经修磨后继续使用；若损伤超过规定的允许范围时，一般应予更换。

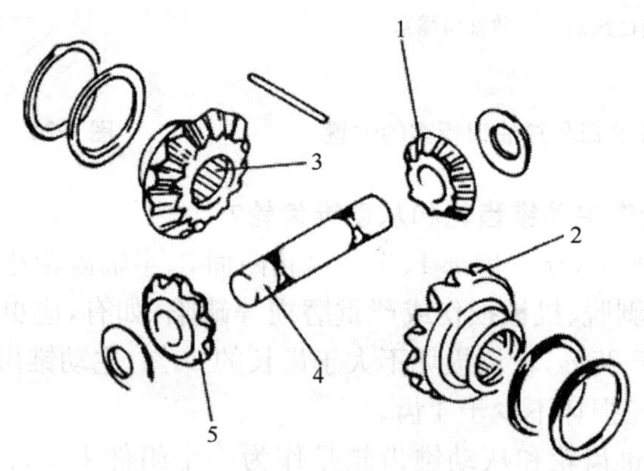

图4-26 半轴齿轮和行星齿轮的检查

1. 半轴齿轮和行星齿轮的齿部 2. 半轴齿轮凸面 3. 半轴齿轮花键部 4. 行星齿轮轴接触部位 5. 行星齿轮球面部

20. 驱动桥异响故障如何诊断与排除？

(1)故障现象。

①汽车挂挡行驶时，驱动桥发出较大的响声而在滑行或低速行驶时响声减弱或消失。

②汽车转弯时，驱动桥发出较大的响声而直线行驶时响声减弱或消失。

③汽车起步或突然改变车速时，驱动桥发出“吭吭”的响声，汽车低速时驱动桥发出“格啦、格啦”的撞击声。

(2)故障原因。

①齿轮或轴承严重磨损或损坏。

②主、从动锥齿轮配合间隙过大。

③从动锥齿轮紧固螺栓松动。

④差速器行星齿轮、半轴内端或半轴齿轮键槽磨损松旷。

⑤齿轮油不足或齿轮油牌号不对。

(3)故障诊断与排除。

①驱动桥有异响时，可将驱动桥架起，起动发动机并挂上挡，然后急剧

改变车速,查听驱动桥响声来源,以判断故障所在部位。随即熄灭发动机并挂入空挡,在传动轴停止转动后,用手转动主动锥齿轮凸缘,若有明显松旷感觉,说明齿轮啮合间隙过大;若无活动感觉,则说明啮合间隙过小。间隙不当时应予调整。

②汽车在行驶中,如车速越高,响声越大,而滑行时响声减小或消失,一般是因轴承磨损松旷或主、从动锥齿轮间隙偏大所致。如急剧改变车速或上坡时发响,则为齿轮啮合间隙过大,应予调整。如是轴承松旷引起,则应对轴承进行调整,必要时,应更换轴承。

③如汽车转弯时发响,而低速直线行驶时响声减弱,一般是差速器行星齿轮与半轴齿轮的啮合间隙过大或半轴齿轮及键槽磨损松旷所致,此时应对行星齿轮和半轴齿轮的技术状况进行检查与调整,必要时更换齿轮。

④行驶中若驱动桥突然发响,多半为齿轮损坏,应立即停车检查排除。如继续行驶,将会打坏轮齿。

21. 驱动桥发热故障如何诊断与排除?

(1)故障现象。汽车行驶一段路程后,用手触摸后桥时,有难以忍受的烫手感觉。

(2)故障原因。

①轴承装配过紧,转动时摩擦加剧,发热增加,温度升高。

②齿轮啮合间隙过小。

③油封过紧。

④驱动桥内缺少齿轮油,齿轮油变质,或使用的齿轮油不符合规定要求。

(3)故障诊断与排除故障。

①汽车行驶一定里程后,用手触摸驱动桥各个部位,查看是局部过热还是整体过热。

a. 如是油封处局部过热,则是油封太紧所致,应对油封技术状况进一步检查,并视情更换。如是轴承处局部过热,则是轴承太紧所致,应重新进行调整。其他局部过热情况可结合发热部位逐项进行检查并予以排除。

b. 如是整体过热,首先应检查后桥壳齿轮油平面,如太低,应按规定加注齿轮油。用手捻试齿轮油,检查其黏度是否过高、润滑性能是否太差或其规定是否符合要求,并视情更换齿轮油。

②松开驻车制动,变速器置于空挡,轻轻地周向晃动驱动桥凸缘盘,检查主、从动锥齿轮的啮合间隙。必要时进行调整。

③如上述均正常,则应检查差速器行星齿轮与半轴齿轮的啮合间隙,并

视情况调整。

22. 驱动桥漏油故障如何诊断与排除？

(1)故障现象。齿轮油经驱动桥主减速器油封或衬垫向外渗漏。

(2)故障原因。

①驱动桥内的齿轮油加注过多或齿轮油变质。

②主动锥齿轮前油封磨损损坏，造成齿轮油渗漏。

③加注或放油螺塞没有按规定力矩拧紧。

(3)故障诊断与排除。

①齿轮油自半轴端漏油，如系油封磨损或损坏时，应予更换；如是半轴套管有裂纹或断裂时，应予修理或更换。

②齿轮油自主动锥齿轮轴端漏油时，应检查主动锥齿轮凸缘是否松动及前油封是否磨损或损坏。

③其他部位漏油可根据油迹查明原因并排除。

第五章　行驶系统的使用与维修

第一节　前　悬　架

1. 前悬架的结构特点如何？由哪些部件组成？

哈飞微型汽车的前悬架系滑柱摆臂式独立悬架。支柱的上端通过一支撑件与车体联接。支柱与支撑件通过一橡胶安装件相隔。在橡胶安装件下部还装有一支柱轴承。

支柱的下端与转向节的上端相连。转向节的下端与球头销相连。球头销与摆臂共同组成一个装置。横拉杆端与转向节相连。

因此，转向盘的动作被传送至横拉杆端，然后至转向节，最后使车轮和车胎转动。在这个操作过程中，随着转向节的运动，支柱同时通过支柱轴承和下端球头销而转动。

前悬架的结构如图 5-1、图 5-2 所示。

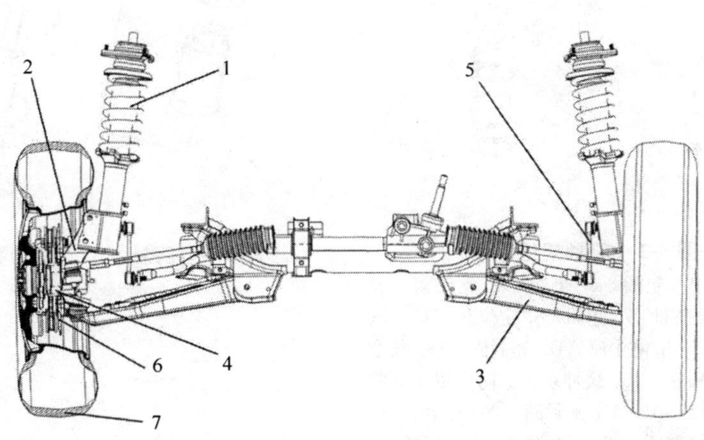

图 5-1　前悬架组成

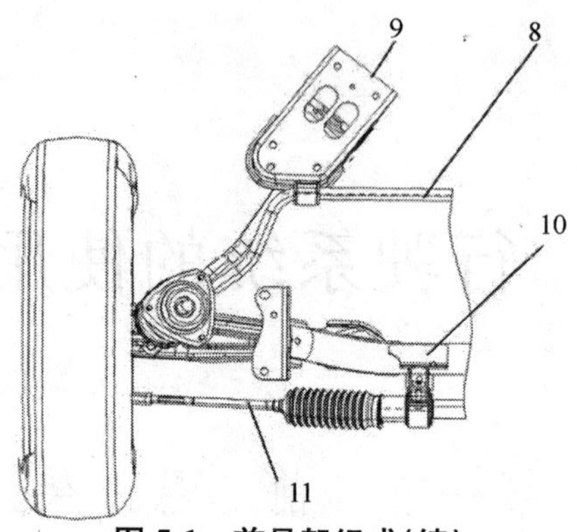

图 5-1 前悬架组成(续)

1. 前支柱总成 2. 转向节 3. 前轴摆臂总成 4. 车轮轴承 5. 连杆总成 6. 前轮毂 7. 车轮 8. 前稳定杆总成 9. 前悬压杆总成 10. 前轴本体 11. 横拉杆

2. 前悬架的检查内容有哪些?

前悬架的检查内容如图 5-3 所示。

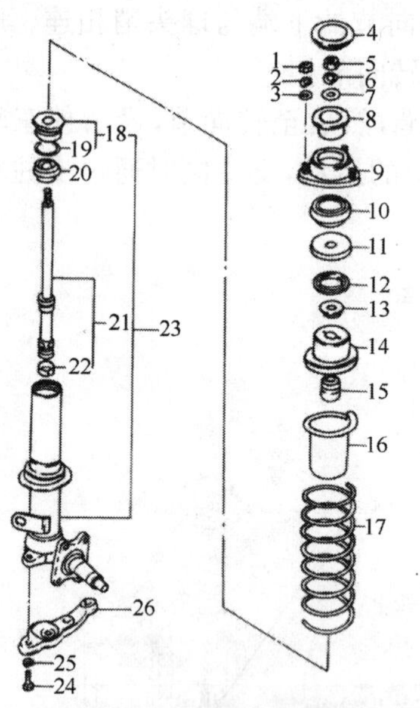

图 5-2 前悬架组件

1. 螺母 2. 弹性垫圈 3. 垫圈 4. 支座盖 5. 螺母 6. 弹性垫圈 7. 垫圈 8. 定位套 9. 支座 10. 减振块 11. 防尘座 12. 密封圈 13. 减摩垫 14. 上弹簧座 15. 缓冲块 16. 防尘罩 17. 螺旋弹簧 18. 端盖 19. O形密封圈 20. 衬套 21. 活塞杆 22. 活塞环 23. 减振器总成 24. 螺栓 25. 弹性垫圈 26. 转向节臂

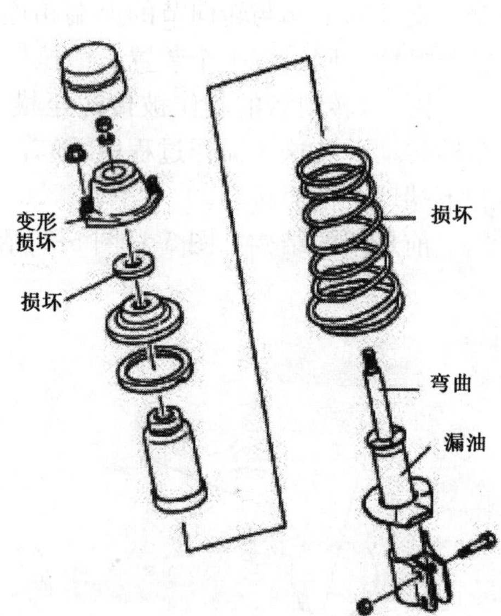

图 5-3 前悬架的检查内容

(1)支座的检查。检查支座有无变形、开裂和螺栓孔损坏等缺陷,如有不良情况,应予更换。

(2)缓冲(橡胶)块的检查。检查橡胶块表面有无裂纹、老化变形、机械损伤和沾有油污等现象。如有油污时,应擦拭干净,如裂纹变形严重时,应予更换。

(3)减摩垫的检查。检查减摩垫是否严重磨损,表面有无裂纹或剥脱损伤等现象,如有不良情况,应予更换。

(4)螺旋弹簧的检查。

①检查螺旋弹簧有无裂纹或严重变形,如有,应更换。

②检查螺旋弹簧的自由长度。若自由长度小于规定限度时,表明其弹力减弱,应予更换弹簧。

(5)活塞杆的检查。检查活塞杆是否有弯曲,表面有无被刮伤或其他损伤。如有,应更换减振器总成。

(6)减振器的检查。检查前悬架减振器是否漏油,如有,应更换减振器总成。

维修提示:

◆减振器总成的检查也可采用按压车身的方法来测试,用力压按车身,然后突然放开,如果汽车摆动 3~4 次,即表明减振器的减振能力弱,可视情况更换。

(7)支撑杆的检查。检查支撑杆有无损坏或变形,如有不良情况,应予更换。

(8) 支撑杆衬套检查。检查支撑杆衬套是否有损坏、磨损或老化变形,如有,应予更换。

(9)摆臂的检查。检查摆臂有无裂纹、变形或损坏,防尘皮碗有无破裂、老化变形,球销螺柱有无损坏,如有,应予更换。

(10)摆臂球销的检查。如图 5-4 所示,转动球销,检查其是否松旷、卡滞或磨损,有否噪声;如有,应更换摆臂总成(因球销不可拆)。

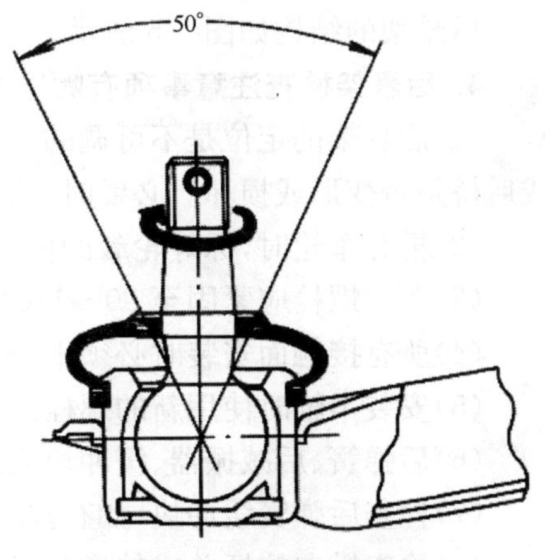

图 5-4 摆臂球销的检查

球销的转动力矩:1~4N·m;

球销的转动角度:50°±2.5°。

(11)摆臂衬套的检查。检查摆臂是否有裂纹、磨损、老化变形或损坏;

如有不良情况,应予更换。

(12)转向节的检查。检查转向节轴端螺纹与螺母的配合情况,检查转向节有无损伤及裂纹。检查裂纹可用磁力探伤法或浸油敲击法进行。

(13)车轮轴向间隙的检查。车轮应能灵活地在轮毂轴承上旋转而无卡滞现象,但又不能有过大的轴向间隙。检查轴向间隙时,先拆下车轮防尘罩,将百分表吸盘支架置于转向节上,触头垂直于轮毂表面。然后轴向扳动车轮,此时百分表的指示值即为轴向间隙,其极限值为0.1mm。如超过极限值,应进行修理或更换不良的零件。转动车轮,检查轮毂轴承是否有噪声、旋转是否顺利。如有不良现象,应更换轮毂轴承。

(14)横向稳定杆防尘罩的检查。检查横向稳定杆球销上的防尘罩是否出现破损漏油现象,如有破损漏油现象必须更换填充润滑脂的防尘罩。

第二节 后 悬 架

3. 后悬架主要部件有哪些?结构特点如何?

后悬架主要由钢板弹簧、后桥、减振器、缓冲垫、钢板弹簧压板、鞍式垫板、钢板弹簧衬垫、内外联结板、骑马(U形)螺栓、后衬套组成。

减振器装在车身与后桥之间,用于吸收车身的上下振动。

钢板弹簧分装在后桥上,前端通过衬套直接装在车身上,后端通过内外连接板与车身相连,在运动过程中,后桥跟随弹簧一起上下移动。

后悬架的结构如图5-5所示。

4. 后悬架检查注意事项有哪些?

(1)后悬架的定位是不可调的。当数值超出公差范围时,应检查横拉杆或后桥是否变形或损坏。必要时,请更换损坏的部件。

(2)拆卸车轮时,标好轮毂的位置作为安装时的参考。

(3)车轮螺栓应紧固至90~110N·m。

(4)所有接触面安装时必须干净,无毛刺。

(5)安装半轴时使用新的螺栓。

(6)后弹簧、后减振器、缓冲块应成对更换。

(7)检查后弹簧缓冲块,如有损坏、开裂或老化失效,则应更换。

(8)检查横向拉杆总成的橡胶衬套合件、左右摆臂总成的橡胶衬套合件等橡胶件,如有损坏、开裂或老化失效,则应更换。

(9)检查后减振器总成。如有漏油、异响、失效,卡滞,则应更换。

(10)检查摆臂与车架、摆臂与后桥连接的螺栓、横向拉杆总成与车架连接的螺栓等紧固件,如有裂纹、磨损,则应立即更换。

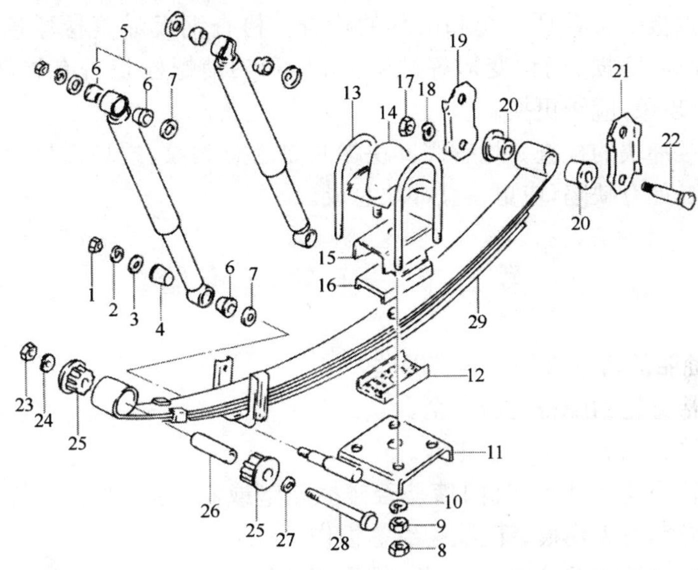

图 5-5　后悬架组件

1. 螺母　2. 弹性垫圈　3、7. 垫圈　4、6. 橡胶衬套　5. 减振器　8. 锁紧螺母　9. 螺母　10. 弹性垫圈　11. 钢板弹簧座　12. 下垫板　13-U 形螺栓　14. 缓冲块　15. 钢板弹簧压板　16. 钢板弹簧座　17. 螺母　18. 弹性垫圈　19、21. 吊耳　20、25. 衬套　22. 轴销　23. 螺母　24. 弹性垫圈　26. 套管　27. 垫圈　28. 螺栓　29. 钢板弹簧总成

(11)更换零件时应注意以下几方面:

①装配后减振器总成时,为了顺利安装,可在后减振器总成的橡胶衬套上涂上肥皂沫或水,但切不可沾上油。

②同一辆车上,左右螺旋弹簧的分组号必须相同。

③装配螺旋弹簧时,螺旋弹簧的下端面必须安装在后悬挂摆臂总成的弹簧座上。

④后悬挂总成的所有紧固件都必须按要求上紧力矩。

5. 后悬架主要部件的检查内容有哪些?

(1)后减振器的检查。把减振器的一端固定,用力快速拉动一端,若无阻力或阻力太小时,即表示减振器已失效,应予更换。

(2)骑马螺栓(U 形螺栓)的检查。钢板弹簧的骑马螺栓,要经常检查其锁紧螺母是否松动,骑马螺栓有无移位或其他损伤,如有损伤,应予更换,若螺母松动,应予紧固并拧紧。

(3)钢板弹簧的检查。检查钢板弹簧中心螺栓是否松动、折断,各片钢板弹簧是否错位,钢板夹是否松脱或失去夹持作用,钢板弹簧片是否有裂纹

(特别是第一片簧卷耳附近)。若有不良现象,要予以修理,必要时更换。

(4)钢板弹簧卷耳衬套和吊耳的检查。检查钢板弹簧卷耳各橡胶衬套是否有损坏、磨损、老化变形等缺陷,吊耳和轴销螺栓是否有损坏或变形。如有不良现象,应予更换。

(5)缓冲块的检查。检查缓冲块橡胶是否有裂纹、损坏或橡胶与钢座分离等现象,如有缺陷,应更换缓冲块总成。

第三节　车轮与轮胎

6. 轮胎的日常维护内容有哪些?

(1)检查轮胎配备是否齐全。

(2)检查轮胎气压是否正常。

(3)检查轮胎外表,气门嘴是否碰擦轮辋或制动鼓,车轮螺栓是否松动或缺少,轮胎有无伤痕、穿孔、裂纹等损伤。

(4)剔除胎面花纹夹石、硬物、铁屑或其他尖锐物。

(5)车轮行驶一定里程后,检查轮胎温度是否过高。

7. 轮胎的一级维护内容有哪些?

轮胎的一级维护里程为1500～2000km,除执行轮胎日常维护项目外,还应进行如下项目:

(1)检查轮胎表面,挖出夹石,拨出楔尖物,堵塞洞眼。

(2)检查轮胎胎面磨损情况,胎体外观是否完好,有无不正常现象。

(3)检查轮胎有无漏气。若有不良情况,应予修补。

(4)检查轮胎损伤的原因,并给予修理排除。

(5)将需要送修的轮胎及时更换。

8. 轮胎的二级维护内容有哪些?

轮胎的二级维护里程6000～7000km,除执行轮胎的日常维护、一级维护作业项目外,还有:

(1)拆检轮胎、轮辋,除去污物和锈迹,在轮辋上涂油漆。

(2)进行轮胎换位(每行驶10000km换位一次),更换磨损严重的轮胎。

(3)检查前轮定位参数和前、后悬架的技术状况,消除前、后悬架技术状况不良对轮胎的使用寿命的影响。

9. 轮胎磨损的更换标记有何特点?如何更换轮胎?

(1)轮胎磨损的更换标记。轮胎存在损坏、磨损或劣化变形严重时,必须予以更换。轮胎磨损指示标记如图5-6所示。

当轮胎磨损至指示标记 1 时，应对轮胎替换；当花纹深度 2 在两个地方少于 16mm 时，应更换轮胎。

(2)轮胎的更换方法。拆卸时，应对称旋松轮胎螺母，然后拆下轮胎。

把经动平衡后的轮胎安装到轮毂上，按图 5-7 所示标号顺序紧固车轮螺栓，车轮螺栓的紧固力矩为 110N · m。

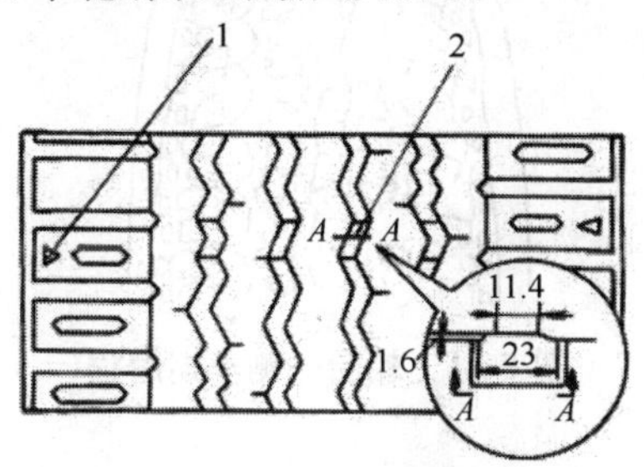

图 5-6　轮胎磨损指示标记

1. 磨损指示标记　2. 花纹深度

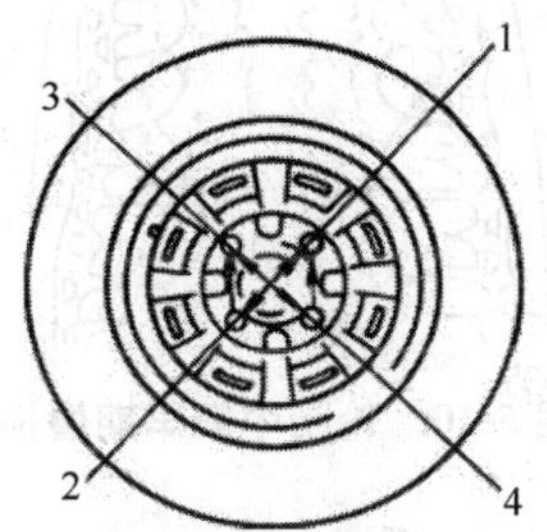

图 5-7　车轮螺栓紧固顺

1～4. 车轮螺栓紧固顺序

10. 怎样进行轮胎换位？

说明：轮胎经过一定行驶里程的使用后，为保持胎面的磨损均匀，延长其使用寿命，要进行定期换位。除了定期地换位，每当发现轮胎已磨损不均匀，也应将轮胎换位。子午线轮胎在肩部区域特别是前端磨损较快，非驱动轴位置的子午线轮胎可能产生不规则磨损而提高轮胎噪声。这就需要定期的四轮换位来解决。

轮胎定期换位里程为：每行驶 10000km 一次，换位方法见图 5-8 所示。

11. 轮胎不正常磨损情况有哪几种？

(1)轮胎两侧早期磨损（如图 5-9 所示）。

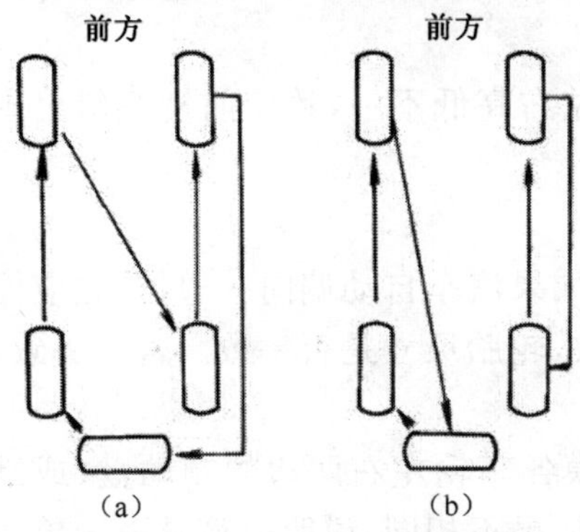

图 5-8　轮胎换位方法示意图

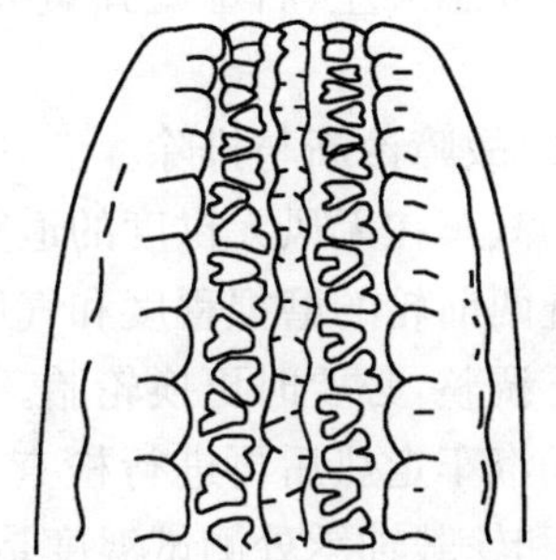

图 5-9　轮胎两侧早期磨损

(2)轮胎中间早期磨损(如图 5-10 所示)。

(3)轮胎一侧早期磨损(如图 5-11 所示)。

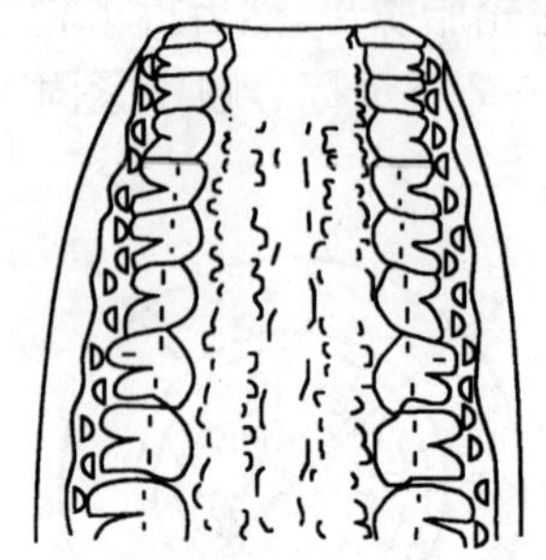

图 5-10 轮胎中间早期磨损

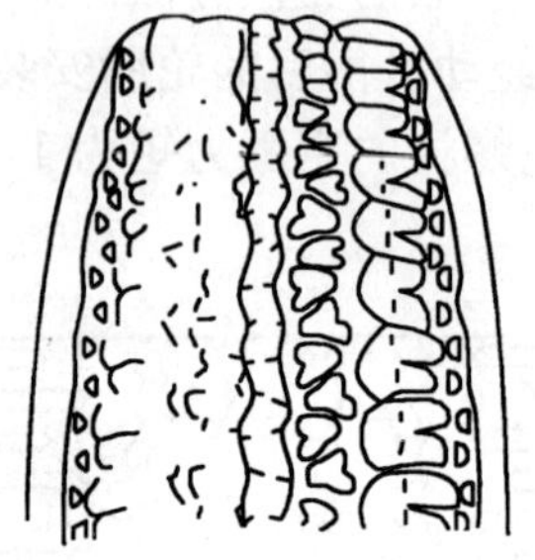

图 5-11 轮胎一侧早期磨损

12. 汽车行驶跑偏故障如何诊断与排除?

(1)故障现象。汽车行驶时,不能保持直线方向,而是自动偏向一边,必须用力握住转向盘才能保持直线行驶。

(2)故障原因。

①两前轮轮胎气压不均匀或轮胎直径不等、磨损不均匀。

②两前轮外倾角、主销后倾角和主销内倾角不等。

③前束过大或过小。

④前轮左、右轮毂轴承松紧调整不一。

⑤加强杆、横摆臂已磨损或变形。

⑥前、后桥两端车轮有背地里边制动现象。

⑦前悬架装置部件有松动,影响车轮按正确的轨迹运动。

⑧前悬架螺旋弹簧技术不良,左、右螺旋弹簧弹力不一,或弹簧有断损等。

⑨前悬架左、右螺旋弹簧疲劳变形,左右高低不一,致使前桥歪斜出现跑偏。

(3)故障诊断与排除。

①汽车在无风无拱度的道路上行驶,如果汽车自动偏向一边,首先应停车检查两前轮的磨损程度和气压是否一致,轮胎尺寸是否一致。若不一致,应进行调整,必要时更换轮胎。

②汽车走热后再进行检查。用手触摸各车轮左右两边的制动盘(或制动鼓)和轮毂轴承处测试温度是否相同。如果不相同,说明故障是由于单边制动或单边轮毂轴承、油封松紧不一造成的,应进行调整或更换不良的零件。

③将汽车停于平坦地面，然后从车前往后看。如果汽车一边高一边低，说明悬架装置左右状况不一致。应对悬架装置作进一步的检查，并查明原因予以排除，必要时应更换部件。

④检查前轮前束，如不符合要求应进行调整。如前束正常，则应进一步检查前轮外倾角、主销后倾角和主销内倾角。一般情况下，汽车将向前轮外倾角大、主销后倾角小或主销内倾角小的一边跑偏。

13. 轮胎磨损异常故障如何诊断与排除？

(1)故障现象。轮胎磨损速度加快，胎面形状出现异常。

(2)故障原因。

①轮胎气压不符合要求，或轮胎长期未换位。

②前轮定位不正确，尤其是前束与外倾配合不当。

③轮毂轴承松旷或纵、横拉杆及转向器松旷。

④钢板弹簧U形螺栓松动。

⑤前轮端面径向圆跳动过大或前轮不平衡。

⑥轮辋变形，车架歪斜等。

⑦各车轮制动力大小不一致。

(3)故障诊断与排除。

①查看轮胎胎面的磨损情况。如果轮胎胎面磨损具有一定的规律性，例如胎冠磨损严重，说明轮胎气压过高，使胎面中部着地；如轮胎两胎肩磨损严重，说明轮胎气压过低，使胎面中部向上拱起，胎面两边着地；如前轮胎面外侧磨损严重，说明前束过大，使汽车行驶时车轮滚动的同时还与地面滑移。反之，如前轮胎面内侧磨损严重，说明前束过小。应重新检查和调整汽车轮胎的气压和前束。

②如果胎面磨损无一定的规律性，则故障是由于各部分松旷、变形、使用不当或轮胎质量不佳等原因引起，应视情进行调整、修理或更换。

③查看汽车制动时，车轮与地面的滑移距离，以便观察左右车轮制动力的大小，并视情况进行调整或修理。

14. 前轮摆振故障如何诊断与排除？

(1)故障现象。汽车在某低速或某高速范围内行驶时，有时会出现两前轮各自围绕支柱轴线进行角振动的现象，通常称为前轮摆振。尤其是高速摆振时，汽车行驶不稳，驾驶员握转向盘的手有麻木感，甚至在驾驶室内可见整个车头在晃动。

(2)故障原因。

①前轮旋转质量(包括轮胎、轮辋、制动盘或制动鼓、轮毂等)不平衡。

②前轮端面圆跳动过大。

③前轮外倾角太小、前束太大、主销前倾角(负后倾)或主销后倾角太小。

④两前轮的主销后倾角或主销内倾角不一致。

⑤前桥弯、扭变形。

⑥转向器间隙太大或转向器在车架上的连接松动。

⑦纵、横拉杆等杆件连接松动。

⑧减振器失效或左、右两边减振器效能不一。

⑨左、右两悬架高度或刚度不一。

(3)故障诊断与排除。

①在平坦的道路上行驶,如出现汽车前轮摆振,应首先检查前轮与转向系各处是否松旷,并视情进行紧固或修理。

②检查前悬架各处是否松旷,并视情进行紧固或修理。

③检查左、右悬架减振器的效能是否一致,如工作失效,应予修理或更换新件。

④支起前桥,检查车轮的径向、端面圆跳动以及车轮的平衡情况,如不符合要求,及时修理或更换。

⑤检查前轮定位值,并视情进行调整或更换不良的零部件。

第六章　转向系统的使用与维修

1. 转向系统主要由哪些部件组成?

转向系统主要由转向盘总成、转向管柱、转向传动轴、防尘罩、转向器、左拉杆合件、右拉杆合件等组成,如图 6-1～图 6-2 所示。

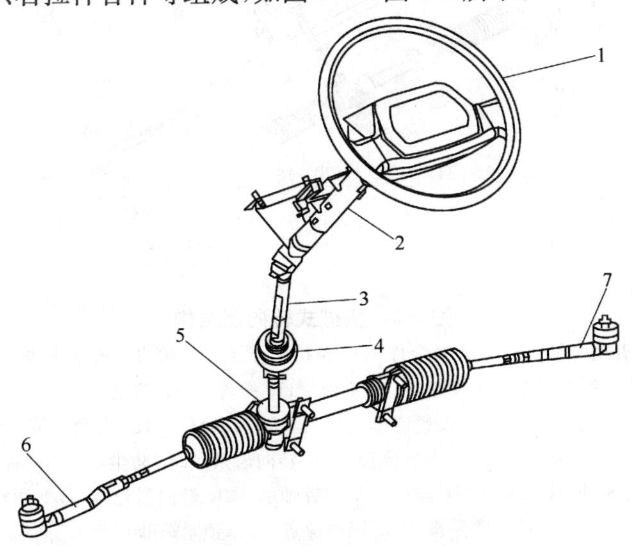

图 6-1　转向系统的组成

1. 转向盘总成　2. 转向管柱　3. 转向传动轴　4. 防尘罩　5. 转向器　6. 左拉杆合件　7. 右拉杆合件

2. 转向系统的总体维护与修理内容有哪些?

转向系统的总体维护与修理见表 6-1。

3. 转向盘的自由行程如何检查?

车辆停在平坦的地面上时,检查转向盘的自由行程,如图 6-3 所示。转向盘自由行程 a:0～30mm。

如果转向盘的自由行程不在规定范围之内,则按以下步骤进行检查,如果发现损坏,应进行更换。

(1)转向横拉杆端头球销是否磨损(当施加大于 2N·m 力矩时,球销应活动)。

(2)下球头是否磨损。

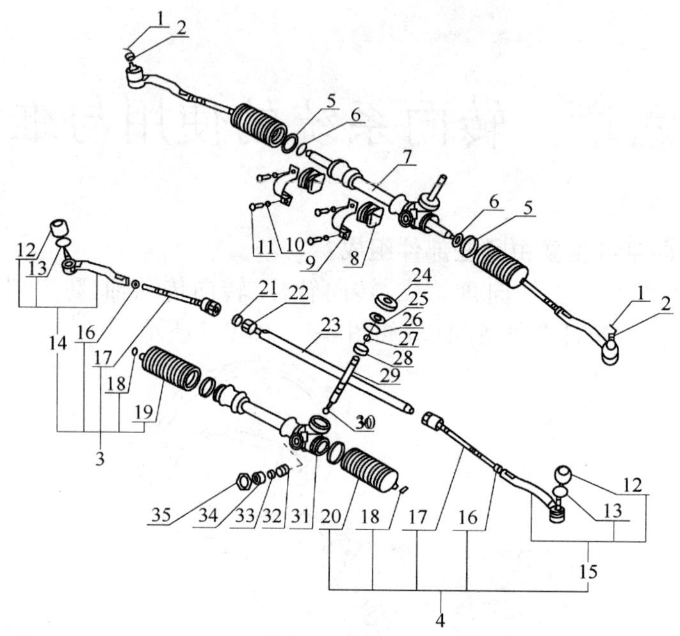

图 6-2 机械式转向器结构

1. 开口销 2. 开槽螺母 3. 右拉杆合件 4. 左拉杆合件 5. 箍带 6. 防松垫 7. 转向器 8. 转向器安装胶套 9. 转向器安装支架 10. 垫圈 11. 螺母 12. 防尘罩 13. 卡箍 14. 右接头座合件 15. 左接头座合件 16. 锁紧螺母 17. 球头拉杆合件 18. 自紧弹簧 19. 右伸缩胶套 20. 左伸缩胶套 21. 紧固套 22. 齿条导套 23. 转向齿条 24. 防尘罩 25. 油封总成 26. 挡圈 27. 挡圈 28. 轴承 29. 转向齿轮 30. 滚针轴承 31. 转向器壳体 32. 调整楔块 33. 调整弹簧 34. 调整螺塞 35. 锁紧螺母

表 6-1 转向系统的总体维护与修理

检修部位		故　障	处理方法
转向盘		转向盘自由行程超过规定值	更换相应部件
转向管柱		①上轴转动不灵活 ②柱管有弯曲、裂纹或变形	更换
转向器	齿轮	①齿面磨损或断裂 ②油封损坏	更换
	轴承	转动不良	更换
	齿条	①变形量超过规定范围 ②齿面磨损或断裂	更换
	齿条衬套	损坏	更换
	齿条托座	①托座有磨损 ②弹簧磨损	更换

续表 6-1

检修部位	故　　障	处理方法
转向管柱总成	出现裂纹、断面、磨损、失灵或游隙过大	更换
齿条防尘罩	出现裂纹	更换
螺拉杆球头防尘罩	出现裂纹	更换
球头销	螺纹根部损坏	更换

(3)转向轴节头是否磨损。

(4)转向小齿轮或者齿条齿轮是否磨损或者断裂。

(5)是否有零件松动。

4. 转向器的检查内容有哪些?

(1)检查齿条柱塞(如图 6-4 所示)。

①检查齿条柱塞是否磨损或者损坏。

②检查齿条柱塞弹簧是否损坏变形。

上述两种情况中只要任何一种情况发生故障,应予以更换。

图 6-3　转向盘自由行程的检查

a. 转向盘自由行程

(2)检查转向小齿轮(如图 6-5 所示)。

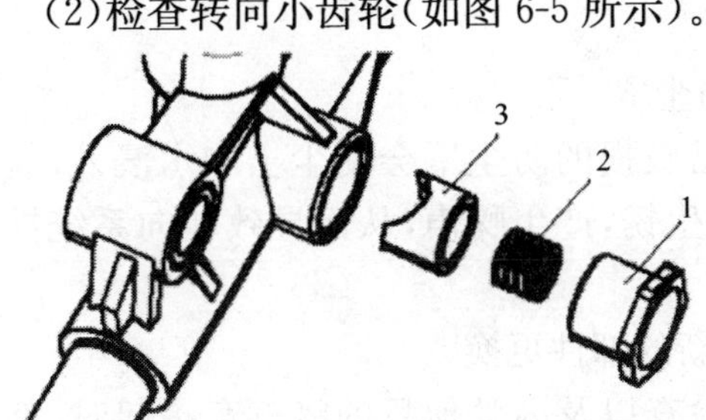

图 6-4　检查齿条柱塞

1. 齿条减震垫螺钉　2. 齿条柱塞弹簧　3. 齿条柱塞

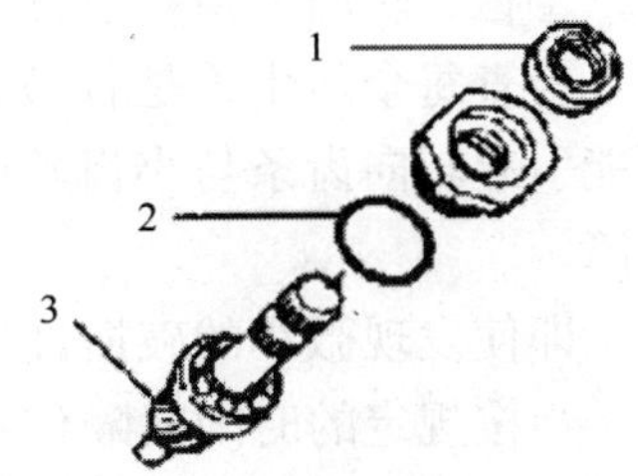

图 6-5　检查转向小齿轮

1. 齿轮箱油封　2. O形环　3. 转向小齿车轮

①检查小齿轮的齿面是否磨损或损坏。

②检查油封是否损坏。

③检查齿轮箱密封件是否损坏。

更换任何受损的零件。

(3)检查转向小齿轮轴承。

①检查轴承的旋转状态。

②检查零件是否磨损。

如果发现损坏，更换齿轮箱总成。

(4)检查转向齿条。

检查齿条是否有偏差，磨损或者损坏，检查背面是否磨损或者损坏。

齿条偏差范围：0.1mm。

如果偏差超过范围，应更换齿条。

说明：进行清洁时，不得使用金属刷。

5. 转向系其他部件的检查内容有哪些？

(1)转向柱的挠性橡胶垫板的检查。检查转向柱之间的挠性橡胶垫板有无裂纹或破损，螺栓连接是否可靠，如有不良情况，予以更换。

(2)转向柱筒及橡胶套的检查。检查转向柱筒的是否弯曲，支架有无损伤；橡胶套有无磨损或损坏。如有不良情况，予以更换。

(3)转向直拉杆的检查。检查转向直拉杆是否弯曲变形，球头焊接处有无裂纹或脱焊，球头销转动是否灵活，密封橡胶圈是否损坏，如有不良情况，应予更换。

(4)转向横拉杆的检查。检查转向横拉杆是否弯曲变形，端头球销是否存在卡滞或松旷现象，球销螺纹有无损伤或螺柱有无裂纹，密封橡胶圈是否损坏。若有缺陷，应予更换。

(5)防尘罩的检查。

①检查转向齿条和小齿轮侧防尘罩

检查每个防尘罩是否破损。已破损的防尘罩会使尘土和水浸入，这就可能引起转向齿条与小齿轮磨损、生锈，产生噪声，从而导致转向系统操作故障。

即使发现微小的破损，也应用新的部件更换。

当按规定的时间间隔作定期检查以及因其他目的将汽车抬起时，都应目测该防尘罩是否有任何损伤和破损。

②检查转向横拉杆端头防尘罩

检查每个防尘罩是否破损。即使发现微小的破损，也应用新的防尘罩更换。

(6)检查转向轴接头。检查转向轴接头是否磨损、断裂和其他损伤，如果有任何损坏迹象应进行更换。

6. 前轮定位维修数据有哪些？

前轮定位维修数据见表6-2。

表 6-2　前轮定位维修数据

前　束	2～5(mm)
前轮外倾角	1°30′
主销后倾角	3°0′
主销内倾角	9°30′

两前轮前后距离的差值(B-A)即为有轮的前束值,如图 6-6 所示。

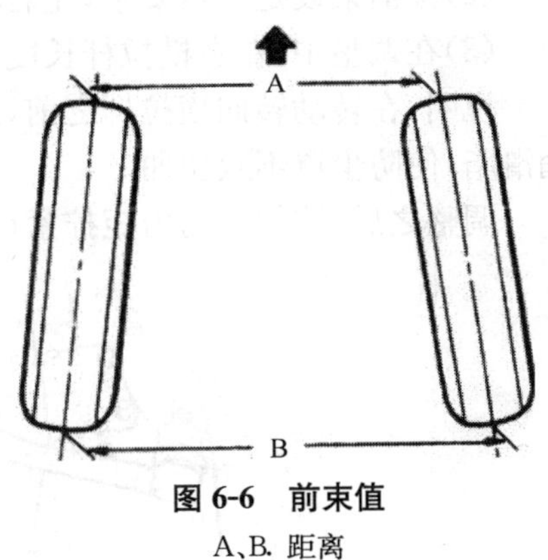

图 6-6　前束值
A、B. 距离

说明:前轮定位应参考前轮之间、前轮悬架附件和地面间的角度关系。通常,对前轮定位的调节仅调整车轮的前束,不能调整外倾角和主销内倾角。因此,当外倾角和主销内倾角不符合技术要求时,应检查车身或者悬架处是否有变形。如果车身或悬架变形损坏,应修理车身或悬架。

7. 前轮定位调节前怎样进行预先检查?

转向和振动故障不总是车轮定位失准的结果。由于磨损或者轮胎不合格等也有可能引起轮胎侧向偏离。

在做前轮定位调节的工作之前,应进行以下检查和检修,以确保定位调整方法的正确性:

(1)检查全部轮胎充气压力是否恰当以及轮胎面的磨损是否大致相同。

(2)检查球头连接是否松动。检查横拉杆端:如果发现松动,必须在调整之前修正。

(3)检查车轮和轮胎是否径向跳动。

(4)检查汽车的平衡高度:如果超标应及时修正,在调整前束之前,必须做好本项工作。

(5)检查摆臂是否松动。

(6)检查稳定杆是否松动或遗漏。

(7)必须考虑附加负载的问题(如工具箱),如果这种附加负载经常在车内配带,那么,在进行定位检查时,应将它保留在车内。

(8)应考虑用来做定位检查的设备状态是否良好,并按照厂家提供的说明书来进行操作。

(9)为了进行设定工作,在考虑用于检查校定设备的情况下,必须使用汽车在前/后横向都处于一个水平位置。

8. 前束如何调整？

前束的调整如图 6-7 所示，通过改变该转向横拉杆长度的方式调整前束。

(1)先拧松右转向和左转向横拉杆端部的紧固螺母。

(2)按前束设定技术要求，左右转动横拉杆(用相同的力矩)。

(3)在调整中，左右横拉杆长度应相等(如图 6-7A 所示)。

说明：在转动转向横拉杆之前，应在转向横拉杆与齿条防尘罩之间施加润滑脂，使防尘罩不致扭曲。

调整之后，按规定的力矩拧紧锁紧螺母。拧紧力矩 45N·m。

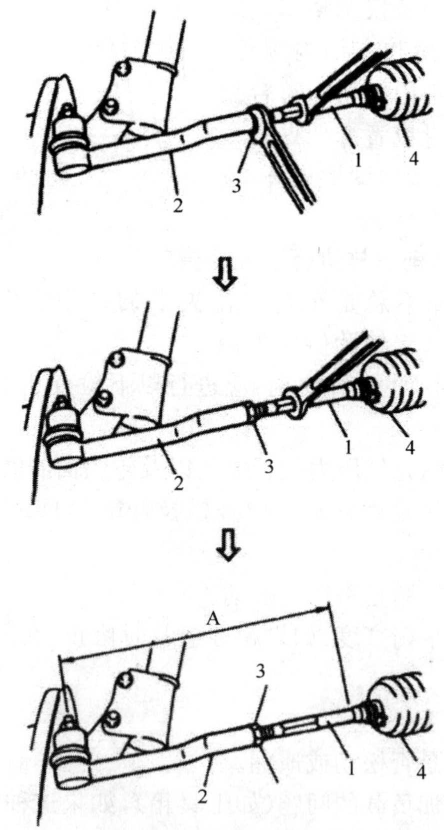

图 6-7 前束的调整

1. 转向横拉杆 2. 转向横拉杆端部 3. 转向横拉杆紧固螺母 4. 齿条防尘罩 A. 左、右转向横拉杆长度

9. 外倾角和主销后倾角如何检查？

通过检查发现外倾角和主销后倾角不符合技术要求，首先应确定原因。如果是因损坏、松动、弯曲、凹陷或悬架部件磨损造成，应将它们更换。如果是因汽车自身原因造成，应修理使之达到技术要求。

为了防止外倾角和主销后倾角的测量数值错误，在检查之前，必须将汽车的前端上下移动若干次。

10. 转向系统常见故障如何诊断与排除？

转向系统常见故障诊断与排除见表 6-3。

表 6-3　转向系统常见故障诊断与排除

现象	原　因	故障诊断与排除
转向系统中的咔嗒噪声	转向器松动	紧固转向器螺母至规定扭矩
	转向横拉杆一端或两端松动	必要时。修理或更换转向拉杆接头座合件
	转向万向节总成松动	必要时，修理或更换转向万向节总成
机械式转向器异响	转向器松动	紧固转向器螺母至规定扭矩
	转向横拉杆一端或两端松动	必要时，修理或更换转向拉杆接头座合件
	转向万向节松动	必要时，修理或更换转向万向节
转向盘自由行程过大或转向过松	转向管柱与转向器之间的接头松动	(1)检查转向管柱与转向器之间的转向万向节 (2)如必要，更换转向管柱与转向器之间的转向万向节
	转向器支架松动	(1)检查转向器支架。 (2)紧固机械转向器安装螺栓至规定的扭矩
	转向拉杆接头座球头松动	(1)检查转向拉杆接头座球头合件 (2)更换转向拉杆接头座合件
	车轮轴承磨损	(1)更换车轮轴承 (2)更换轮毂
转向盘回位不良	转向拉杆球头销卡滞	(1)检查转向拉杆球头销 (2)如必要，更换转向拉杆接头座合件
	前轮定位不正确	(1)检查前轮定位参数 (2)如必要，进行前轮定位检查和调整
	转向器松动	紧固转向器安装螺母至规定的扭矩
	转向中间轴夹紧螺栓扭矩太大	紧固转向传动轴夹紧螺栓至规定的扭矩
	转向管柱卡滞	(1)检查转向管柱调整机构 (2)检查转向管柱支架 (3)如必要，修理或更换转向管柱支架
	轮胎压力不当	充气至规定气压

续表 6-3

现象	原　因	故障诊断与排除
转向过松或转向器构中间隙过大	转向管柱与转向器之间的接头松动、磨损	(1)检查转向管柱与转向器之间的转向万向节紧固扭矩是否正确 (2)如必要,更换转向管柱与转向器之间的转向万向节
	转向器安装支架松动	(1)检查转向器安装支架 (2)紧固转向器安装螺母至规定的扭矩
	转向横拉杆接头座球头松动	(1)检查转向拉杆接头座合件 (2)如必要,更换转向拉杆接头座合件
	车轮轴承磨损	更换轮毂与轴承总成
转向器构摆动或不稳定	前轮定位不准确	(1)检查前轮定位。 (2)如必要,进行前轮定位检查和调整
	前悬架减振弹簧断裂,松弛	(1)检查断裂,松弛的弹簧 (2)更换断裂,松弛的弹簧
	稳定杆松动	(1)检查稳定杆安装螺栓有无松动 (2)紧固横向稳定杆螺母至规定扭矩
	减振器磨损	(1)检查减振器是否损坏或失效 (2)如必要,更换减振器
	轮胎磨损不均匀,定位不正确	(1)检查、修理轮胎 (2)如必要,更换轮胎 (3)检查前轮定位 (4)如必要,进行前轮定位检查调整
制动时方向跑偏	外倾角不正确	进行车轮定位的检查
	控制臂松动	(1)检查控制臂 (2)如必要,更换控制臂
	制动盘翘曲	如必要,更换制动盘
	弹簧断裂,松弛	(1)检查弹簧 (2)如必要,更换弹簧
	车轮轴承磨损	(1)更换车轮轴承 (2)如必要,更换轮毂
	车轮轴承磨损	(1)更换车轮轴承 (2)更换轮毂
	左右制动力不等	(1)调整左右制动间隙 (2)如必要,更换左右制动块并调整制动间隙

续表 6-3

现象	原　因	故障诊断与排除
制动时方向跑偏	转向器松动	(1)检查转向器安装是否正确 (2)紧固转向器安装螺母至规定的扭矩
	转向横拉杆接头座球头松动	(1)检查转向横拉杆接头座球头合件 (2)更换转向拉杆接头座合件
	转向万向节松动	(1)检查转向万向节 (2)如必要,更换转向万向节
转向柱松动	转向柱安装螺栓松动	紧固转向柱安装螺栓至规定的力矩
	转向管柱总成支承松动或损坏	(1)检查转向柱支承总成 (2)如必要,修理或更换转向柱支承总成
转向盘松动	转向盘安装螺母松动	(1)检查转向盘的安装 (2)重新紧固转向盘的安装螺母
	转向盘损坏	(1)检查转向盘 (2)更换转向盘
	转向中间轴磨损或损坏	(1)检查转向中间轴 (2)更换转向中间轴

第七章　制动系统的使用与维修

第一节　常规制动系统的维修

1. 常规制动系统由哪些部件组成？

常规制动系统主要由前制动器总成、四通阀Ⅰ、制动总泵、真空助力器、制动踏板总成、感载比例阀总成、后制动总成等组成，结构如图7-1～图7-4所示。

说明：未装配ABS防抱死系统的汽车安装有感载比例阀(LSPV)。

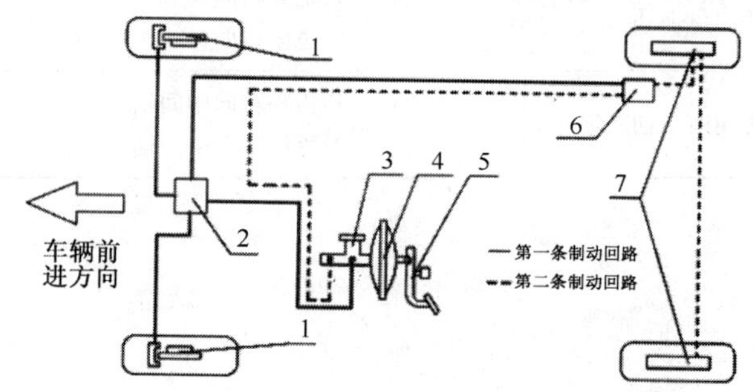

图7-1　常规制动系统的布置

1. 前制动器总成　2. 四通阀Ⅰ　3. 制动总泵　4. 真空助力器　5. 制动踏板总成　6. 感载比例阀总成　7. 后制动总成

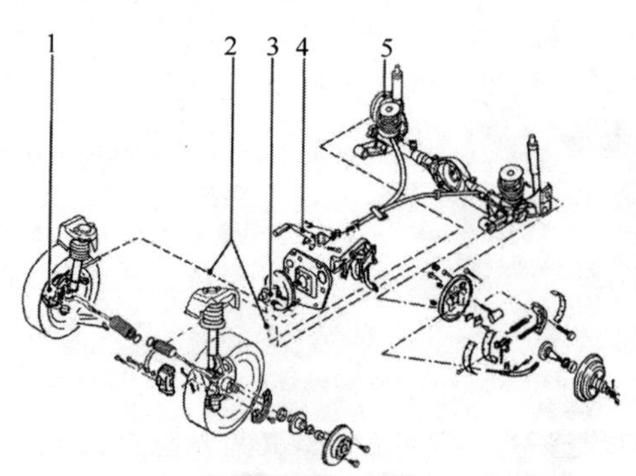

图7-2　常规制动系统的结构

1. 盘式制动器　2. 制动油管　3. 制动总泵　4. 驻车制动器　5. 鼓式制动器

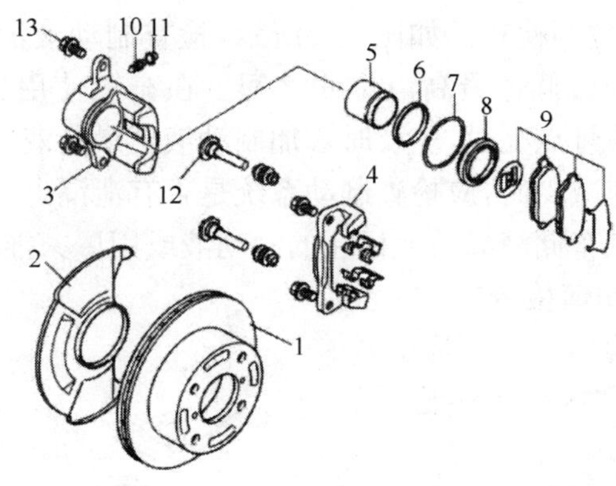

图 7-3 盘式制动器

1. 制动盘 2. 防尘罩 3. 制动钳体 4. 制动钳支架 5. 活塞 6. 密封圈 7. 卡环 8. 防尘胶圈 9. 制动衬块组件 10. 放气螺钉 11. 放气螺钉盖 12. 导向销 13. 导向销螺栓

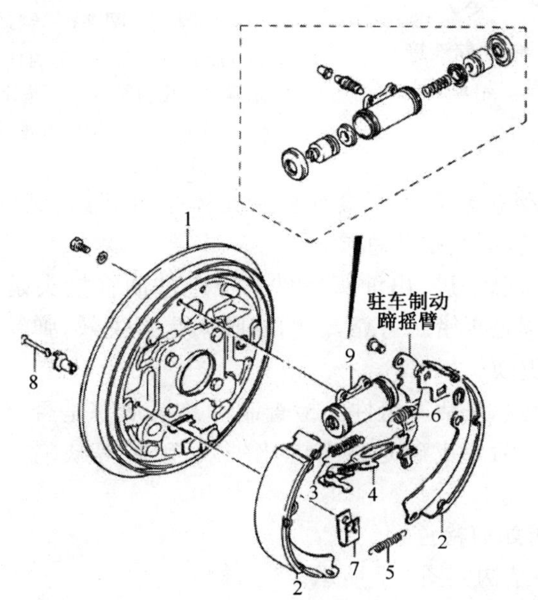

图 7-4 鼓式制动器

1. 制动器衬板 2. 制动蹄 3. 复位弹簧(A) 4. 支板 5. 复位弹簧(B) 6. 支板弹簧 7. 制动蹄压紧弹簧 8. 制动蹄固定销 9. 制动轮缸

2. 制动储液罐及制动液液位如何检查?

(1)制动储液罐的检查。检查制动储液罐是否渗漏、老化变形,储液罐盖是否损坏,盖合不严,制动液软胶管是否损坏,卡箍是否有效,卡箍是否有效,如有不良情况,应予以更换。

(2)制动液液位的检查。如图 7-5 所示,检查制动液液位。制动液液位应在储液罐标注的最低也最高液位线之间。在车辆使用过程中,如果当制动液液位制动警告灯点亮时,应及时添加制动液至最高液位线。

当制动液快速减少时,应检查制动系统是否有泄漏。

一定要使用汽车储液罐盖上标注的制动液或用厂家推荐的制动液。

3. 制动总泵如何检查?

制动总泵结构如图 7-6 所示。

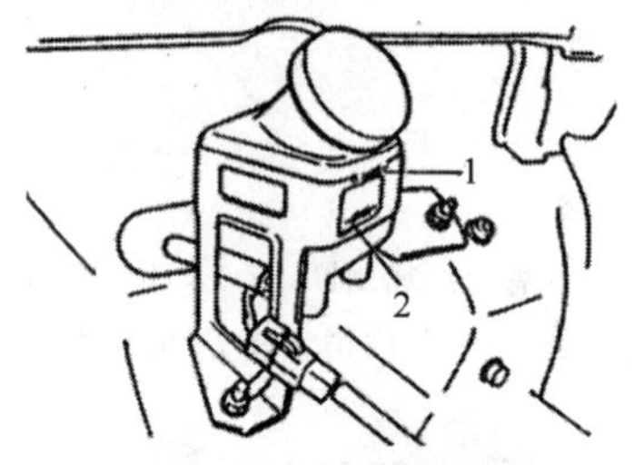

图 7-5 制动储液罐

1. 最后液位线 2. 最低液位线

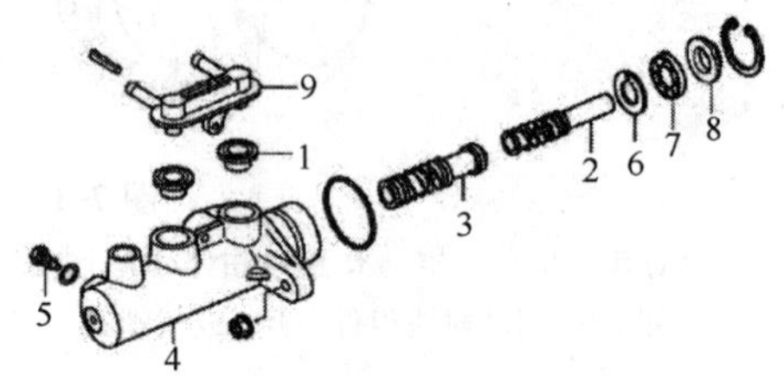

图 7-6 制动总泵

1. 密封胶套 2. 第一活塞组件 3. 第二活塞组件 4. 泵体 5. 限位螺栓 6. 垫片 7. 皮碗 8. 限位套 9. 管接嘴

(1)检查制动总泵壳体。检查总泵壳体是否磨蚀、擦伤或有裂纹等缺陷,如有不良情况,更换制动总泵。

(2)检查制动总泵进、出油管组件。检查进油管接头是否老化、开裂或漏油,O 形密封圈是否密封可靠,出油橡胶阀是否失效,弹簧是否变软,如有不良情况,应予更换。

(3)检查制动总泵活塞组件。检查制动总泵活塞是否严重磨损,回位弹簧弹力是否下降,活塞皮碗是否有老化失效、破裂等缺陷。如有不良情况,应更换。

4. 制动分泵如何检查?

制动分泵的结构如图 7-7 所示。

(1)检查制动分泵壳体。检查制动分泵壳体和缸孔是否腐蚀、擦伤或有裂纹等缺陷,如有不良情况,应予以更换。

(2)检查皮碗及防尘罩。检查皮碗及防尘罩有无破损、老化变形、严重磨损等缺陷,如有不良情况,应予更换,若制动分泵漏油,也应更换皮碗。

(3)检查活塞回位弹簧。检查活塞回位弹簧是否有弹力下降、变形、折断等缺陷,如有,应更换。

5. 盘式制动器如何检查?

(1)如图 7-8 所示,检查钳体、导套防尘罩、联接套、短导套和消声片等应

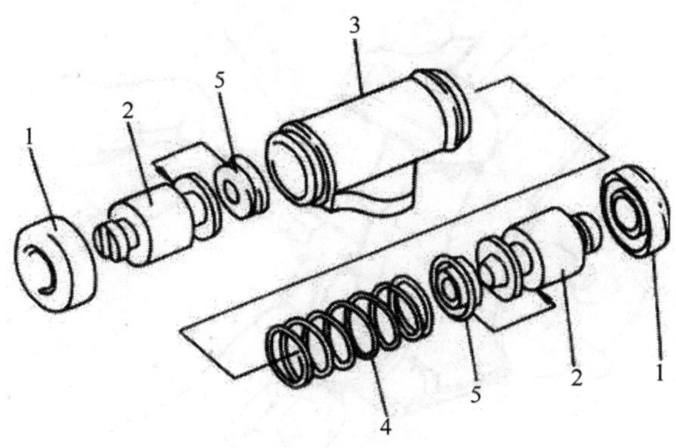

图 7-7　制动分泵的检查

1. 防尘罩　2. 活塞　3. 制动分泵壳体　4. 回位弹簧　5. 皮碗

无不均匀磨损、变形、裂损，否则应更换。

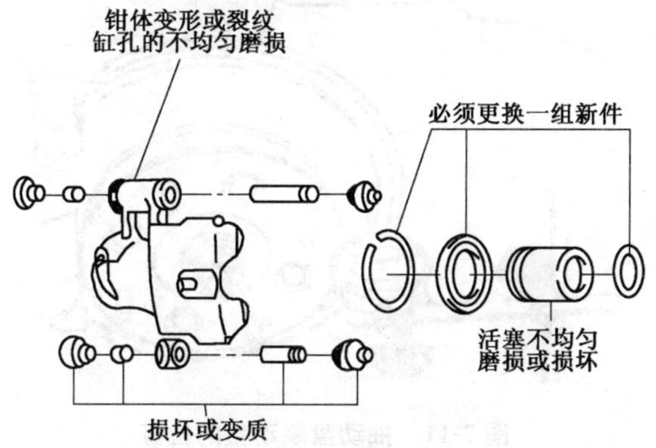

图 7-8　制动钳组件检查

(2)检查制动块摩擦片的厚度，如图 7-9 所示，制动块厚度（摩擦块加衬板）标准值为 15.0mm，极限值为 6.5mm。如果超过极限值，则应更换新件。

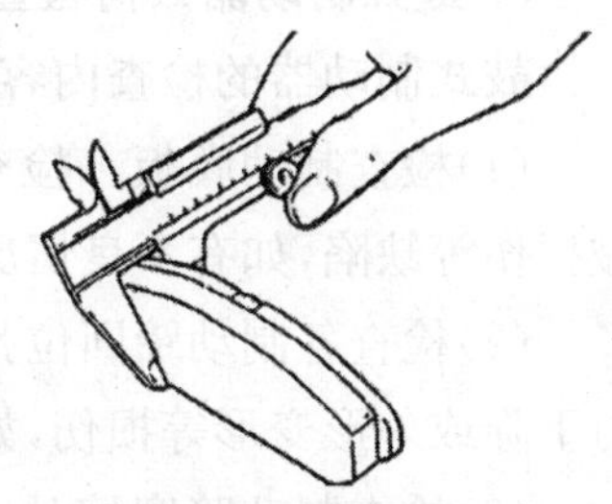

图 7-9　检查制动块摩擦片厚度

(3)检查制动盘的厚度，如图 7-10 所示，制动盘厚度的标准值为 12mm，极限值为 10mm。如果超过极限值，应更换新件。

(4)检查制动盘的跳动量。如图 7-11 所示，旋转制动盘，用千分表在它的外缘与中心上测量两处位置。制动盘跳动量极限值为 0.15mm。制动盘跳动量如果超过极限值，应更换新件。

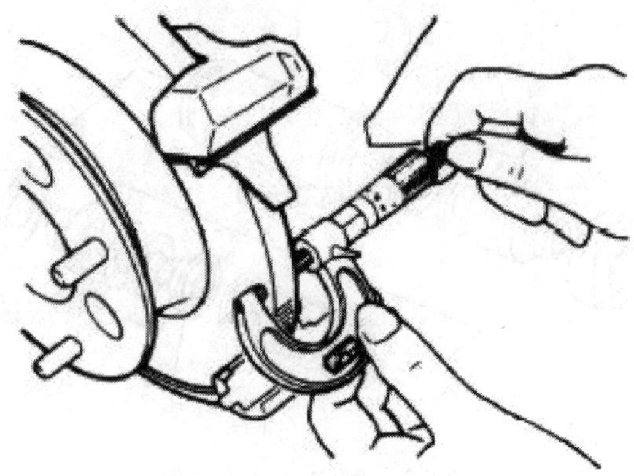

图 7-10 测量制动盘厚度

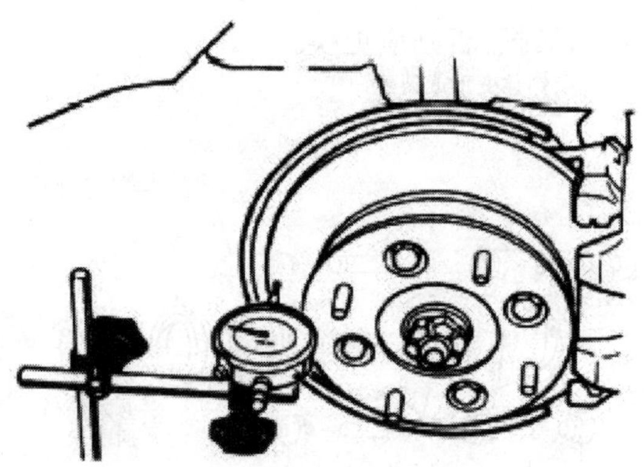

图 7-11 抽动盘跳动量的检查

6. 鼓式制动器如何检查?

鼓式制动器的检查内容如图 7-12 所示。

(1)检查制动底板。检查制动底板是否变形,或制动蹄接触面磨损、机械损伤等缺陷,如有不良情况,应更换或修复制动底板。

(2)检查各制动蹄回位弹簧。检查制动蹄回位弹簧是否有塑性变形、弹力下降或外形变形等损伤,如有不良情况,应更换回位弹簧。

(3)检查制动蹄摩擦片。检查制动蹄摩擦片表面有无龟裂、严重磨损,制动蹄变形或裂纹等缺陷,如有,应更换制动蹄摩擦片总成。

若制动蹄摩擦片的厚度小于使用极限值时,应予更换。

(4)检查制动鼓。清洁制动鼓表面,检查是否有裂纹,制动鼓摩擦表面是否擦伤或有深槽痕。如图 7-13 所示,通过测量制动鼓内径,检查其制动表

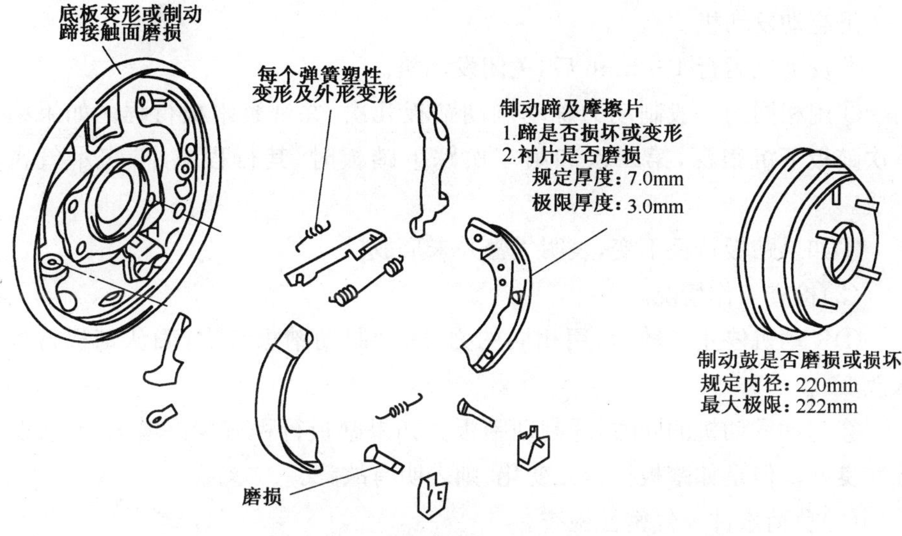

图 7-12　鼓式制动器的检查内容

面是否磨损。如有裂纹或严重磨损，应更换。

7. 驻车制动装置如何检查？

(1)检查制动拉索。清洁制动拉索表面，检查拉索外层有无破裂，拉索接头是否损坏，芯线钢丝有无折断，如有缺陷，应更换拉索总成。

(2)检查驻车制动装置。检查驻车制动手柄锁止齿板与棘爪是否变形或损坏，锁止是否可靠，放松是否灵活。如有缺陷，应更换制动手柄总成。

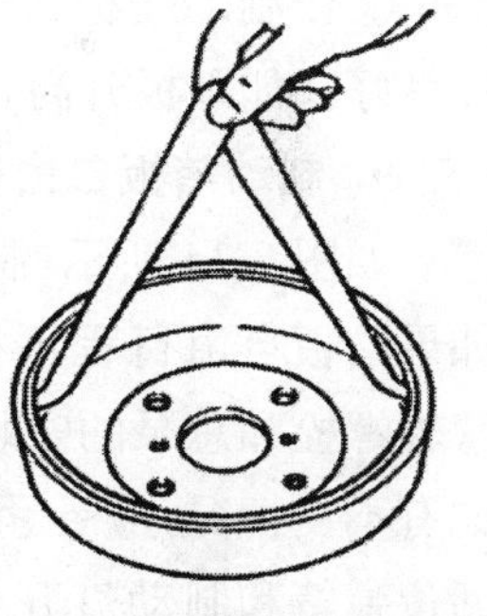

(3)检查制动手柄套。检查制动手柄套是否破裂或损伤、松脱，如有不良情况，应更换制动手柄套，并装配稳固可靠。

图 7-13　测量制动鼓内径

(4)检查制动手柄按钮。拉起制动手柄时，手柄锁止应可靠；放松驻车制动时，按下制动手柄按钮应解除锁止，制动手柄回位正常。否则，应调整制动手柄按钮或制动系。

(5)检查制动拉索回位弹簧。检查制动拉索回位弹簧挂钩是否正确，弹簧弹力有无下降，弹簧是否被折断或变形。如有缺陷，应予更换。

8. 真空助力器工作情况如何检查？

说明：检查时，应确保液压管路内无空气。

(1)检查气密性。

①起动发动机。

②发动机运行1～2min后,关闭发动机。

③用相同的一般制动力踩动制动踏板几次,并观察踏板行程。如果第一次踏板下沉很深,第二次和第三次踩下踏板时,其行程减小,表示气密形成。

④如果踏板行程不变,表明气密并未形成。

(2)检查工作情况。

①发动机停止运转后,用相同的力,踩动制动踏板几次,确认踏板行程未改变。

②起动发动机的同时,踩制动踏板。如果踏板行程有少许增大,则表明操作良好。但是如踏板行程无变化,则表明有故障。

(3)负荷条件下气密性检查。

①在发动机运转的同时,踩动制动踏板,然后让发动机停止运转而制动踏板仍保持踩下状态。

②让制动踏板保持踩下状态30s,如果踏板高度不发生变化,则表明条件良好。如踩板升高,则表明有问题。

9. 制动踏板自由行程如何调整?

如图7-14所示,制动踏板自由行程为1～8mm;如果踏板自由行程不符合此规定值时,应检查踏板臂轴螺栓和总泵的安装是否松动,或部件过度磨损,如有不良情况,应予紧固或更换,同时还应检查踏板回位弹簧和制动灯开关总成是否装配正确,必要时作适当调整。

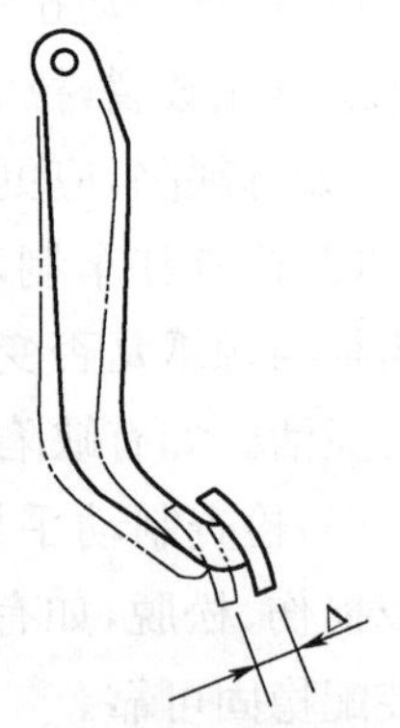

图7-14 踏板自由行程

10. 制动踏板自由高度如何调整?

用约300N的力踏住制动踏板,制动踏板到车前围板内壁的距离应在45mm以上,如图7-15所示,如果此距离小于34mm,则应检查制动管路中是否存在空气或制动器摩擦片已严重磨损。

如果制动踏板自由高度不符合技术要求,可进行如下调整:

(1)如图7-16所示,检查并调整真实助力器安装表面和U形销孔中心之间的距离,规定长度为115±0.5mm,螺母a拧紧力矩为25N·m。重新安装拉杆U形销时，也应注意调节该距离。

(2)检查制动灯开关位置，如不符合技术要求，应进行调整。

11. 制动灯开关总成与踏板臂间隙如何调整？

制动灯开关总成与踏板臂间隙为1.5～2.0mm，如图7-17中的a，若此间隙不符合规定值，应进行调整。调整时，先拧松制动灯开关总成调整螺母，把间隙a调整到规定值，再拧紧调整螺母。调整螺母拧紧力矩为7.5N·m。

12. 驻车制动手柄行程如何调整？

握住制动手柄中央处，以约200N的力慢慢地向上拉起驻车制动手柄直至制动器被完全制动，其行程为4～7齿。若驻车制动手柄不符合规定的行程，则应调整制动拉索长度，如图7-18所示。

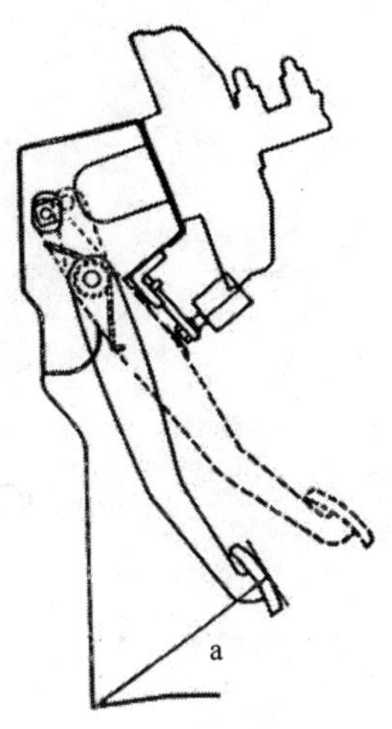

图7-15　制动踏板自由高度

a. 制动踏板到车前围板内壁的距离

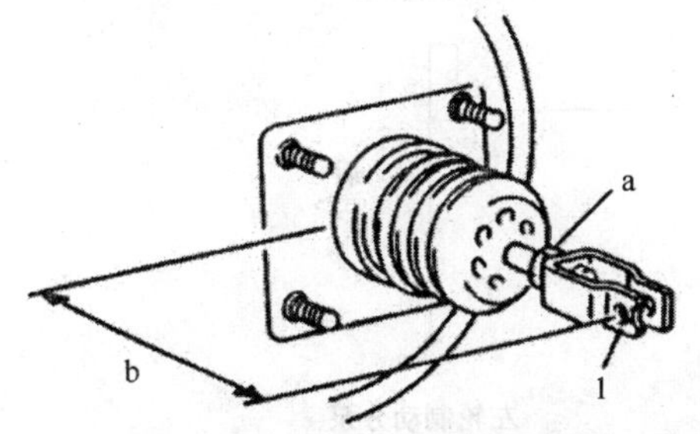

图7-16　检查并调整真实助力器安装表面和U形销孔中心之间的距离

1. 拉杆U形销　a. 螺母　b. 距离

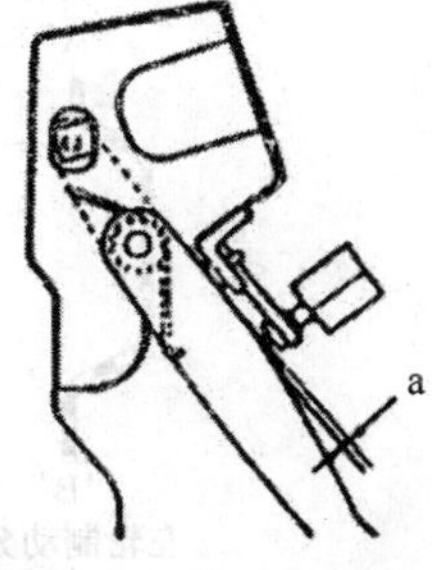

图7-17　制动灯开关总成间隙

a. 调整间隙(1.5～2.0mm)

13. 怎样对制动系统进行排气？

若制动系统管路进入空气，应对制动系统管路进行排气。制动管路的排气方法是：

(1)制动管路的排气原则。制动管路的排气顺序如图7-19所示，先排距制动总泵距离最远的左轮制动分泵“C”，再分别排左、右制动分泵“A”和“B”。

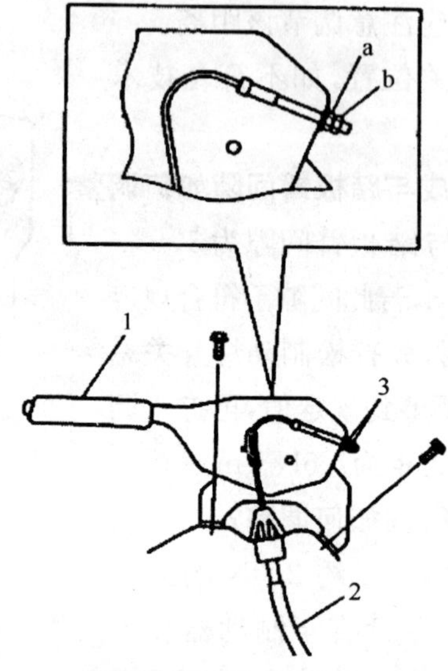

图 7-18 制动拉索的调整

1. 驻车制动手柄 2. 制动器拉索 3. 调整螺母 a. 调整螺母 b. 锁紧螺母

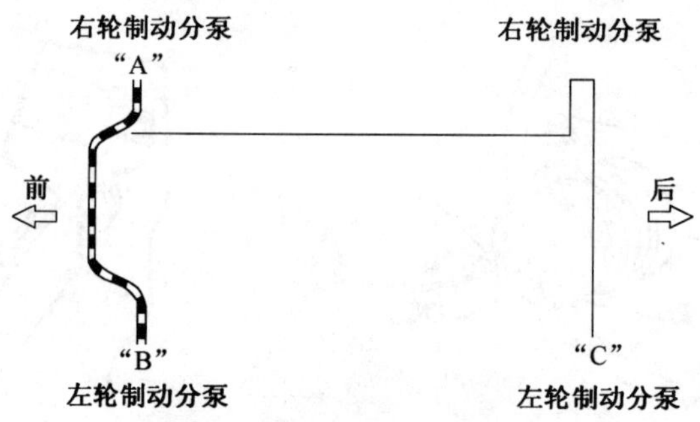

图 7-19 制动管路排气顺序

(2)向制动总泵的储液罐加注制动液,并保证排气过程中制动液量不得少于储液罐半满状态("MIN"刻线以上)。

(3)拆下放气螺塞帽,把透明导液管接到制动分泵的放气螺塞上,导液管的另一端插入容器中,如图 7-20 所示。

(4)踩动几次制动踏板,使总泵和储液罐中的制动液部分进入制动管路,然后踩住踏板,拧松放气螺塞约 1/3~1/2 圈,如图 7-21 所示。

(5)反复踩动制动踏板,直到透明导液管流出的制动液无任何气泡为止,然后踩住踏板,拧紧制动分泵的放气螺塞,如图 7-22 所示。

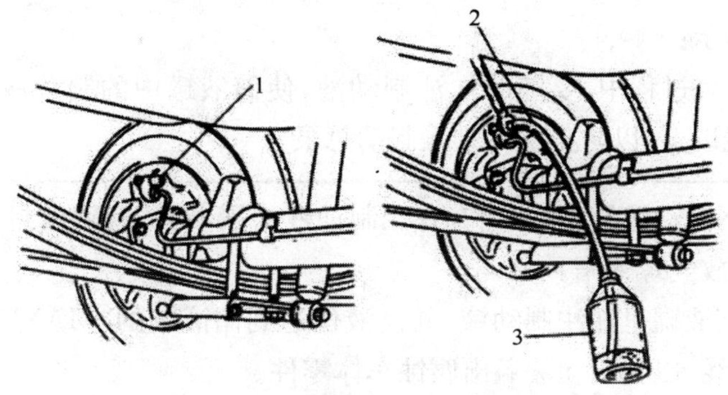

图 7-20　接制动分泵排气导液管

1. 制动分泵放气螺塞帽　2. 透明导液管 3. 容器

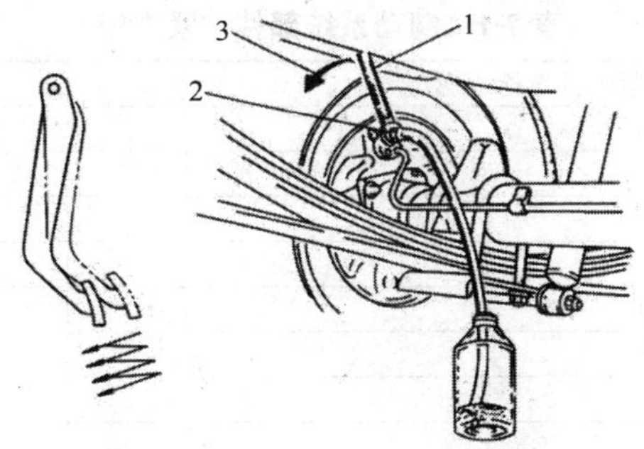

图 7-21　进行制动系放气

1. 开口扳手　2. 分泵放气螺塞　3. 旋松方向

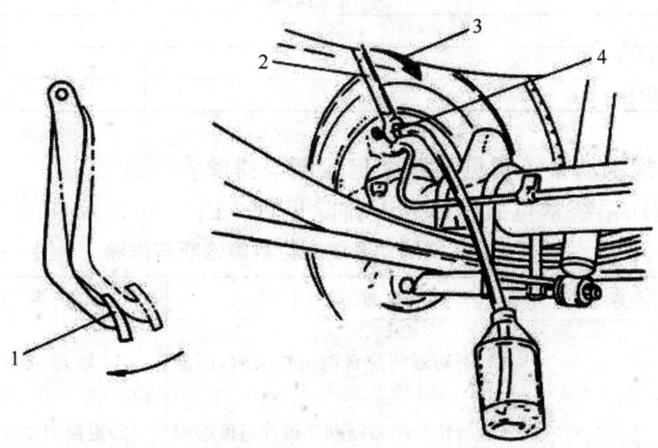

图 7-22　在踏板踩下时拧紧放气螺塞

1. 制动踏处于踩住状态　2. 开口扳手　3. 拧紧方向　4. 分泵放气螺塞

维修提示：

◆在排气过程中，要随时加注制动液，使储液罐中的制动液量保持在"MIN"刻线以上，以防止空气进入制动总泵。

(6)取下制动液导液管，检查有无制动液渗漏，确认管路密封良好后，装回制动分泵放气螺塞帽。

(7)向储液罐里加注制动液，并使液位达到储液罐的"MAX"刻线；但不宜超过该刻线，以免制动液溢出腐蚀车体零件。

14. 制动系统部件拧紧力矩是多少？

制动系统部件拧紧力矩见表7-1。

表7-1 制动系统部件拧紧力矩

紧固件螺栓或螺母		拧紧力矩(N·m)
制动钳托架螺栓		95
制动钳销螺栓		85
前制动器软管接头螺栓		16
后制动器螺栓		23
总泵螺母或助力器螺母		13
制动器助力器推杆螺母		25
制动管4通接头螺母		11
制动油管螺母		16
制动踏板支架螺栓和螺母		25
制动器放气螺钉	前制动器	11
	后制动器	8
车轮螺母		85
车轮制动泵螺栓		12
停车制动杆螺栓		20

15. 常规制动系统常见故障如何诊断与排除？

常规制动系统常见故障诊断及排除见表7-2。

表7-2 常规制动系统常见故障诊断与排除

故障现象	可能原因	排除方法
制动不灵，踏板行程过大	(1)制动器间隙自调构构失效，间隙过大 (2)后轮制动器制动摩擦片过度磨损 (3)踏板自由行程过大 (4)制动蹄变曲变形 (5)液压系统中有空气	(1)修理或更换自调机构零件 (2)更换制动蹄摩擦片 (3)调整踏板自由行程 (4)更换制动蹄 (5)排出系统中的空气

续表 7-2

故障现象	可能原因	排除方法
以恒定的力踩踏板，踏板碰到地板	(1)液压系统泄漏 (2)液压系统中有气体 (3)使用非标准牌号的制动液 (4)制动主缸活塞皮圈过度磨损或刮伤 (5)制动主缸缸筒过度磨损或被腐蚀	(1)查找泄漏部位，修理或更换零件 (2)排除系统中的空气 (3)加注标准牌号的制动液 (4)更换制动主缸皮圈 (5)更换制动主缸
第一次制动踏板碰地板，继续踩则正常	制动钳导向套上有污垢或被腐蚀	清除污垢或更换导向套
制动踏板过硬，并可能伴随制动衰退现象	(1)真空助力器供能软管松脱或漏气 (2)制动衬块或蹄片不符合规定或质量差 (3)制动蹄弯曲或扭曲 (4)制动钳粘连或卡住 (5)制动蹄卡在制底动板上 (6)制动主缸活塞粘结或卡在缸筒内 (7)制动轮缸活塞粘结或卡在缸筒内 (8)真空助力器内部卡住 (9)制动主缸旁通孔被堵塞 (10)制动软管、油管或接头阻塞 (11)制动液被不合适的油类沾污 (12)发动机真空度低	(1)紧固连接处或更换软管 (2)更换制动衬块或制动蹄片 (3)更换制动蹄 (4)清洁导向套并润滑 (5)清理支承凸台并润滑或更换底板 (6)修理或更换零件 (7)修复或更换零件 (8)修理或更换真空助力器 (9)疏通旁通孔 (10)疏通或更换零件 (11)更换橡胶件并清洗液压系统 (12)调整或修理发动机
制动器发咬	(1)制动踏板无自由行程 (2)驻车制动器拉线调整不当或卡住 (3)制动蹄片不合适或蹄片松脱 (4)制动钳固定螺栓松动 (5)制动蹄卡在制动底板上 (6)制动底板松动 (7)制动踏板卡在销轴上	(1)调整踏板自由行程 (2)调整拉线或更换拉线 (3)更换制动蹄 (4)紧固螺栓 (5)清理支承凸台并润滑或更换底板 (6)紧固固定螺栓 (7)松开并加润滑脂

续表 7-2

故障现象	可能原因	排除方法
制动器发咬	(8)真空助力器内部卡住 (9)制动蹄回位弹簧过软、松脱或折断 (10)制动器间隙自调机构失效 (11)制动钳、主缸或轮缸活塞粘结卡住 (12)制动主缸旁通孔堵塞	(8)修理或更换真空助力器 (9)更换回位弹簧 (10)调整或更换自调机构 (11)修理或更换零件 (12)疏通旁通孔
制动时跑偏	(1)左右轮胎气压不一致 (2)轮毂轴承磨损或损坏 (3)一边制动衬块或蹄片被沾污 (4)一边制动蹄弯曲变形 (5)一边制动底板变形或松动 (6)一边制动钳固定螺栓松动 (7)一边制动钳活塞粘结或卡住 (8)悬架部件安装或固定件的螺栓松动	(1)调整轮胎气压 (2)更换轮毂轴承 (3)清理制动衬块或蹄片 (4)更换制动蹄 (5)紧固或更换制动底板 (6)紧固固定螺栓 (7)修理或更换制动钳 (8)紧固螺栓,更换悬架零部件
制动时抖动或震颤	(1)制动蹄变形、弯曲 (2)制动钳固定螺栓松动 (3)制动鼓失圆 (4)制动盘端面跳动过大 (5)制动盘磨损过大,厚度过小	(1)更换制动蹄 (2)紧固螺栓 (3)更换制动鼓 (4)修磨或更换制动盘 (5)更换制动盘
制动噪声	(1)制动蹄弯曲变形 (2)制动盘表面有铁锈 (3)制动衬块被压裂或松动 (4)制动衬块被压裂 (5)制动底板支承凸台不平或缺润滑脂 (6)制动盘或鼓破裂、磨出沟槽或刮伤	(1)更换制动蹄 (2)去掉铁锈 (3)更换制动衬块或制动蹄片 (4)更换制动衬块 (5)润滑支承凸台 (6)更换制动盘或制动鼓

第二节　ABS 防抱死制动系统

16. ABS 系统由哪些部件组成？

如图 7-23 所示，ABS 系统主要由电子液压控制单元(ECU)、轮速传感器、液压电机等组成。ECU 通过 4 个车轮轮速传感器传来的信号，计算每个车轮的速度及加减速度，判断车轮滑动状态由此驱动电磁阀及电机，控制液压制动管路增压、减压和维持状态等。

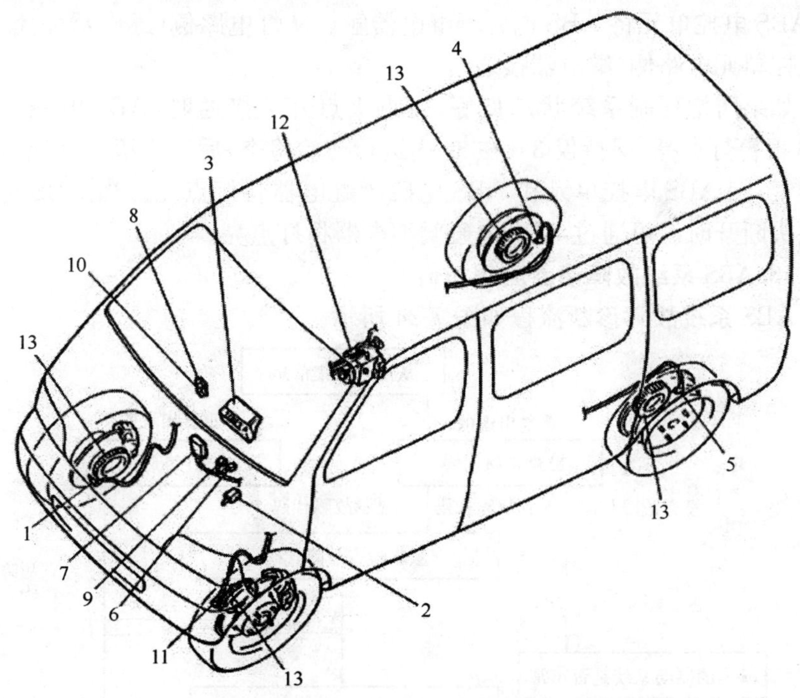

图 7-23　ABS 系统的组成

1、4、5、11. 车轮转速传感器　2. 制动灯开关　3. 组合仪表上的 ABS 警告灯　6. 二极管　7. ABS 电控单元　8. ABS 电磁阀继电器　9. 故障诊断座　10. ABS 泵电机继电器　12. ABS 液控单元　13. 车轮转速传感器转子(齿圈)

17. ABS 系统主要零部件功能如何？

(1)车轮转速传感器：感知每个车轮的转速并将信号送达 ABS 电控单元。

(2)ABS 电控单元：根据每个车轮转速传感器信号将操作信号送到 ABS 电控单元。并对每个车轮制动分泵进行液压控制，从而防止车轮抱死。

(3)ABS液控单元:根据ABS电控单元的指令进行操作,并控制每一车轮分泵的液压。

(4)电磁阀继电器:在ABS电控单元中,电磁阀继电器向电磁阀提供动力。

(5)泵电机继电器:在ABS电控单元中,泵电机继电器向泵电机提供动力。

(6)ABS警告灯:当系统运行错误时,ABS警告灯闪亮。ABS报警灯的动作(开/关)由ABS电控单元和ABS电磁阀继电器控制。当点火开关接通时,ABS电控单元将ABS电磁阀继电器触点从灯电路侧(继电器关闭)转换到电控单元电路侧(继电器接通)。

如果防抱死制系统状态良好,在点火点开关接通时,ABS电控单元将ABS报警灯点亮,保持仅3s(在3s内进行初始检查)后又熄灭。如果发现系统异常,则ABS电控单元和ABS电磁阀继电器将灯点亮。当ABS电控单元接头断开时。可通过ABS电磁阀继电器将灯点亮。

18. ABS系统故障诊断流程如何?

ABS系统故障诊断流程如图7-24所示。

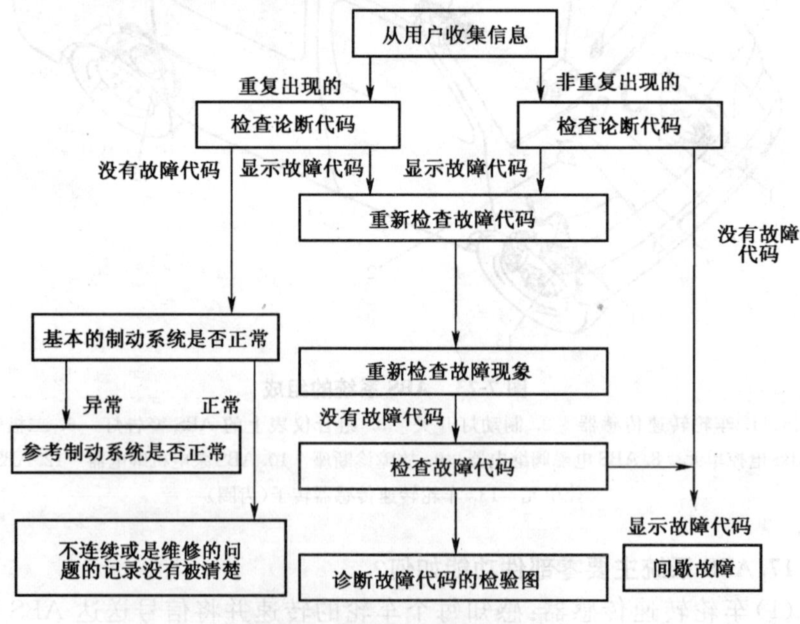

图7-24　ABS系统故障诊断流程

19. ABS系统故障码有哪些?

ABS系统故障码表见表7-3。

表 7-3　ABS 系统故障码表

<table>
<tr><th rowspan="2">诊断仪的数据传输代码</th><th rowspan="2">故障位置</th><th rowspan="2">故障原因</th><th rowspan="2">故障发生条件</th><th colspan="5">故障分析</th></tr>
<tr><th>A</th><th>B</th><th>C</th><th>D</th><th>E</th></tr>
<tr><td>FL:C1 200</td><td rowspan="12">传感器（布线、线束、齿圈、ECU）</td><td rowspan="4">搭铁短路、蓄电池短路、断路</td><td rowspan="4">车轮速度小于 7km/h，传感器的失调电压在允许的范围（2.15～3.5V）之外。
如果这种条件持续时间大于 140ms。</td><td>+3)</td><td>+3)</td><td>+4)</td><td>+3)</td><td>+3)</td></tr>
<tr><td>FR:C1 203</td><td>+3)</td><td>+3)</td><td>+4)</td><td>+3)</td><td>+3)</td></tr>
<tr><td>RL:C1 206</td><td>+3)</td><td>+3)</td><td>+4)</td><td>+3)</td><td>+3)</td></tr>
<tr><td>RR:C1 209</td><td>+3)</td><td>+3)</td><td>+4)</td><td>+3)</td><td>+3)</td></tr>
<tr><td>FL:C1 201</td><td rowspan="4">速度突增</td><td rowspan="4">在每个车轮速度超过 2km/h 时，进行检测。
1. 控制器统计车轮加速度为 100g 的次数，当一个车轮加速度为 100g 的次数超过 56 次，或两个以上车轮加速度为 100g 的次数超过 5 次。
2. 控制器统计车轮加速度为 40g 的次数，当一个车轮加速度为 40g 的次数超过 126 次，或两个以上车轮加速度为 40g 的次数超过 5 次。
3. 控制器统计车轮减速度为－100g 的次数，当一个车轮减速度为－100g 的次数超过 56 次。
4. 控制器开始监控－100g 的车轮减速度并把车轮速度与下一循环的汽车速度相比较，当这个减速（－100g）持续时间超过 140ms。
5. 当每个车轮加速度为 100g 的次数超过 5 次，或每个车轮加速度为 40g 的次数超过 20 次时，同时也监测到轮速传感器有故障。</td><td>—</td><td>+3)</td><td>+4)</td><td>+3)</td><td>+3)</td></tr>
<tr><td>FR:C1 204</td><td>—</td><td>+3)</td><td>+4)</td><td>+3)</td><td>+3)</td></tr>
<tr><td>RL:C1 207</td><td>—</td><td>+3)</td><td>+4)</td><td>+3)</td><td>+3)</td></tr>
<tr><td>RR:C1 210</td><td>—</td><td>+3)</td><td>+4)</td><td>+3)</td><td>+3)</td></tr>
<tr><td>FL:C1 202</td><td rowspan="4">气隙过大</td><td rowspan="4">当最小速度从 2km/h 上升到 10km/h 时间内进行这个监控。
1. 在加速度小于 0.4g 的情况下，当最小车轮速度为 2km/h，而其他车轮速度超过 10km/h 时，控制器开始把其他 3 个车轮的速度进行比较，如果车轮的速度差低于 4km/h，并持续 140ms。此外 3 个车轮的速度差超过 4km/h 或加速度大于 0.4g 持续 2min。
2. 在加速度小于 0.4g 的情况下，两个以上车轮速度为 2km/h，而最大车轮速度超过 10km/h，这种情况持续 20s。此外，加速度大于 0.4g 持续 2min。</td><td>—</td><td>+3)</td><td>—</td><td>+3)</td><td>+3)</td></tr>
<tr><td>FR:C1 205</td><td>—</td><td>+3)</td><td>—</td><td>+3)</td><td>+3)</td></tr>
<tr><td>RL:C1 208</td><td>—</td><td>+3)</td><td>—</td><td>+3)</td><td>+3)</td></tr>
<tr><td>RR:C1 211</td><td>—</td><td>+3)</td><td>—</td><td>+3)</td><td>+3)</td></tr>
</table>

续表 7-3

诊断仪的数据传输代码	故障位置	故障原因	故障发生条件	故障分析 A	B	C	D	E
FL:C1 201	传感器(布线、线束、齿圈、ECU)	齿圈故障	1. 最大车轮速度为 20km/h 和车轮速度为最大车轮速度的 40%。如果这种情况持续 2min。 2. 最大车轮速度为 40km/h 和车轮速度为最大车轮速度的 40%。如果这种情况持续 2min。	—	+3)	+4)	+3)	+3)
FR:C1 204				—	+3)	+4)	+3)	+3)
RL:C1 207				—	+3)	+4)	+3)	+3)
RR:C1 210				—	+3)	+4)	+3)	+3)
FL:C1 202		长期的 ABS 模式	1. 在 ABS 控制循环过程中,如果车轮速度为 2km/h 并持续超过 12s。 2. 如果 ABS 控制循环持续超过 16s。	—	—	+4)	—	—
FR:C1 205				—	—	+4)	—	—
RL:C1 208				—	—	+4)	—	—
RR:C1 211				—	—	+4)	—	—
C2 112	阀继电器(ECU,布线、线束)	断路	当阀继电器接通时,阀继电器的基准电压超出允许的范围之外,并且这种状态持续 56ms。	+1)	+1)	+1)	+1)	—
		短路	当阀继电器断开时,阀继电器的基准电压超出标准值,并且这种状态持续 56ms。	+1)	—	—	—	+1)
C1 604	电磁阀(ECU、布线、线束)	断路,短路,漏电	1. 当阀继电器断开时,电磁阀驱动 MOSFET 的排液电压超过标准,并且这种状态超过 56ms。 2. 当阀继电器接通,电磁阀断开时,电磁阀驱动 MOSFET 的排液电压低于标准,并且这种状态超过 56ms。 3. 当阀继电器接通、电磁阀打开时,电磁阀驱动 MOSFET 的排液电压低于标准,并且这种状态超过 56ms。	+1)	+1)	+1)	+1)	+1)
C2 402	电机继电器电机(ECU,布线,线束)	电机继电器或熔断丝断路,电机搭铁短路	当电机继电器接通时,电机的基准电压低于标准,并且这种状态持续 49ms。	—	+2)	+6)	+2)	—
		电机锁定	控制器从电机继电器断开开始监控电机电压达 84ms。如果在电机电压超过标准达 49ms,那么电机重新超动 500ms 后,重新进行上面的检查,最多不超过两次,在第二次检查中,当电机电压超过标准达 49ms 时,控制器识别故障。	—	+2)	—	+2)	—

续表 7-3

诊断仪的数据传输代码	故障位置	故障原因	故障发生条件	故障分析 A	B	C	D	E
C2 402	电机继电器电机（ECU，布线，线束）	电机与蓄电池短路	控制器从电机继电器断开起 1.8s 后开始监控电机。如果电机电压超过标准持续 20ms。	+2)	+2)	—	+2)	+2)
		电机断路	控制器从电机继电器断开时间起 1.8s 后开始监控电机。如果电机电压在允许的范围之处达 200ms。	+2)	+2)	—	+2)	+2)
C1 102	电源	低压	1. 当点火电压小于 9.4V 持续 500ms。 2. 如果电压超过 9.6 持续 500ms，控制器恢复到正常状态。 3. 在 ABS 控制或停止过程中，监测到的电压为 8.4V，而恢复后的电压为 8.6V	+5)	+5)	+5)	+5)	+5)
			4. 当点火电压小于 7.2V 持续 28ms。 5. 当点火电压超过 7.5V 持续 28ms，控制器恢复到正常状态 1。	+1)	+1)	+1)	+1)	+1)
C1 101		过压	1. 当点火电压大于 17V 持续 500ms 时。 2. 当点火电压大于 19V 持续 49ms。 3. 如果电压恢复到正常工作范围，控制器复位。	+1)	+1)	+1)	+1)	+1)
C1 604	ECU	EEPROM 故意	主处理器（MCU）不能在 EEPROM 上删除或写数据。	+1)	+1)	+1)	+1)	+1)
		MCU 故障	中央/伺服处理器在 RAM 上监测到地址寄存器、中断、时钟、模拟/数字转换器、循环周期工作异常。	+1)	+1)	+1)	+1)	+1)

注：表中故障分析栏内容的说明如下：

(1)检测方式。

A：最初检查；

B：ABS 控制外部循环；

C：ABS 控制内部循环；

D：诊断模式；

E：故障显示模式。

(2)故障显示情况。

＋：显示存在故障；

－：显示正常。

(3)故障分析。

①系统失效时，ABS和EBD功能被停止，ABS和EBD报警灯全亮。假如发生这种情况，阀继电器和所有电磁阀都会防止系统接通。

②只停止ABS功能时，ABS警告灯亮，而EBD警告灯不亮。

③ABS控制外部循环的传感器故障

a. 只有一个传感器发生故障：ABS警告灯亮。

b. 两个以上的传感器发生故障：ABS和EBD警告灯全亮。

④ABS控制内部循环的传感器故障

a. 一个前传感器发生故障：停止有故障车轮的ABS控制，保持正常车轮的ABS控制。在控制器完成ABS控制之后，ABS警告灯亮。

b. 一个后传感器发生故障：停止两个前轮的ABS控制，并减小两个后轮的压力。在控制器完成ABS控制之后，ABS警告灯亮。

c. 两个以上的传感器发生故障：ABS和EBD警告灯全亮。

⑤低工作电压

a. ABS控制外部循环：停止前轮的ABS控制，而允许后轮的ABS控制，使电机无效。直接打开ABS警告灯。

b. ABS控制内部循环：停止前轮的ABS控制，而允许后轮的ABS控制，使电机无效。直接打开ABS警告灯并保持警告灯一直亮，且一直储存故障代码。

⑥当关闭电机时（只在电机发生故障的情况下），停止前轮的ABS控制，只允许后轮的ABS控制。

20. ABS系统驱动元件怎样测试？

用诊断仪可以强制驱动电磁阀和电机泵。

维修提示：

◆进行驱动测试前，必须保证ABS－HECU的线束连接正常。

◆驱动元件测试，只有在车辆停止状态下才能进行。

驱动测试程序见表7-4。

表7-4 驱动元件测试程序

序号	项目	状态	说明	时间
1	电机	插入钥匙 关闭发动机	电机泵持续工作（滴答声）	2s
2	左前轮电磁阀（进口）		左前轮电磁阀工作（滴答声）	
3	右前轮电磁阀（进口）		右前轮电磁阀工作（滴答声）	
4	左后轮电磁阀（进口）		左后轮电磁阀工作（滴答声）	
5	右后轮电磁阀（进口）		右后轮电磁阀工作（滴答声）	
6	左前轮电磁阀（出口）		左前轮电磁阀工作（滴答声）	
7	右前轮电磁阀（出口）		右前轮电磁阀工作（滴答声）	
8	左后轮电磁阀（出口）		左后轮电磁阀工作（滴答声）	
9	右后轮电磁阀（出口）		右后轮电磁阀工作（滴答声）	

21. ABS-HECU 端子如何检查？

按图 7-25 所示将 ABS-HECU 插接件上的锁止机构的锁杆向上拔起，取下 ABS-HECU 插接件，测量插接件端子的电压、电阻。

ABS-HECU 端子的排列如图 7-26 所示，端子的含义及相关数据见表 7-5。

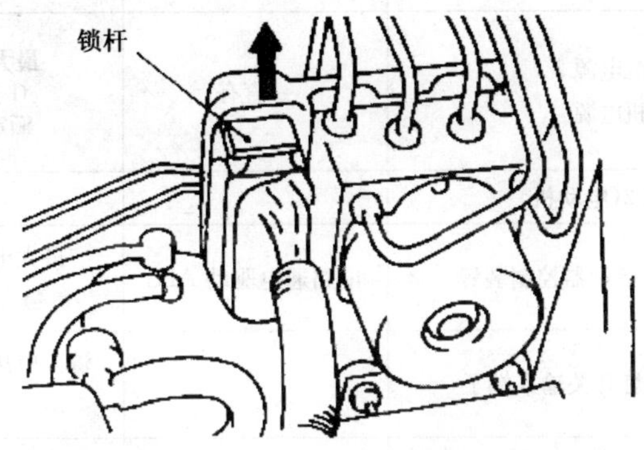

图 7-25　向上拔起锁杆

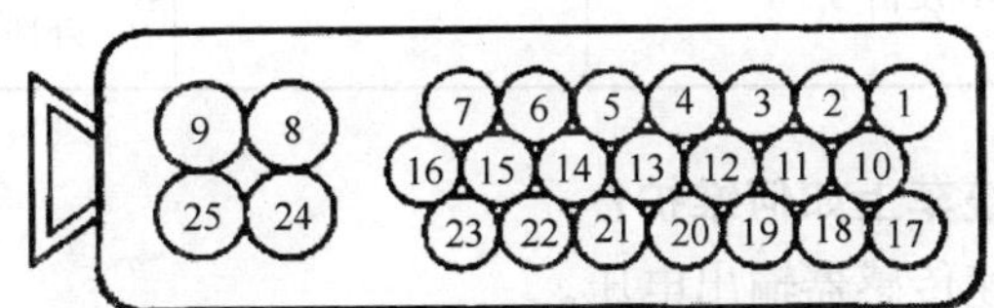

图 7-26　ABS-HECU 端子的排列

表 7-5　ABS-HECU 端子的含义及相关数据

端子号	外　称	状　态	输　出
25	蓄电池电源 1 电磁阀电源	一直有	系统电压
24	(接)搭铁线	一直在 ABS 控制器上	
7	诊断接口端子(K-线路)	接诊断仪的数据线	
6 2 20 23	轮速传感器(左后) 轮速传感器(左前) 轮速传感器(右前) 轮速传感器(右后)		
5 1 19 22	轮速传感器(左后) 轮速传感器(左前) 轮速传感器(右前) 轮速传感器(右后)		

续表 7-5

端子号	外　称	状　态	输　出
4	通过点火 2 状态的电源输入	点火 2 状态	高电压检波 16～20V 保持电压检波 6.5～16V
9	蓄电池电源 2 电动机电源	一直有	系统电压 最大电池:I<100A (时间 t<100sm) 额定电流:I<30A (时间 t>100ms)
8	地线-2(电动机)		
16	ABS 指示器控制装置	电路通电驱动 ABS	最大电流：I<200mA 最大电压：V<40V
18	制动灯开关输入端子		输入电压阀值 1.0～2.75V 5.0～16V
21	EBD 指示器控制装置		最大电池：I<200mA
3	汽车速度信号		最大电流：I<10mA 外部电阻：10Ω 或更大

22. ABS 系统车上如何维护?

(1)检查轮速传感器输出电压。

①举升车辆,释放驻车制动。

②将 ABS—HECU 插接件上的锁止机构的锁杆向上拔起,取下 ABS—HECU 插接件,断开连接。

③以每秒 1/2～1 圈的速度转动被测定的车轮。用万用表或示波器测量下列端子间的输出电压。

输出电压：

a. 用万用表测量时：大于 42mV。

b. 用示波器测量时,峰值 100mV 或更大。

④输出电压低于上述值时,可能是以下原因,如有必要,检查或更换轮速传感器。

a. 轮速传感器的磁头与 ABS 转子间的气隙过大。

b. 轮速传感器不良。

(2)用示波器检查波形。确认轮速传感器的线束和 HECU 的插接件处于连接状态后,按如下方法,用示波器测定各轮速传感器输出电压的波形,观测波形要点见表 7-6。

表 7-6　各轮速传感器输出电压波形的观测要点

现　象	原　因	处理办法
波形振幅小，或完全没有	轮速传感器不良	更换轮速传感器
波形振幅波动程度过大（但振幅均在 10mV 以上）	车轴轮毂间隙过大或偏心	更换轮毂
	HECU 的搭铁线不良	修理
波形有杂波或波形乱	传感器断线	更换传感器
	线束断线	修理或更换线束
	轮速传感器安装不良	重新安装
	ABS 齿圈少齿或碎裂	更换 ABS 齿圈

起动发动机，驱动轮要在变速器放在 1 挡的位置上让其旋转，从动轮要用手等速转动车轮。

说明：

①也可以在车辆实际行驶的过程中，测量波形。

②输出电压随车轮速度降低而降低、升高而升高。

维修提示：

◆轮速传感器的线束是随前、后悬架的运动而动，在不好的路面上行驶时，振动更大。因此，测量轮速传感器波形时，要假想在不好的路面上行驶，所以要用手动摇动边测量。

(3)检查 ABS。

①举升车辆，用钢性支架支撑指定点，或将被测量车轮放在制动力测试辊上检查。

维修提示：

◆在测试过程中，要保持制动力测试辊以及轮胎的干燥。

◆在使用制动力测试辊时，测试前制动器使用驻车制动器将车制动，测试后制动器用轮挡将前轮锁定。

②将点火开关置于 LOCK(OFF)，连接诊断仪。

③确认变速换档手柄处于空挡位置后，起动发动机。

④操作诊断仪，进行驱动元件测试。

注意：

a. 进行测试前，必须保证 ABS－HECU 的线束连接正常。

b. 进行测试时，ABS 警告灯亮，则 ABS 控制失效。

c. 检查完毕后，将点火开关置于 LOCK(OFF)位置后，取下诊断仪。

23. 轮速传感器如何检查?

(1)检查轮速传感器端子间电阻。

注意:检查轮速传感器的磁性,会磁化磁头,也容易附着金属异物,这一点应该注意。另外,磁头受损伤时,有时也无法正确检测车轮转速。

①测量轮速传感器端子间电阻(见图 7-27)。轮速传感器内部电阻值不在标准值范围内时(见表 7-7),更换新的传感器。

表 7-7　轮速传感器标准值

项　目	标准值(kΩ)
前轮速传感器端子间电阻	1.275～1.495
后轮速传感器端子间电阻	1.0～1.2
轮速传感器绝缘阻抗	1000 以上

②检查轮速传感器电缆是否断线,如有异常,更换新的传感器。

注意:检查是否断线时,从车体上取下线速插接件,将插接件部分的线束弯曲、拉伸、检查有无暂时断线,还要确认插接件的连接状态以及端子的插入状态。

(2)检查轮速传感器的绝缘情况。

①将轮速传感器在单件状态下,测量端子 1 以及 2 与轮速传感器主体间的绝缘电阻(如图 7-28 所示)。

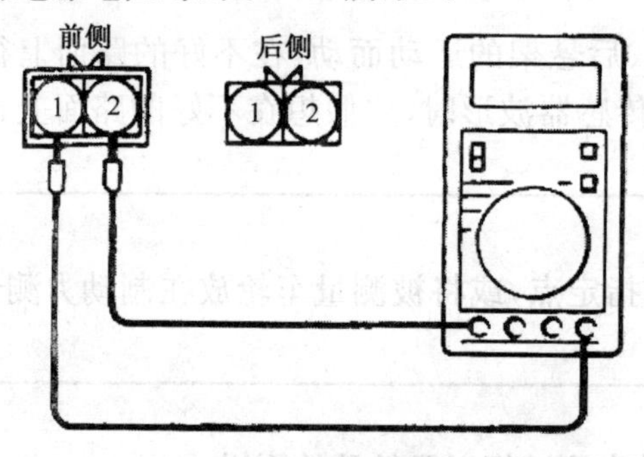

图 7-27　测量轮速传感器端子间电阻

1、2. 端子

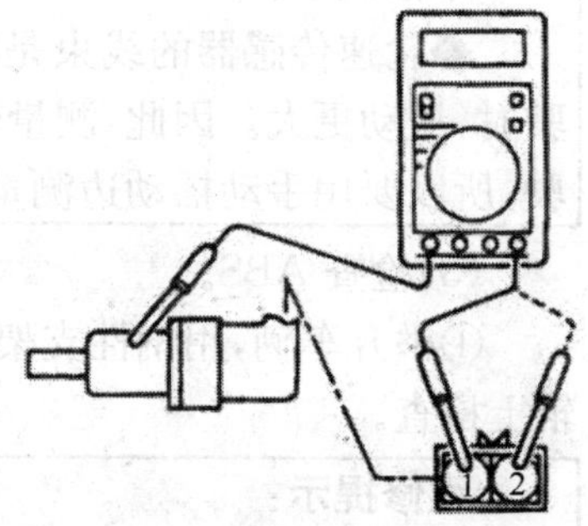

图 7-28　轮速传感器的绝缘情况的检查

1、2. 端子

②轮速传感器的绝缘电阻不符合标准值时,更换新件。

(3)检查齿圈。检查齿圈是否缺齿、断齿或变形,不良时,更换新件。

第八章　电气设备的使用与维修

第一节　充电系统的维修

1. 蓄电池的清洁维护内容有哪些?

(1)日常应保持蓄电池内外的清洁。蓄电池内除加注电解液和蒸馏水外,不允许落入杂物或金属导体。

(2)经常清洗蓄电池外表。除去电源接线柱的氧化物,并涂适量工业凡士林或润滑脂于电源接线柱和电源线裸露表面,以防止氧化。

(3)清洁蓄电池加液盖的通气孔,使其保持畅通,防止蓄电池内气体膨胀而损坏其壳体,甚至爆裂。

2. 蓄电池的检查内容有哪些?

(1)蓄电池安装的可靠性检查。蓄电池的安装压板应稳固,压紧力适度,各紧固件应无松动。

(2)蓄电池的电源线和搭铁线的连接夹头检查。电源线和搭铁线的连接夹头与蓄电池接线柱应稳固可靠,接线柱应无氧化现象;如有不良情况,应清除氧化层,重新装夹,并涂工业凡士林油。

(3)电解液液面高度的检查。电解液液面应高出蓄电池极板10～15mm,即液面高度应在电池壳的"UPPER LEVEL"(上刻线)与"LOWER LEVEL"(下刻线)之间;若低于规定值时,应补充蒸馏水。

(4)电解液密度检查。用吸式密度计检查电解相对密度,根据实际测得的电解液相对密度与标准电解液密度比较,以粗略估算蓄电池的放电程度,并判断是否应对蓄电池进行充电。

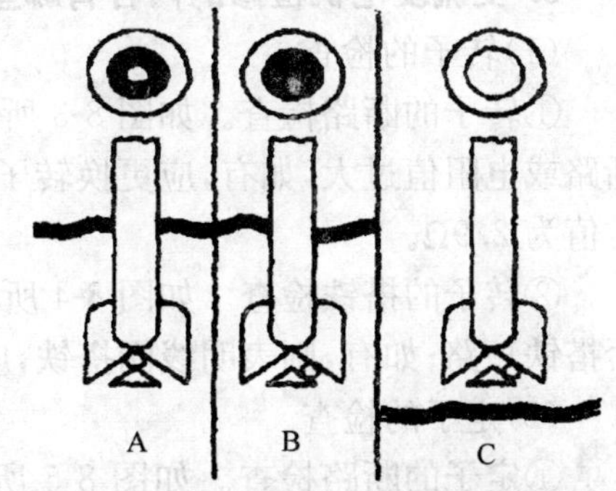

图 8-1　安装有密度计的免维护蓄电池
A、B、C. 密度计的不同颜色

对于安装有密度计的免维护蓄电池,可通过观察密度计的颜色来判断蓄电池的工作状态。如图 8-1 所示,当蓄电池密度计显示 A 所示的绿色时，蓄电池工作正常；当蓄电池密度计显示 B 所示的黑色时，蓄电池需充电；当蓄电池密度计显示白色时，应更换蓄电池。

3. 蓄电池的使用注意事项有哪些？

(1)蓄电池不允许长时间大电流充、放电和过充电。

(2)起动发动机时，接通起动电动机的时间不大于 5s；二次起动的时间间隔不少于 15s，连续三次起动不成功时，应检查原因并排除。

(3)蓄电池应按规定的充电电流和充电时间进行充电，以防过充电而影响蓄电池寿命。

(4)蓄电池冬季放电程度不应超过 25%，夏季不应超过 50%，否则应进行补充充电。

(5)蓄电池长期不用时，应拆下妥善保管，以免损坏。

4. 蓄电池的充电方法如何？

(1)充电前，先取下全部蓄电池通气塞，将蓄电池与其他电气系统断开。

(2)将蓄电池正极与充电器的正极相连接，蓄电池的负极与充电器的负极连接。

(3)在充电过程中，电解液温度的测试不能超过 40℃，如果超出此温度可停止充电或减少充电电流。

(4)当蓄电池大量冒气泡，并且在 1h 间隔内，相邻三次读数中电压或电解液的密度不再增加，则表示蓄电池已完全充电，应结束充电。

(5)结束充电后，检查电解液液面高度，视需要添加蒸馏水。

(6)蓄电池充电结束，待继续排气 20min 后，方可旋上蓄电池通气塞。

5. 交流发电机由哪些部件组成？

交流发电机主要由发电机皮带轮、轴承、转子、转子壳体、调节器总成、定子总成、电刷 、整流器等组成，如图 8-2 所示。

6. 交流发电机检修的内容有哪些？

(1)转子的检查。

①转子的断路检查。如图 8-3 所示，用万用表测试转子两滑环之间是否断路或电阻值过大，如有，应更换转子总成或检修。滑环与滑环之间电阻正常值为 2.9Ω。

②转子的搭铁检查。如图 8-4 所示，用万用表测试滑环和转子轴之间是否搭铁短路；如有，则表明线圈搭铁，应更换转子或线圈。

(2)定子的检查。

①定子的断路检查。如图 8-5 所示，使用万用表检查所有导线是否导通，如不导通，应更换定子。

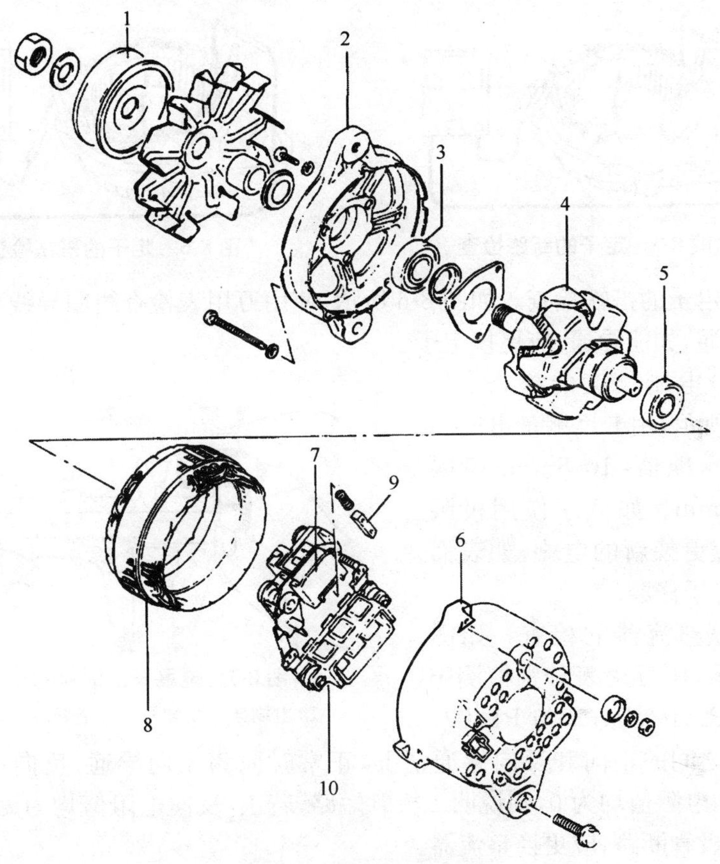

图 8-2　交流发电机结构

1. 发电机皮带轮　2. 驱动端架　3. 前轴承　4. 转子　5. 后轴承　6. 转子壳体　7. 调节器总成　8. 定子总成　9. 电刷　10. 整流器

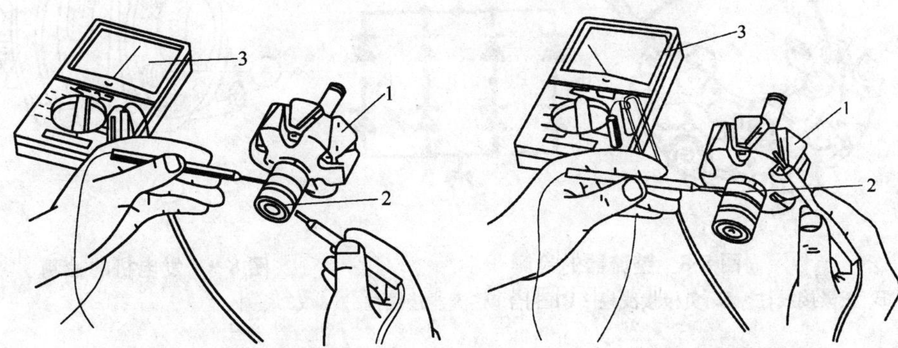

图 8-3　转子的断路检查

1. 转子总成　2. 滑环　3. 万用表

图 8-4　转子的搭铁检查

1. 转子总成　2. 滑环　3. 万用表

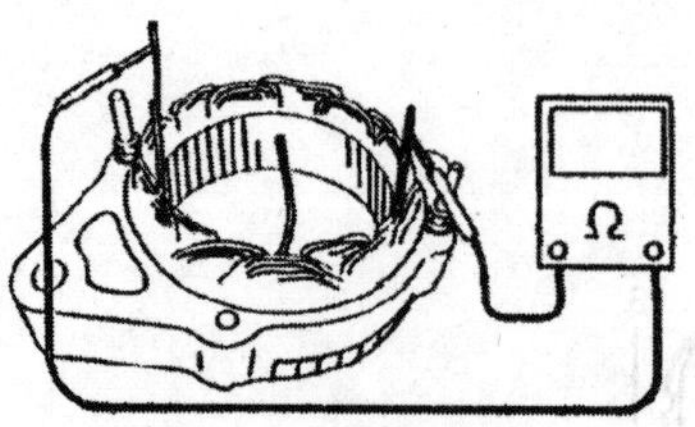

图 8-5　定子的断路检查

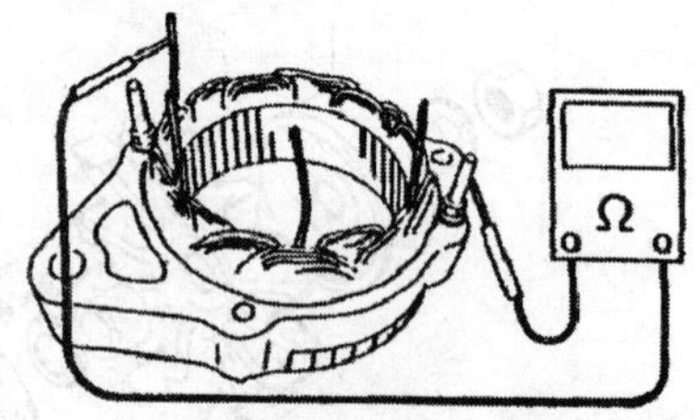

图 8-6　定子的搭铁检查

②定子的搭铁检查。如图 8-6 所示，使用万用表检查线圈导线与定子芯是否导通，如能导通，应更换定子。

(3)电刷长度的检查。如图 8-7 所示，用卡尺测量电刷的长度，标准值：10.5mm；极限值：4.5mm。如低于使用极限值时，应更换新的电刷；如表面烧损，应予修磨。

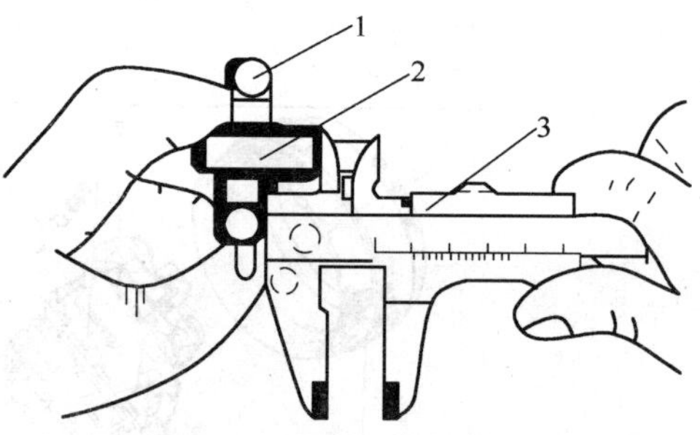

图 8-7　电刷长度的检测

1. 电刷架　2. 电刷　3. 游标卡尺

(4)整流器的检查。如图 8-8 所示，用万用表分别检测 B 与 P1、P2、P3、P4；E 与 P1、P2、P3、P4 之间的正向和反向导通情况，正常时应为正向导通，反向截止。若正、反向电阻值均为 0，则说明二极管短路；若正、反向电阻值均为无穷大，则说明二极管断路，应更换整流器。

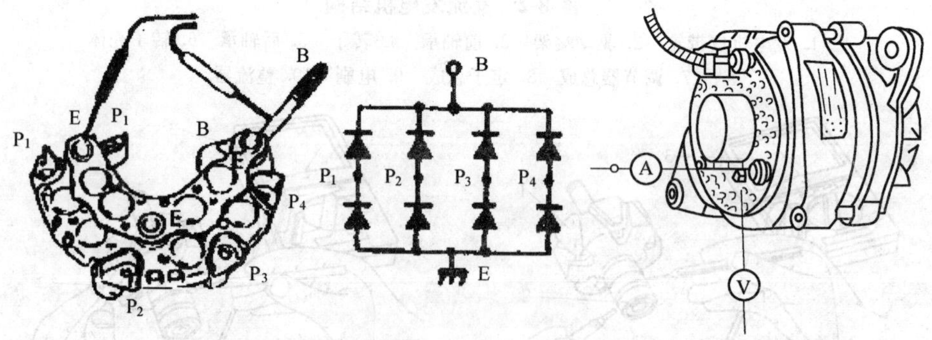

图 8-8　整流器的检测

B. 正极接线柱　E. 负极接线柱　P1～P4. 整流器接线柱

图 8-9　发电机的检测

(5)交流发电机性能测试。如图 8-9 所示，检修装复的交流发电机，在车辆使用大灯、应急闪光灯(4 个)、雨刮器的情况下，发动机以 3000～4000r/min 的转速运转，用万用表测试其输出电压和电流。若检测数据与标准值不符时，应找出原因并予以修理。

(6)交流发电机V带挠度的检查。如图8-10所示,用10N的力压下交流发电机V带,V带的挠度应在7～10mm之间。否则,应重新调整。

图8-10　交流发电机V带挠度的检查

第二节　起动系统的维修

7. 起动机由哪些部件组成?

起动机是起动系的主要组成部分,由串励式直流电动机、传动机构和电磁开关三部分组成。起动机的结构如图8-11所示。

8. 起动机的检修内容有哪些?

(1)起动机电枢轴的检修。用千分表检查起动机电枢轴是否弯曲,如图8-12所示。若摆差超过0.1mm,应进行校正。电枢轴上的花键齿槽严重磨损或损坏,应进行修复或更换。

电枢轴轴颈与衬套的配合间隙,不得超过0.15mm,间隙过大,应更换新套,进行铰配。

(2)起动机换向器的检查。

①检查换向器有无脏污和表面烧蚀,若出现此情况,用400号砂纸或在车床上修整。

②检查换向器的径向圆跳动,如图8-13所示。将换向器放在V形铁上,用百分表测量圆周上径向跳动,最大允许径向圆跳动为0.05mm。若径向圆跳动大于规定值,应在车床上校正。

③用游标卡尺测量换向器的直径,如图8-14所示。其标准值为30.0mm,最小直径为29.0mm。若直径小于最小值,应更换电枢。

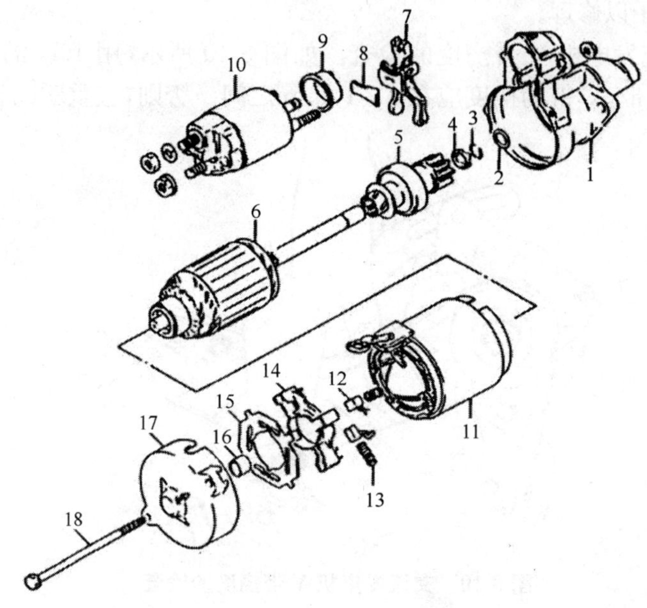

图 8-11　起动机的结构

1. 驱动端端盖　2. 垫圈　3. 锁环　4. 小齿轮止动挡圈　5. 单向离合器　6. 电枢　7. 拨叉　8. 密封件　9. 罩壳　10. 电磁开关　11. 定子总成　12、16. 衬套　13. 电刷弹簧　14. 电刷支架　15. 绝缘垫　17. 后端盖　18. 穿心螺栓

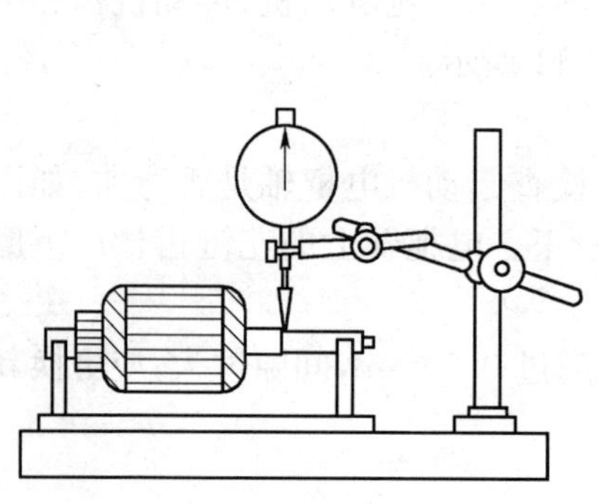

图 8-12　电枢轴弯曲度的检查

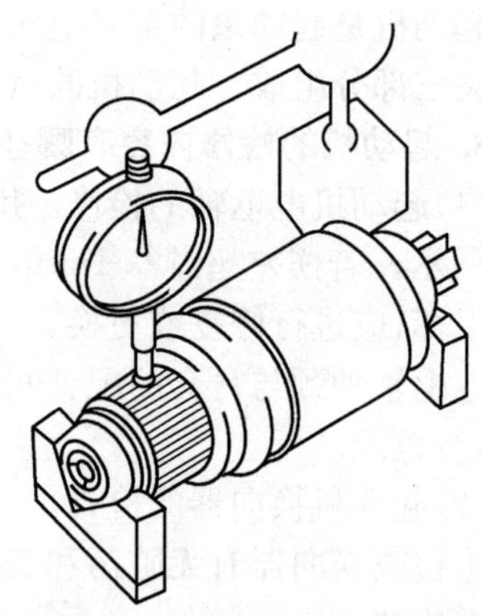

图 8-13　检查换向器径向圆跳动

④检查底部凹槽深度。应清洁无异物，边缘光滑。测量如图 8-15 所示。标准凹槽深度为 0.6mm，最小凹槽深度为 0.2mm。若凹槽深度小于最小值，用手锯条修正。

(3)起动机电枢线圈的维修。

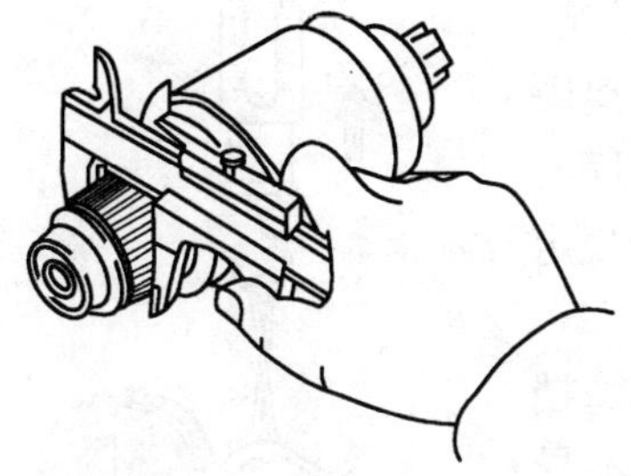

图 8-14　检查换向器直径

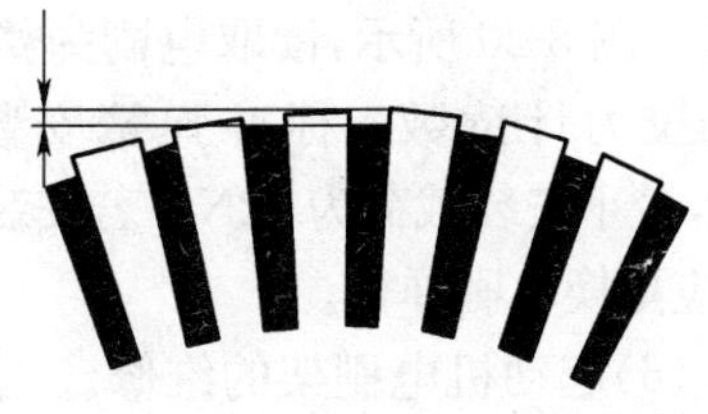
图 8-15　检查换向器底部凹槽深度

①检查换向器是否开路。如图 8-16 所示，用欧姆表检查换向片之间，应导通。若换向片之间不导通，应更换电枢。

②检查换向器是否搭铁。如图 8-17 所示，用欧姆表检查换器器与电枢线圈铁芯之间，应不导通。若导通，应更换电枢。

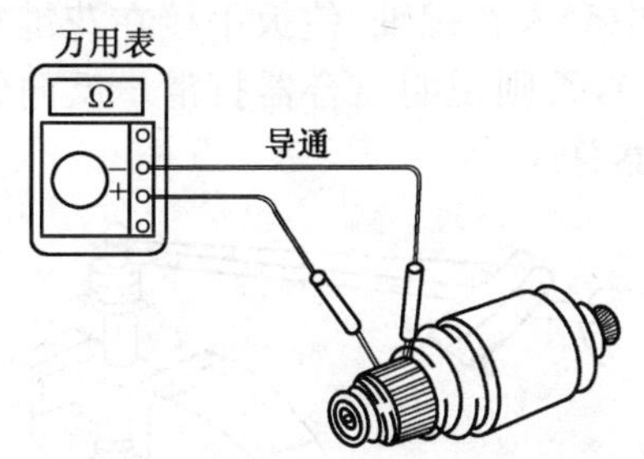

图 8-16　检查换向器是否开路

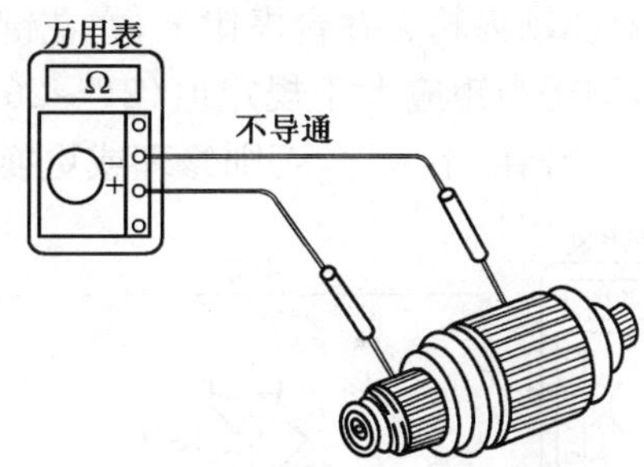

图 8-17　检查换向器是否搭铁

(4)起动机磁场线圈的检查。

①检查磁场线圈是否开路，如图 8-18 所示。用欧姆表检查引线和磁场线圈电刷引线之间，应导通。否则，更换磁极框架。

②检查磁场线圈是否搭铁。用欧姆表检查磁场线圈末端与磁极框架之间，应不导通，如图 8-19 所示。若导通，修理或更换磁极框架。

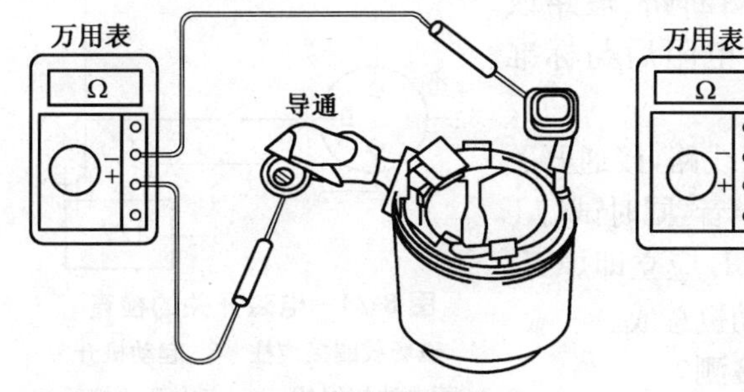

图 8-18　检查磁场线圈是否开路

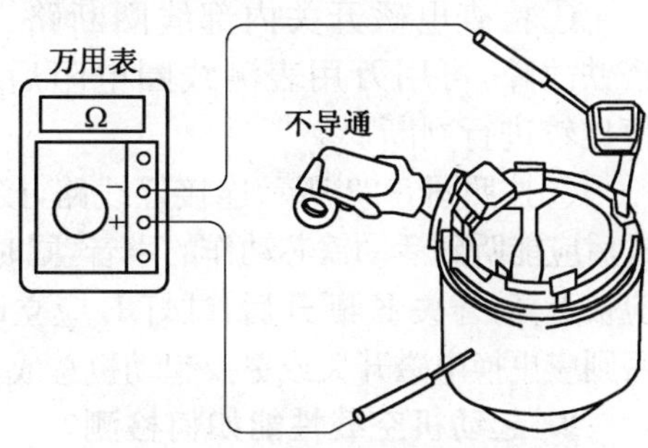

图 8-19　检查磁场线圈是否搭铁

(5)起动机电刷弹簧的维修。维修电刷弹簧，可按如图 8-20 所示，读取电刷弹簧从电刷分离瞬间的拉力计读数。标准弹簧安装载荷为 17～23N，最小安装载荷为 12N。若安装载荷小于规定值，应更换电刷弹簧。

(6)起动机电刷架的维修。用万用表欧姆挡检查电刷架正极（＋）与负极（－）之间，应不导通，如图 8-21 所示。若导通，修理或更换电刷架。

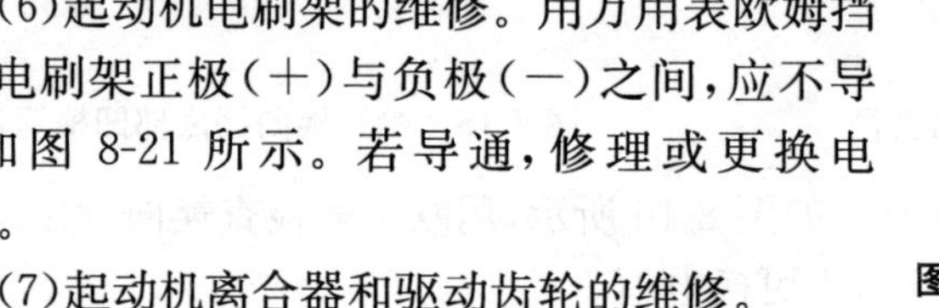

图 8-20 检查电刷弹簧载荷

(7)起动机离合器和驱动齿轮的维修。

①检查离合器驱动齿轮是否严重损伤或磨损。如有损坏，应进行更换。

②检查起动机离合器是否打滑或卡滞，可用扳手，如图 8-22 所示，将离合器驱动齿轮夹在台虎钳上，在花键套筒中套入花键轴，使扳手接在花键轴上，测得力矩应大于规定值（24～26N・m），否则说明离合器打滑。反向转动离合器应不卡滞，否则修理或更换离合器总成。

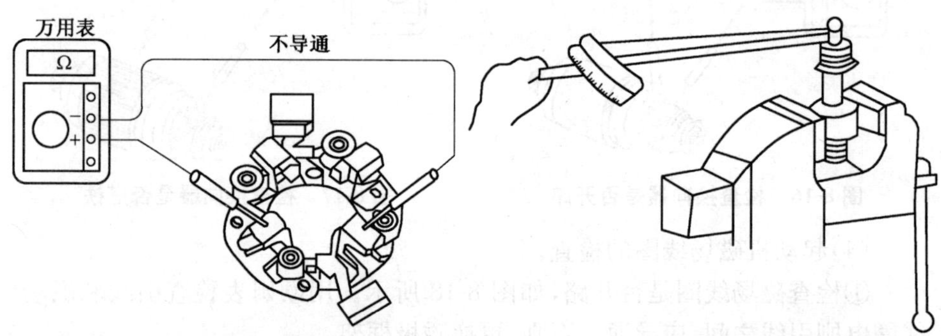

图 8-21 检查电刷架绝缘情况　　图 8-22 检查离合器工作是否正常

(8)起动机电磁开关的维修。

①检查电磁开关内部线圈断路、短路或搭铁故障，可用万用表测线圈电阻后与标准值比较进行判断。

②按照图 8-23 所示连接好线路，接通开关 K 后应能听到活动铁芯动作的声音，同时试灯 L 应被点亮；开关 K 断开后，试灯 L 应立即熄灭。否则应更换电磁开关或更换起动机总成。

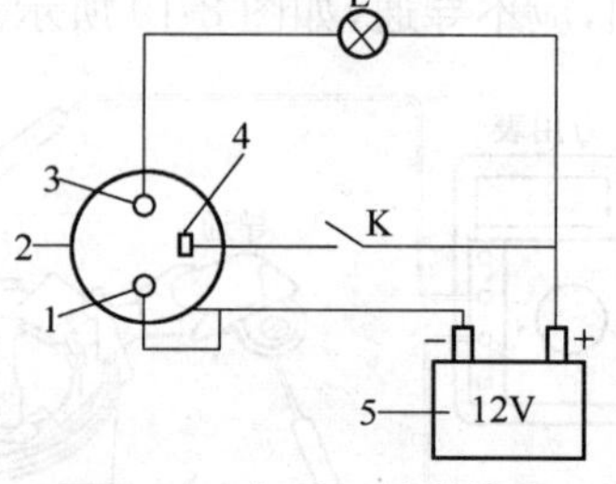

图 8-23 电磁开关的检查

1. 磁场线圈接线柱 2. 起动机开关 3. 蓄电池接线柱 4. 点火开关接线柱 5. 蓄电池

9. 起动机空载性能如何检测？

检测时，先将蓄电池充足电，每项检测应

在 3～5s 内完成，以防线圈被烧坏。

(1)如图 8-24 所示线路将起动机与蓄电池和电流表(量程为 0～100A 以上的直流电流表)连接。蓄电池正极与电流表正极连接，电流表负极与起动机“30”端子连接，蓄电池的负极与起动机外壳连接。

(2)如图 8-25 所示，用带夹电缆将“30”端子与“50”端子连接起来，此时驱动齿轮应向外伸出，起动机应平稳运转。当蓄电池电压大于或等于 11.5V 时，消耗电流应不超过 50A，用转速表测量电枢轴的转速应不低于 5000r/min。

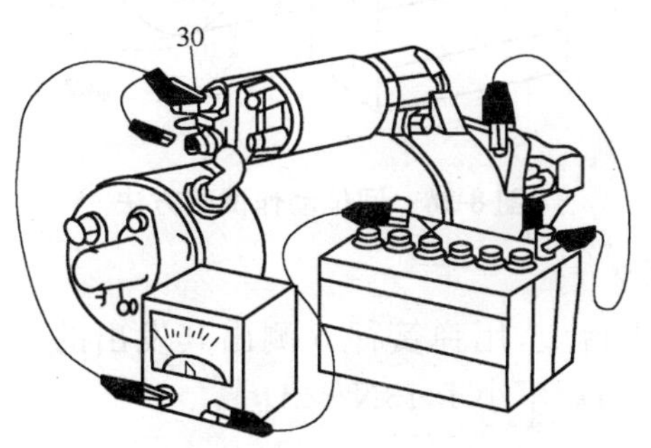

图 8-24　起动机的空载试验

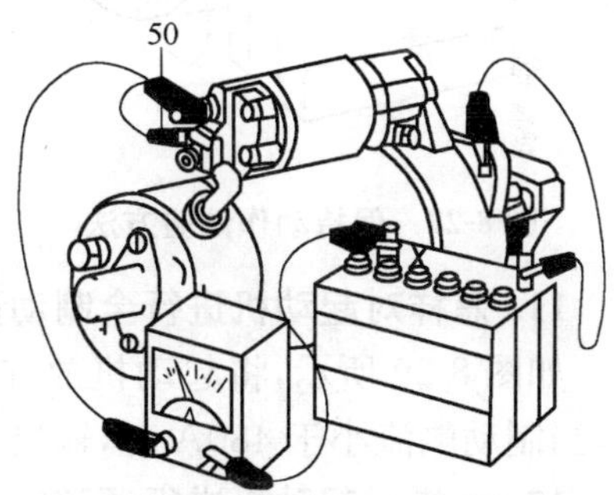

图 8-25　接通“50”端子进行试验

(3)如电流大于 50A 或转速低于 5000r/min，说明起动机装配过紧或电枢绕组和磁场绕组有短路或搭铁故障。如电流和转速都低于标准值，说明电动机电路接触不良，如电刷与换向器接触不良或电刷弹簧弹力不足等。

10. 电磁开关怎样检测?

(1)吸拉动作试验。将起动机固定到台虎钳上，拆下起动机端子“C”上的磁场绕组电缆引线端子，用带夹电缆将起动机“C”端子和电磁开关壳体与蓄电池负极连接，如图 8-26 所示。用带夹电缆将起动机“50”端子与蓄电池正极连接，此时驱动齿轮应向外移动。如驱动齿轮不动，说明电磁开关有故障，应予修理或更换。

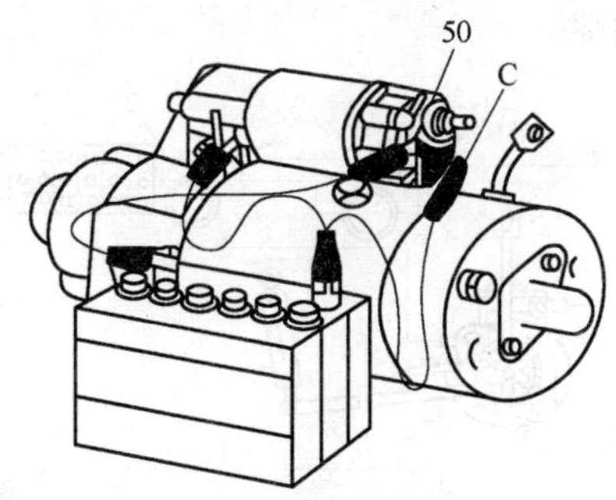

图 8-26　吸拉动作试验线路

(2)保持动作试验。在吸拉动作基础上，当驱动齿轮保持在伸出位置时，拆下电磁开关“C”端子上的电缆夹，如图 8-27 所示，此时驱动齿轮应保持在伸出位置不动。如驱动齿轮回位，说明保持线圈断路，应予修理。

(3)回位动作试验。在保持动作的基础上，再拆下起动机壳体上的电缆夹，如图 8-28 所示。此时驱动齿轮应迅速回位。如驱动齿轮不能回位，说明回位弹簧失效，应更换弹簧或电磁开关总成。

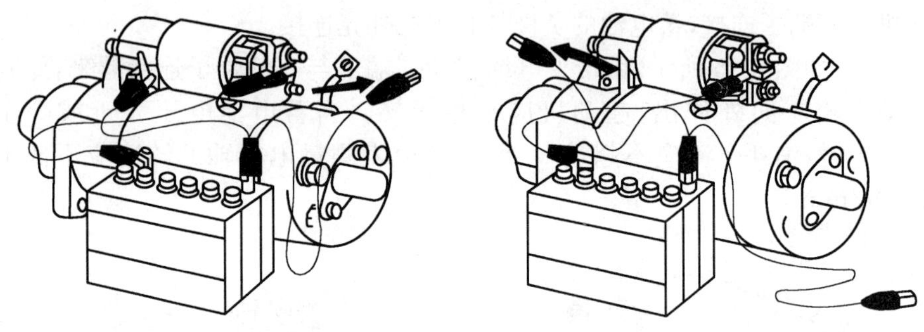

图 8-27 保持动作试验方法

图 8-28 回位动作试验方法

11. 怎样对起动机进行全制动试验？

如图 8-29 所示，将起动机放在测矩台上，用弹簧秤 5 测出其发出的力矩，当制动电流小于 480A 时，输出最大力矩不小于 13N · m。

12. 怎样对起动机进行调整？

起动机修复后重新装配时，要检查驱动齿轮与止推垫圈之间的间隙，一般为 1.5～2.5mm。检查方法如图 8-30 所示，用导线分别将蓄电池的正极与起动机的起动接线柱 50 连接、蓄电池的负极与起动机的外壳连接起来。这样使驱动齿轮到达啮合位置，然后可检测驱动齿轮与止推垫圈之间的间隙。

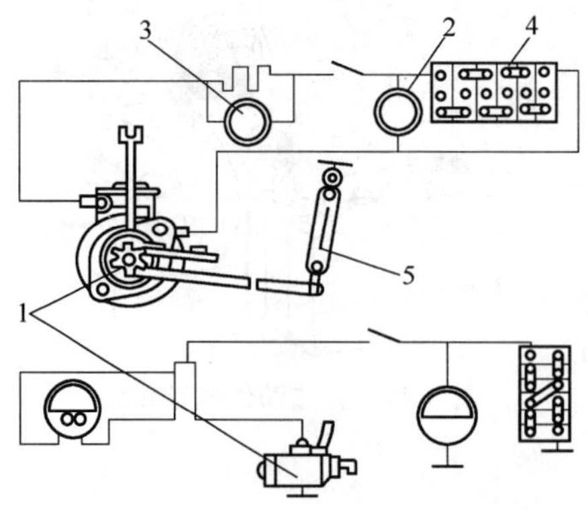

图 8-29 起动机的全制动试验

1. 起动机 2. 电压表 3. 电流表 4. 蓄电池 5. 弹簧秤

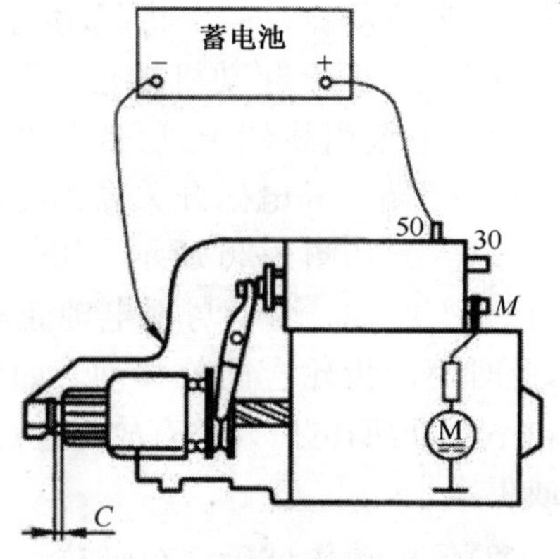

图 8-30 检查驱动齿轮与止推垫圈之间的间隙

13. 起动机的使用与维修注意事项有哪些？

(1)起动机的使用注意事项。

①起动前应将变速器挂上空挡，自动变速器的汽车应将变速杆置于P位或N位，起动同时踩下离合器踏板。

②每次接通起动机的时间不得超过5s，两次之间应间歇15s以上。

③当发动机起动后应立刻松开点火开关，切断ST挡，使起动机停止工作。

④经过三次起动，发动机仍没有起动着火，则停止起动，进行简单的检查，如蓄电池的容量、极柱的连接、油电路等，否则蓄电池的容量将严重下降，起动发动机变得更加困难。

(2)起动机的维修注意事项。

①在车上进行起动检测之前，一定要将变速器挂上空挡，并实施驻车制动。

②在拆卸起动机之前，应先拆下蓄电池的搭铁电缆线。

c. 有些起动机在起动机与法兰盘之间使用了多块薄垫片，在装配时应按原样装回。

14. 起动系统的故障如何诊断与排除？

起动系统的故障诊断与排除见表8-1。

表8-1　起动系统的故障诊断与排除

故障	故障原因	诊断方法
起动机不运转	(1) 电磁开关无工作声	
	① 蓄电池没电	① 充电
	② 蓄电池性能下降而导致蓄电池电压太低	② 更换蓄电池
	③ 蓄电池接线柱接触不良	③ 拧紧或更换
	④ 搭铁线接头松动	④ 拧紧
	⑤ 熔丝松动或熔断	⑤ 拧紧或更换
	⑥ 点火开关和电磁开关接触不良	⑥ 更换
	⑦ 引线连接处松动	⑦ 拧紧
	⑧ 点火开关和电磁开间电路断开	⑧ 修理
	⑨ 吸合线圈电路断开	⑨ 更换电磁开关
	⑩ 电刷定位松动或磨损	⑩ 修理或更换
	⑪ 柱塞或小齿轮滑动不良	⑪ 修理
	(2) 电关开关有工作声	
	① 蓄电池电量不足	① 充电
	② 由于蓄电池性能下降至电压过低	②更换蓄电池
	③ 蓄电池接线松动	③ 拧紧
	④ 源触点烧坏或电磁开关接触不良	④ 更换电磁开关

续表 8-1

故障	故障原因	诊断方法
起动机不运转	⑤ 电刷定位不移稳或磨损 ⑥ 电刷弹簧弹力减弱 ⑦ 整流器烧坏 ⑧ 线圈搭铁不良 ⑨ 电枢隔层短路 ⑩ 曲轴转动受阻	⑤ 修理或更换 ⑥ 更换 ⑦ 更换电枢 ⑧ 修理 ⑨ 修理 ⑩ 修理
起动机运转太慢	如果蓄电池和导线都无问题，则检查起动电机 ① 电磁开关触点接触不良 ② 电枢隔层断路 ③ 整流器断开，烧坏或磨损 ④ 线圈搭铁不良 ⑤ 电刷磨损 ⑥ 电刷弹簧弹力减弱 ⑦ 端部衬套烧坏或异常磨损	 ① 更换电磁开关 ② 更换 ③ 修理或更换电枢 ④ 修理 ⑤ 更换电刷 ⑥ 更换弹簧 ⑦ 更换衬套
起动机工作，但发动机不能起动	① 小齿轮尖部磨损 ② 超速离合器滑动不良 ③ 超速离合器打滑 ④ 小齿轮磨损	① 更换过载离合器 ② 修理 ③ 修理 ④ 更换飞轮
起动机有噪声	① 电刷异常磨损 ② 小齿轮磨损或小齿轮传动齿磨损 ③ 小齿轮滑动不良(不能回位) ④ 零件缺润滑油	① 更换 ② 更换小齿轮或飞轮 ③ 修理或更换 ④ 润滑
起动机不停机	① 电磁开关触点火熔化 ② 电磁开关线圈的线圈间短路(隔层短路) ③ 点火开关回位故障	① 更换电磁开关 ② 更换电磁开关 ③ 更换

第三节 点火系统的维修

15. 点火系统由哪些部件组成？

(1) BOSCH M1.5.4 发动机管理系统的点火系统。装用 BOSCH M1.5.4 发动机管理系统电路如图 8-31 所示，点火系统主要部件有：火花塞、分电器、转速传感器、点火线圈、ECU 及电源—蓄电池和发电机。

来自蓄电池的电流供给发动机电子控制单元(ECU)和点火线圈初级绕组的正极。ECU 通过装在分电器上的转速传感器判断发动机转速，控制点火线圈的初级绕组负极，从而在次级绕组上产生高电压，经过高压线输送到分电器。高电压经分电器依次通过火花塞,使火花塞电极间隙产生火花。

分电器是一种旋转开关,它的转子通过高压电线连接4个火花塞(每次1个)和点火线圈的次级绕组。注意,从次级绕组至分电器盖中央之间有一条高压电线,从火花塞和盖的4个电极之间又有4条高压电线。

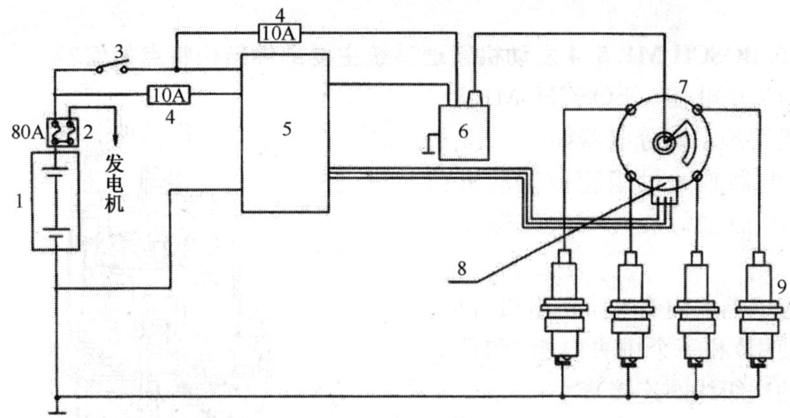

图8-31 点火系统结构图(M1.5.4联电系统)

1. 蓄电池 2. 级熔断器盒 3. 点火开关 4. 熔断器 5. 发动机控制单元(ECU) 6. 点火线圈 7. 分电器 8. 转速传感器 9. 火花塞

(2)德尔福(DELPHI)发动机管理系统的点火系统。装用德尔福(DELPHI)发动机管理系统的点火系统如图8-32所示,它采用了集成式电子

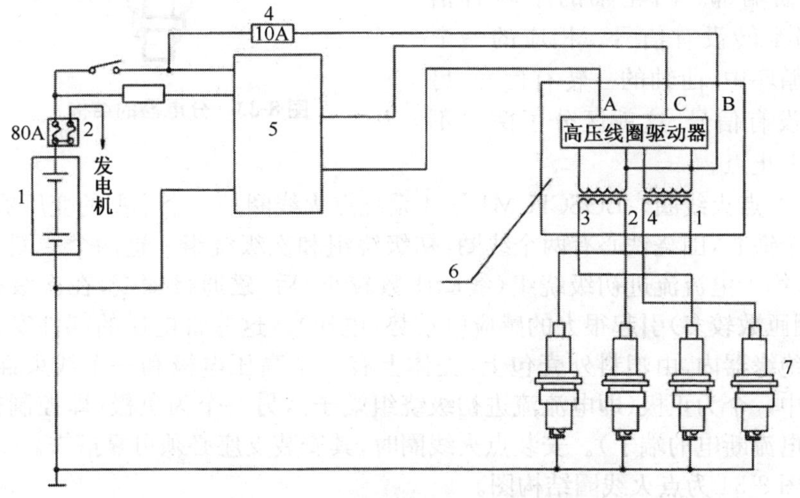

图8-32 点火系统结构图(德尔福系统)

1. 蓄电池 2. 一级熔断器盒 3. 点火开关 4. 熔断器 5. 发动机控制单元(ECM) 6. 点火线圈 7. 火花塞

点火系统。该系统为完全免调整的电子点火系统，取消了分电器及触点等部件，其点火正时由电子控制器控制，可以有效地提高点火时间的控制精度及工作的可靠性，可以大幅度提高点火能量和点火电压。该系统由电源、点火开关、电子控制器、曲轴位置传感器、点火线圈、高压阻尼线和火花塞等组成。

16. BOSCH M1.5.4 发动机管理系统主要部件结构特点如何？

(1)分电器。BOSCH M1.5.4 发动机管理系统分电器如图 8-33 所示，分电器轴通过蜗轮被发动机曲轴驱动，曲轴每旋转两次该轴就旋转一次。

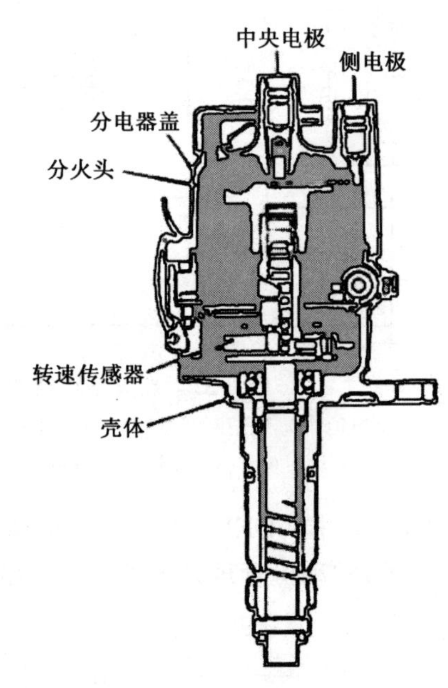

图 8-33 分电器的结构

分电器盖内有 4 个侧电极(供火花塞使用)和一个中央电极(和点火线圈的次级线圈连接)。

安装在轴上的分火头逐次地接触侧电极，向火花塞分配高电压。

分电器侧面是转速传感器，转速传感器由一个霍尔传感器和一个半周形的铁磁体组成，铁磁体装在凸轮轴端部。凸轮轴的半转有信号，另半转没有信号。相应的一个工作循环中，曲轴的一转有信号，另一转没有信号，这就区分了两个不同的上止点。

(2)点火线圈。BOSCH M1.5.4 系统点火线圈是一个小型的变压器，它有一个铁心，围绕铁心有两个线圈，初级绕组和次级绕组。这两个线圈十分靠近，第一电流流进初级绕组(线圈匝数较小)后，磁通量骤变，在次级绕组(线圈匝数较多)引起很大的感应电动势(电压)。这些带电压的部件安装在密闭绝缘器内，由塑料外壳包上，壳体上有一个高压电极和一个线束插头，插头中一个为正极(即电流流进初级绕组端子)，另一个为负极(即控制初级绕组电流断电的端子)。安装点火线圈时，其安装支座必须可靠搭铁。

图 8-34 为点火线圈结构图。

17. 怎样检查与调整分电器？

(1)检查分电盖和分火头是否破裂，接线柱是否腐蚀和磨损，如有必要，进行更换。

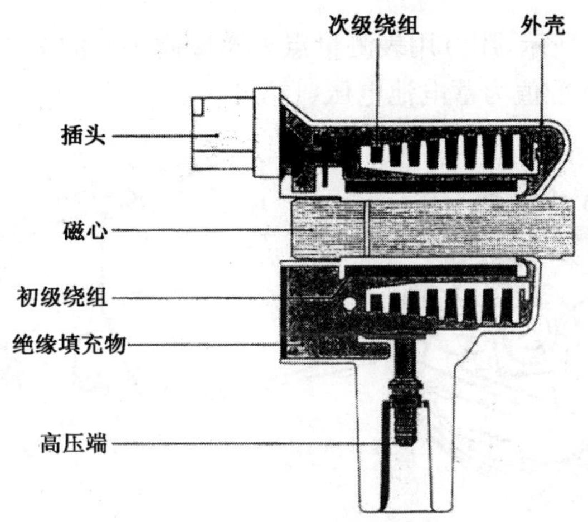

图 8-34　点火线圈的结构

(2)触发轮空气间隙的检查。用塞尺测量触发轮棘爪和传感器间的空气间隙,如果空气间隙不符合规定,则应调节。触发轮空气间隙标准值为:0.2～0.4mm,如图 8-35 所示。

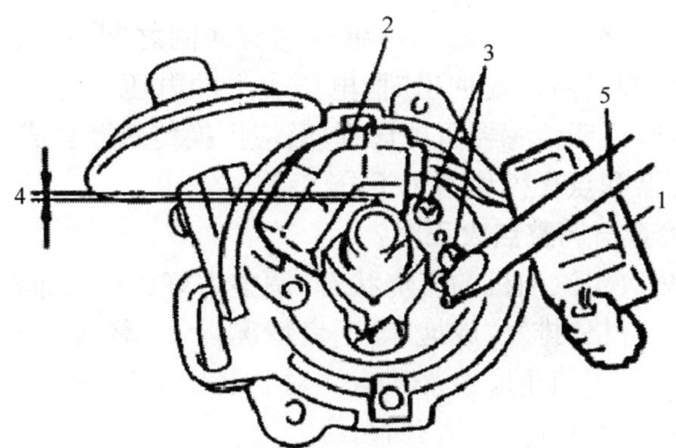

图 8-35　分电器触发轮空气间隙的调整

1. 点火模块　2. 传感器　3. 调整螺钉　4. 触发轮空气间隙　5. 一字旋具

①拆下分电器上的点火模块。

②松动固紧传感器的两颗螺钉。

③用一字旋具,移动传感器并按规定调节空气间隙。

④调节后,固紧两颗螺钉并重新检查空气间隙。

(3)点火模块总成的检查。

①拆下分电器盖和分火头。

②检查触发轮棘爪与传感器感应线圈是否分开,如未分开,则来回转动

曲轴。

③如图 8-36 所示,用万用表测量点火模块插接件的端子 A 和发动机搭铁之间的电压,标准值为蓄电池电压(12V)。

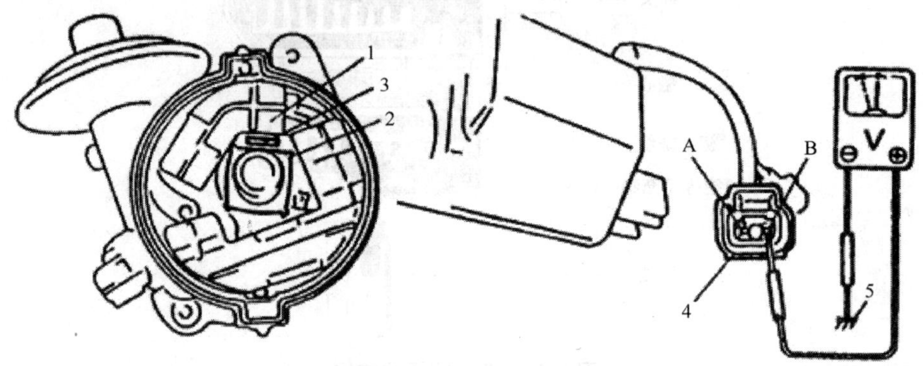

图 8-36　点火模块的检测

1. 感应线圈　2. 触发轮　3. 一字旋具　4. 插接件　5. 发动机搭铁线　A、B. 端子

④把电压表连接到点火模块插接件的端子 B 和发动机搭铁之间(如图 8-36 所示)。

⑤把一字旋具插入触发轮和传感器感应线圈之间,然后快速抽出并重复几次。当一字旋具插入或抽出时,电压表上的电压应有约 0.3V 的摆动,如果不是这样,则说明传感器可能已损坏,应更换传感器总成。

注意:传感器和点火模块不可拆分。

18. 怎样检查与调整点火正时?

点火提前角决定汽油机的燃烧状态,调整不好引起汽油机爆震、功率不足、过热、排放不合格、排气"放炮"等不良情况,严重影响汽油机的使用性能和寿命。因此点火提前角应经常检查。对于装用德尔福系统的车辆点火提前角由电子控制单元控制,无需调整。

装用 BOSCH M1.5.4 发动机管理系统的车辆,起动汽油机为怠速工作状态,使汽油机充分预热,确认未加空调等电负荷。

注意:起动发动机,将变速杆放到空档位置并拉紧驻车制动器。

(1)从地板处拆下分电器维修盖,然后从变速器前壳处取下塞子。

(2)把正时灯连到 1 号高压阻尼线上。

(3)起动发动机然后以不高于 800r/min 的转速运转。

(4)在此条件下,将正时灯朝向飞轮,如果飞轮上的 7°正时标记 B 与壳体上的正时配合标记 A 对准(孔边缘),则表明点火正时准确,如图 8-37 所示。怠速点火正时标准值:7°(800r/min)。

(5)如果点火正时不符合规定，松开分电器安装螺栓，在发动机运转的情况下，通过转动分电器总成来调节正时，然后又拧紧该螺栓，如图 8-38 所示。

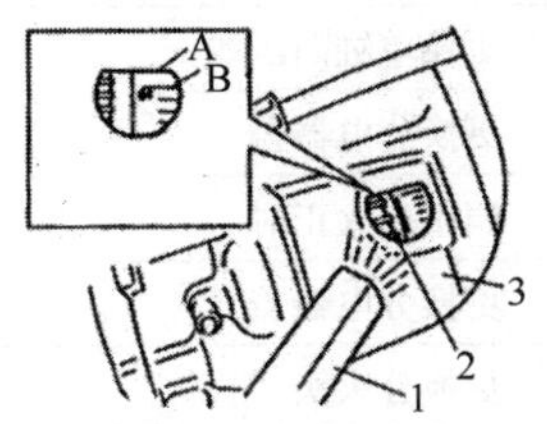

图 8-37　检查点火正时

1. 点火正时灯　2. 飞轮　3. 变速器壳

A. 变速器壳上的正时标记　B. 飞轮上 7°正时标记

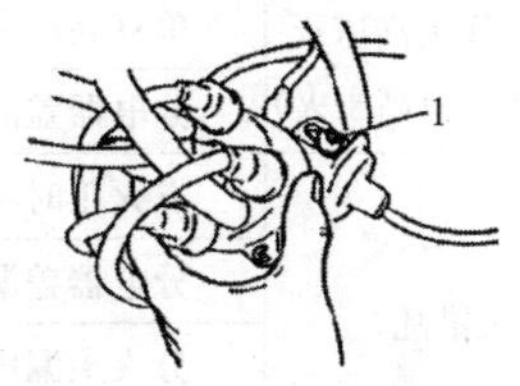

图 8-38　点火正时的调整

1. 分电器安装螺栓

(6)拧紧分电器安装螺栓后，重新检查点火正时是否在规定的范围之内。

19. 怎样检查高压线？

(1)用万用表测量高压线的电阻，如图 8-39 所示。高压线电阻标准值：10～22kΩ。

(2)如果电阻值超过规定，应更换高压线。

20. 怎样检查火花塞？

(1)汽车每行驶 10000km 后应更换火花塞，平时检查如发现损坏可以随时更换，更换时应注意型号为 F6RTC 或 DK7RTC，螺纹 M14×1.25。

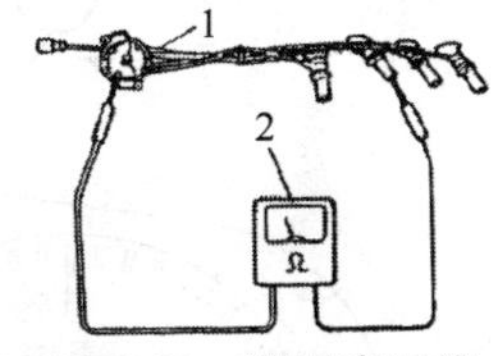

图 8-39　测量高压线

1. 高压线　2. 万用表

(2)火花塞中心电极的绝缘体和外电极之间表面应清洁，不许有积炭，如有积炭可以用细砂纸清除。

(3)火花塞间隙为 1.0～1.2mm，间隙在整个中心电极平面上应均匀相同。若该间隙不符合规定，应予以调整。

21. 点火系统的故障如何诊断与排除？

点火系统的故障诊断与排除见表 8-2。

表 8-2　点火系统的故障诊断与排除

故障现象	故障原因	排除方法
中央高压线无高压火	中央高压线故障	更换中央高压线
	点火线圈故障	更换点火线圈
	点火模块故障	更换点火模块
	触发转子与传感器之间的间隙不正确	调整触发转子与传感器之间的间隙
	点火线圈无低压电	检查并排除点火线圈线路故障

续表 8-2

故障现象	故障原因	排除方法
单缸高压线无高压火（中央高压线有高压火）	单缸高压线故障	更换单缸高压线
	分电器盖故障	更换分电器盖
点火错乱	点火正时不正确	调整点火正时
	分电器盖漏电	更换分电器盖
	分火头漏电	更换分火头
	高压线插错	将高压线插对

第四节　组合仪表的维修

22. 组合仪表由哪些部件组成？

如图 8-40 所示，组合仪表上有冷却液温度表、车速表、燃油表、机油压力报警灯、制动液液位信号灯、充电指示灯、驻车制动信号灯、远光信号灯等。

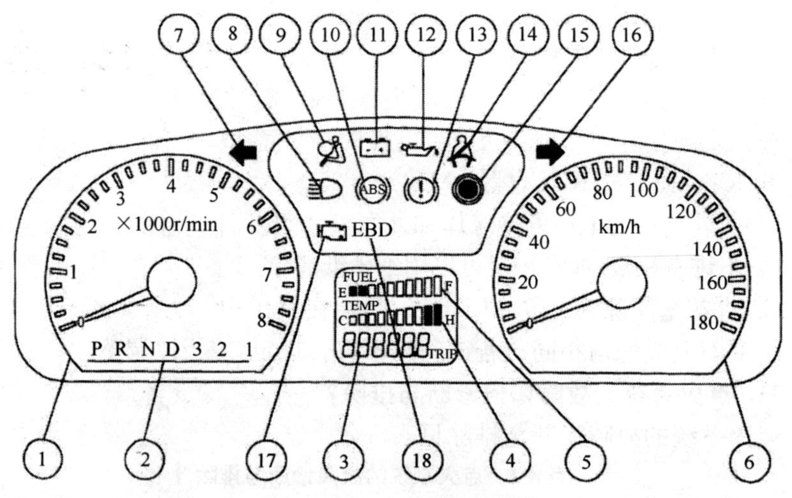

图 8-40　组合仪表的组成

1. 车速表　2. 自动变速器状态指示灯　3. 里程表　4. 水温表　5. 燃油表　6. 发动机转速表　7. 左转向指示灯　8. 远光指示灯　9. 安全气囊警告灯(选装)　10. ABS 警告灯(选装)　11. 蓄电池充放电指示灯　12. 机油压力警告灯　13. 制动液位/驻车制动警告灯　14. 座椅安全带警告灯(选装)　15. 防盗系统指示灯(选装)　16. 右转向指示灯　17. 发动机故障指示灯　18. EBD 警告灯(选装)

23. 机油压力报警灯如何检修

(1)机油油压开关的检查。测量油压开关对搭铁电阻，在发动机不工作时，电阻应为0Ω；在发动机工作时，电阻应为无穷大。若电阻不正常，则说明油压开关损坏。

(2)机油压力报警灯常见故障诊断与排除(见表8-3)。

表8-3　机油压力报警灯常见故障诊断与排除

故障现象	故障原因	故障排除
机油压力报警灯始终不亮	(1)灯泡损坏 (2)仪表熔丝熔断 (3)有线路故障或搭铁故障	(1)更换灯泡 (2)更换熔丝 (3)检查线路
发动机工作后，机油压力报警灯始终亮	(1)油压开关有故障 (2)机油压力报警灯与油压开关间的线路有短路故障 (3)机油压力过低	(1)检查油压开关 (2)检查线路 (3)检查发动机润滑系统

24. 燃油表怎样检查？

(1)拆开后座，拔下油位传感器连接器。

(2)在油位传感器连接器上连接可变电阻，然后打开点火开关。

(3)转动可变电阻，观察燃油表指针位置与电阻之间的关系是否与表8-4相符，若相符，则说明燃油表正常，否则说明燃油表或线路有故障。

25. 燃油油位传感器怎样检查？

如图8-41所示，用万用表检查浮子在不同位置时的电阻是否与表8-5相符，若不符，则说明燃油油位传感器损坏。

表8-4　燃油表指针位置与电阻值

燃油表指针位置	电阻值(Ω)
F	2～4
1/2	29.5～35.5
E	117～123

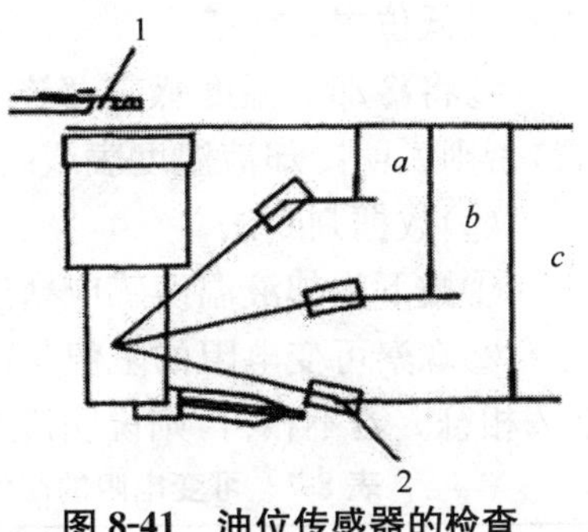

图8-41　油位传感器的检查

1. 燃油泵总成　2. 浮子

表8-5　浮子位置与电阻值

浮子位置(mm)		电阻值(Ω)
a	102.3	2～4(燃油表指针在F位置)
b	156.9	29.5～35.5(燃油表指针在1/2位置)
c	218.5	117～123(燃油表指针在E位置)

26. 燃油表常见故障如何诊断与排除？

燃油表常见故障诊断与排除方法见表8-6。

表 8-6 燃油表常见故障诊断与排除方法

故障现象	故障原因	故障排除
燃油表指针始终指在某一位置	(1)浮子卡住 (2)燃油表有故障 (3)油位传感器有故障	(1)拆检油位传感器 (2)检查燃油表 (3)检查油位传感器
燃油表指针始终处于低位	(1)熔丝熔断 (2)燃油表或油位传感器搭铁不良 (3)燃油表或油位传感器有故障	(1)更换熔丝 (2)检查线路 (3)检查或更换
燃油表指针总在 F 位置	(1)燃油表或油位传感器有搭铁故障 (2)燃油表或油位传感器有故障	(1)检查线路 (2)检查或更换
燃油表指示不准	(1)燃油表有故障 (2)油位传感器有故障 (3)导线或搭铁不良	(1)检查燃油表 (2)检查油位传感器 (3)检查线路

27. 冷却液温度表如何检查?

(1)简单判断法。

①打开点火开关,拔下冷却液温度感应塞连接器,冷却液温度表指针应指在最低位置。

②将冷却液温度感应塞连接器搭铁,冷却液温度表指针应指在最高位置,否则说明冷却液温度表或线路有故障。

(2)数据判断法。

①拔下冷却液温度感应塞连接器,在连接器和地之间串联上可变电阻。

②观察可变电阻的阻值与冷却液温度表指示温度之间的关系是否与表 8-7 相符。若不相符,则说明冷却液温度表损坏。

表 8-7 可变电阻的阻值与冷却液温度表指示温度之间的关系

温度(℃)	电阻(Ω)
50	190～260
80	54.2～58.1

28. 冷却液温度感应塞如何检查?

(1)拆下冷却液温度感应塞,放到容器中加热。

(2)将温度计放到容器中,观察冷却液温度与冷却液温度感应塞电阻之间的关系是否与表 8-7 相符,若不相符,则说明冷却液温度感应塞损坏。

29. 冷却液温度表常见故障如何诊断与排除?

冷却液温度表常见故障诊断与排除方法见表 8-8。

表 8-8　冷却液温度表常见故障诊断与排除方法

故障现象	故障原因	故障排除
冷却液温度表指针总指在 100℃以上	(1)冷却液温度表与冷却液温度感应塞间的线路搭铁 (2)冷却液温度感应塞内部搭铁 (3)冷却液温度表损坏	(1)检查线路 (2)检查冷却液温度感应塞 (3)检查冷却液温度表
冷却液温度表指针总在低位	(1)熔丝熔断 (2)导线有断路处 (3)冷却液温度感应塞内部断路 (4)冷却液温度表损坏	(1)更换熔丝 (2)检查线路 (3)检查冷却液温度感应塞 (4)检查冷却液温度表
冷却液温度表指针指示偏低	(1)冷却液温度感应塞有故障 (2)冷却液温度表有故障 (3)节温器有故障	(1)检查冷却液温度感应塞 (2)检查冷却液温度表 (3)检查节温器

第五节　刮水器和洗涤器的维修

30. 刮水器和洗涤器结构特点如何？

刮水器分为前刮水器和后刮水器。前刮水器位于前挡风玻璃处，包括 1 个四连杆、2 个刮臂、一个电机，电机为双速电机；后刮水器位于尾门玻璃处，包括一个电机、一个刮臂，电机为单速电机。

洗涤器分为前洗涤器、后洗涤器。前洗涤器的喷嘴装在通风罩饰板上，洗涤液壶位于前隔板上，后洗涤器喷嘴装在尾门右上角处。

前刮水器、洗涤器开关在组合开关内；后刮水器、洗涤器开关在仪表板的右侧。

刮水器和洗涤器主要由刮水片、刮水器臂、刮水器电机、前洗涤器泵、后洗涤器泵、储水罐、喷水软管和喷嘴等组成。

31. 刮水器的故障如何诊断与排除？

当刮水开关打到“ON”位置，电机不转动，检查电线以及插接件的导通性，然后，检查以下项目：

(1)熔断器是否熔断

(2)刮水开关是否导通

拔下组合开关的插接器，拔下后刮水器、洗涤器开关的插接器，用万用表检查相关端子的导通性。

①前刮水器和洗涤器开关端子导通关系如图 8-42 所示，组合开关端子

的排列如图 8-43 所示。

挡位		端子号	12	14	13	11	AS	INT1	INT2
挡位	刮水开关	OFF		○			○		
		INT		○			○	○	○
		LO	○	○					
		HI	○		○				
	洗涤开关		○			○			

图 8-42 前刮水器和洗涤器开关

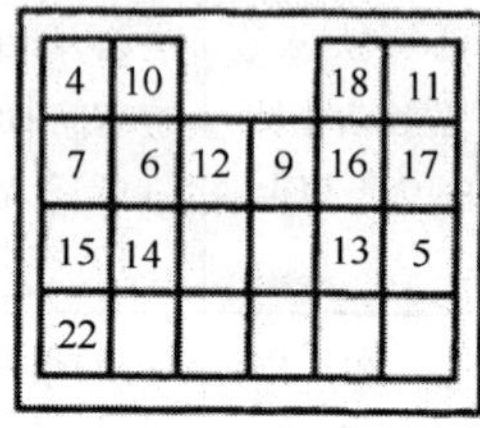

图 8-43 组合开关端子的排列

②后刮水器开关端子导通关系如图 8-44 所示，端子的排列如图 8-45 所示。

开关挡位	1	4	3	2	ILL	5
OFF	○	○		○	○	○
ON	○		○		○	○

图 8-44 后刮水器开关端子导通关系

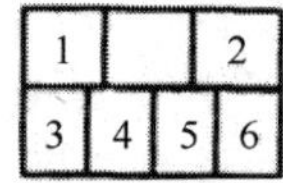

图 8-45 后刮水器开关端子的排列

(3)刮水器电机电枢是否损坏，或者换向电刷是否接触不良。

①对于前刮水器电机，检查 3 和搭铁、4 和搭铁的导通性，如图 8-46 所示。

②对于后刮水器电机，检查 3 和搭铁的导通性，如图 8-47 所示。

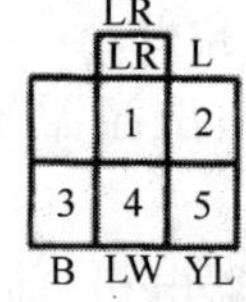

图 8-46 前刮水器电机插接器端子排列

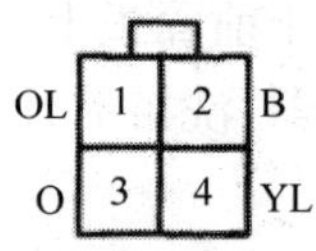

图 8-47 后刮水器电机插接器端子排列

32. 怎样对刮水器进行空载检验?

(1)前刮水器。使用 12V 蓄电池，将蓄电池的正极接到 3(如图 8-46 所示)，负极搭铁，电机转速应为 48～60r/min(低速)。将蓄电池的正极接到 4，负极搭铁，电机转速应为 65～79r/min(高速)。

(2)后刮水器。将蓄电池的正极接到 3(如图 8-47 所示)，负极搭铁，电机转速应为 48～60r/min。

33. 刮水器自动复位功能如何检查?

(1)前刮水器。分别将蓄电池的正极接到 1 上(如图 8-46 所示)，负极搭铁，用一个跨接线短接 2 和 3，检查电机轴是否回到规定位置。重复起动、停止电机几次，检查电机是否回到同一位置。

(2)后刮水器。分别将蓄电池的正极接到 1 上(如图 8-47 所示)，负极搭铁，用一个跨接线短接 2 和 3，检查电机轴是否回到规定位置。

第六节　照明装置的维修

34. 光束照射位置应如何检验？

前照灯光束照射位置检验方法有多种(如屏幕法、前照灯校正仪等)，这里仅说明屏幕法。

检查用场地应平整，屏幕与场地应垂直。被检验车辆应在轮胎气压正常，乘坐一名驾驶员的条件下进行。将车辆停置于屏幕前，并与屏幕垂直，使前照灯基准中心距离 10m，在屏幕上确定与前照灯基准中心离地面 H 等高的水平基准线为基准确定的左右前照灯基准中心位置线。分别测量左右近光光束的水平和垂直照射方位的偏移值。

前照灯光束中心点离地面的高度应为 0.6～0.8H(如图 8-48 所示)。

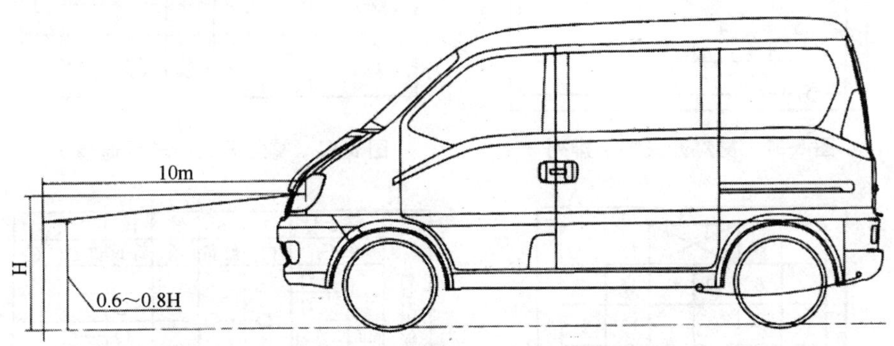

图 8-48　前照灯光束中心点离地面的高度

前照灯光束水平方向位置向左向右偏均不得超过 100mm(如图 8-49 所示)。

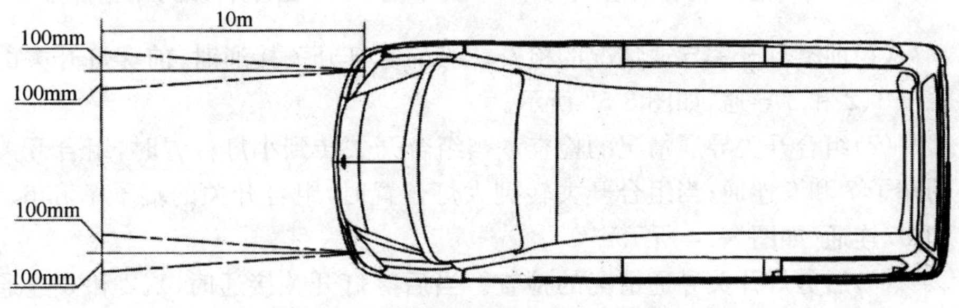

图 8-49　前照灯光束水平方向位置

35. 前照灯光束调整零件在哪?

如图 8-50 所示,前照灯背面带两个调整轮(1、2),通过这两个调整轮来调整光束的照射位置。

36. 雾灯开关如何检修?

用万用表检查灯光开关的导通性。雾灯开关端子排列如图 8-51 所示,雾灯开关端子导通情况如图 8-52 所示;组合开关端子的排列如图 8-53 所示,组合开关端子导通情况如图 8-54 所示。

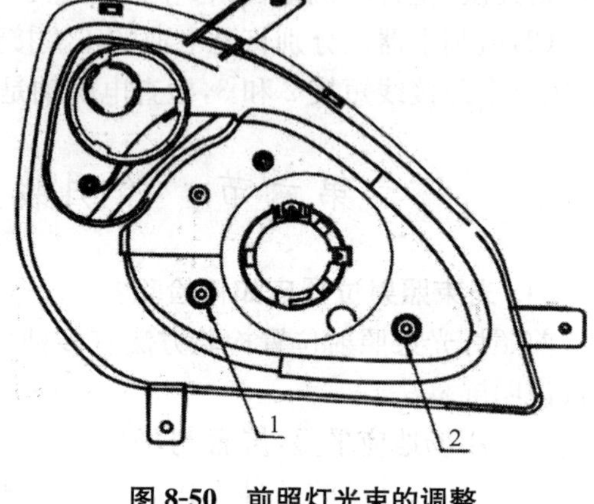

图 8-50　前照灯光束的调整

1、2. 调整轮

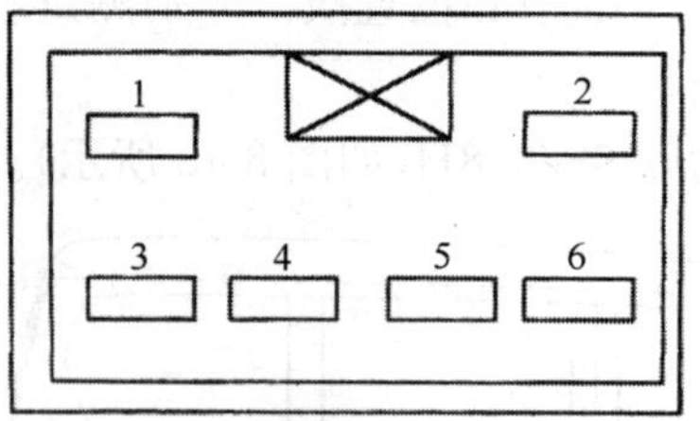

图 8-51　雾灯开关端子排列

开关挡位	1	4	ILL	3	2	5
OFF		○	⊗			○
ON	○		⊗	○	○	

图 8-52　雾灯开关端子导通情况

4	10	╳		18	11
7	6	12	9	16	17
15	14			13	5
22					

图 8-53　组合开关端子排列

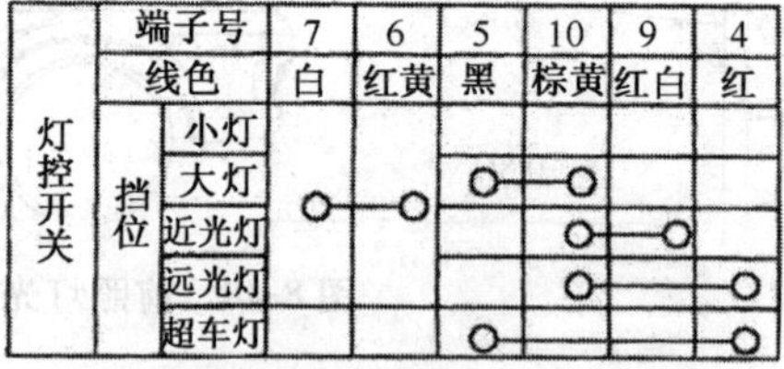

灯控开关	端子号	7	6	5	10	9	4
	线色	白	红黄	黑	棕黄	红白	红
挡位	小灯	○	○				
	大灯			○	○		
	近光灯				○	○	
	远光灯				○		○
	超车灯			○			○

图 8-54　组合开关端子导通情况

(1)前雾灯开关导通情况的检查。当前雾灯开关接通时,前雾灯开关的端子 1、2 和 3 导通,如图 8-52 所示。

(2)组合开关导通情况的检查。当组合开关转到小灯位置时,组合开关的端子 7 和 6 连通;当组合开关转到大灯位置时,组合开关的端子 7 和 6、5 和 10 连通(如图 8-54 所示)。

(3)后雾灯开关导通情况的检查。当后雾灯开关接通时,1、2 和 3 连通(如图 8-52 所示)。

37. 转向灯故障如何诊断与排除？

转向灯故障诊断与排除见表 8-9。

表 8-9　转向灯故障诊断与排除

故　　障	原　　因	排除方法
任何一组灯都不亮	易熔线已熔断	更换
应急开关接通时。转向信号灯亮	20A 熔断器已熔断，或组合开关不良	更换或维修
但转向时，转向信号灯不亮	转向触点接触不良	更换或维修
转向开关接通时，转向信号灯不亮；应急开关接通时，转向信号灯不亮	10A 熔断器已熔断，或应急开关触点接触不良	更换或修理
闪光频率不稳定，或灯一直亮	闪光器故障	更换
应急开关接通时，只有一组转向信号灯亮	应急开关触点接触故障	修理或更换

第七节　其他电气设备

38. 电动玻璃升降器开关如何检修？

(1)电动玻璃升降器主开关的检修。电动玻璃升降器主开关端子的排列如图 8-55 所示；端子的导通情况如图 8-56 所示，可用万用表检查。

说明：图中 DR 表示驾驶人侧；AS 表示前排乘员侧。

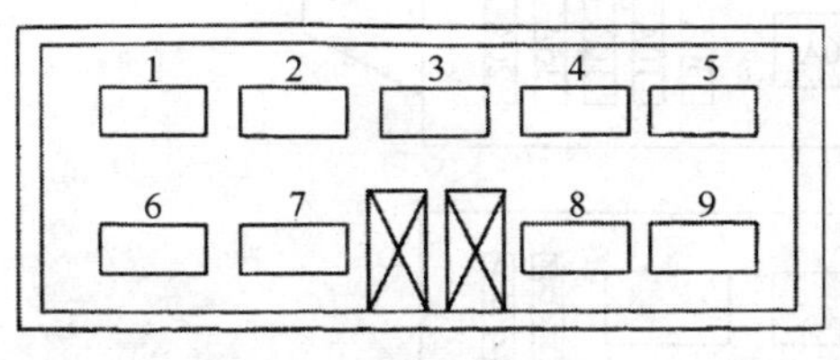

图 8-55　电动玻璃升降器主开关端子的排列

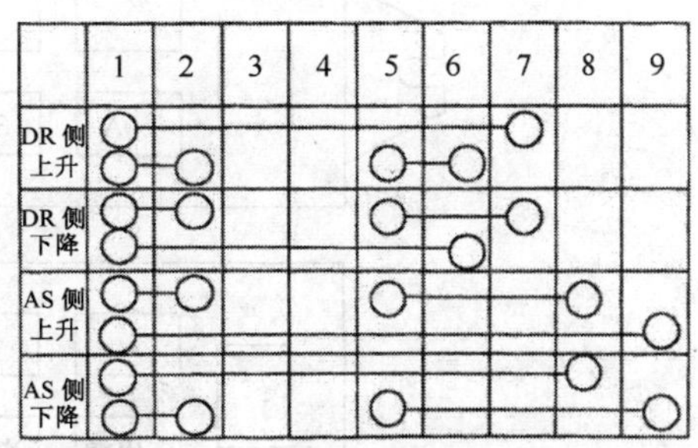

图 8-56　电动玻璃升降器主开关端子的导通情况

(2)电动玻璃升降器副开关的检修。电动玻璃升降器副开关端子的排列如图 8-57 所示；端子的导通情况如图 8-58 所示，可用万用表检查。

说明：图中 DR 表示驾驶人侧。

39. 熔断器是如何布置的?

(1)熔断器盒。哈飞微型车采用 3 个熔断器盒,分别为一级、二级、三级熔断器盒。熔断器盒内熔断器的具体位置见熔断器盒盖,如图 8-59、图 8-60、图 8-61 所示。

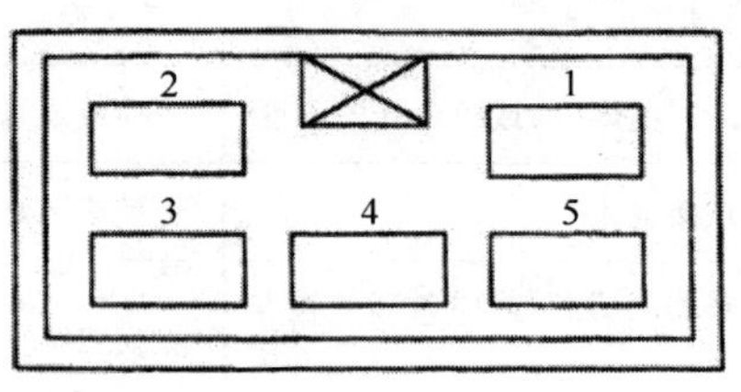

图 8-57 电动玻璃升降器主副开关端子的排列

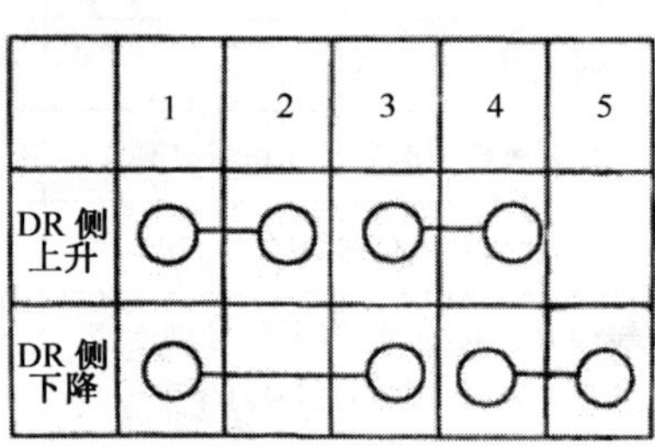

图 8-58 电动玻璃升降器副开关端子的导通情况

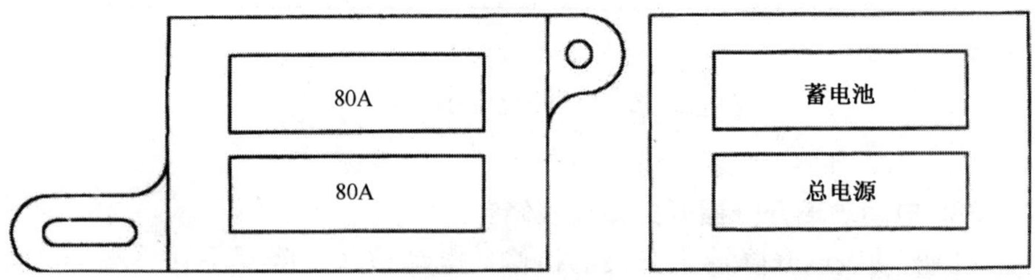

图 8-59 熔断器盒(1)

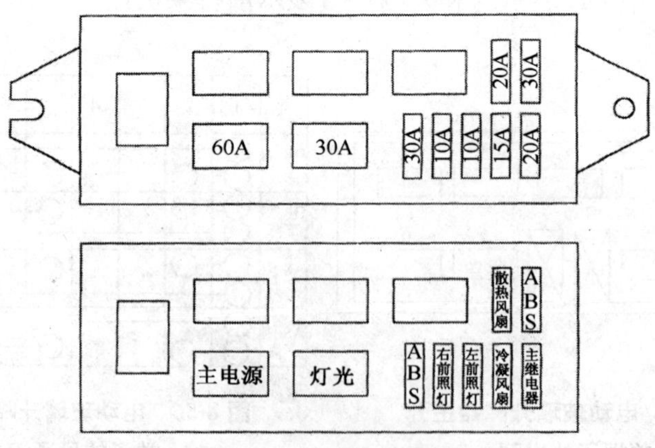

图 8-60 熔断器盒(2)

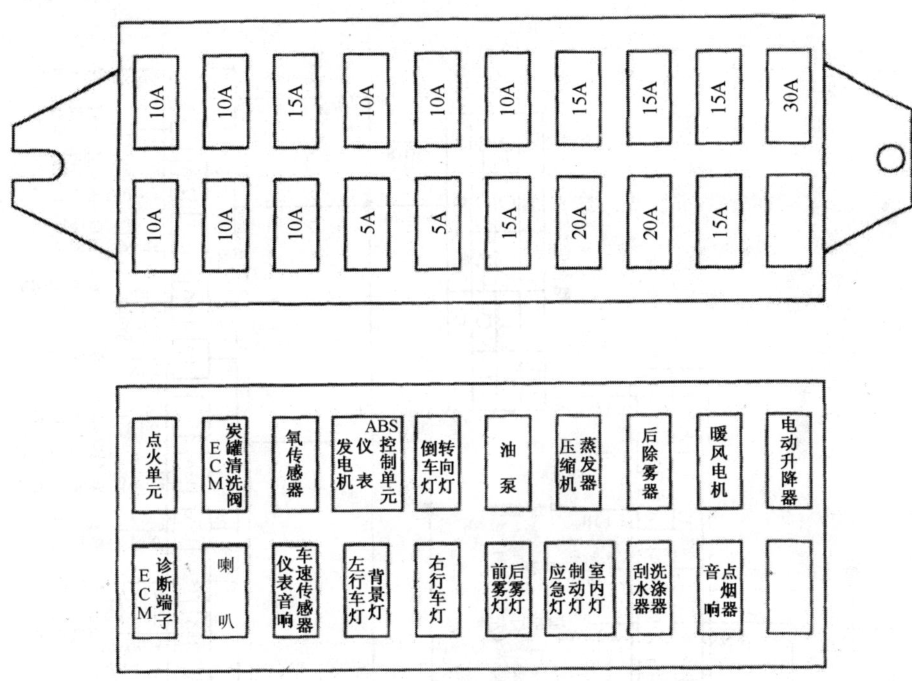

图 8-61 熔断器盒(3)

(2)熔断器的控制功能(如图 8-62 所示)。

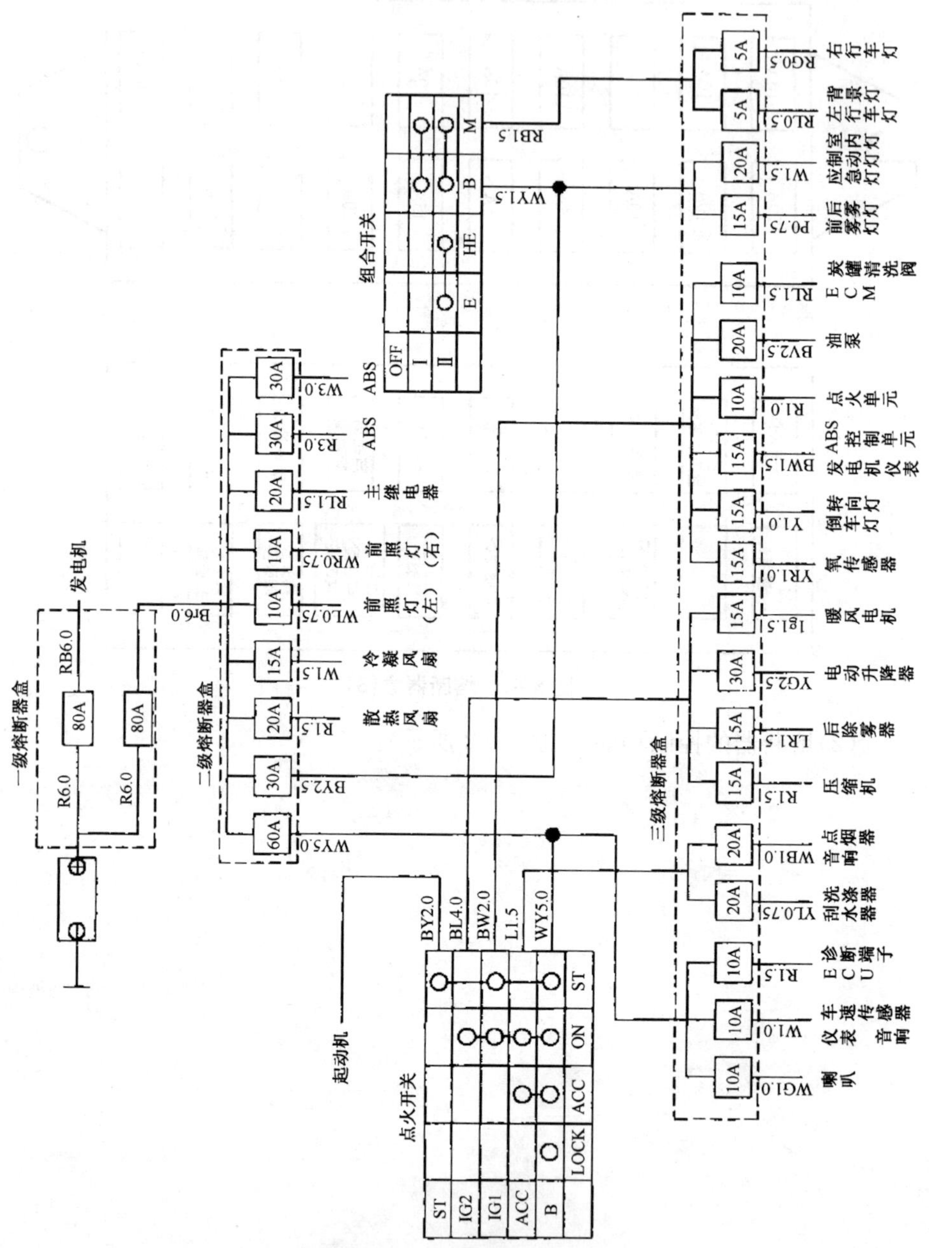

图 8-62 熔断器的控制功能

第九章　空调与暖风系统的维修

1. 空调系统的日常维护

日常维护是外观目测的常规检查，是巡视性的，发现问题应及时排除。日常维护项目如下：

(1)检查冷凝器翅片上是否有污泥、杂物，必要时予以清理、修整。

(2)检查制冷系统管路是否与其他零件发生干涉，各接头处是否有制冷剂泄漏的油迹，必要时予以检修。

(3)检查制冷系统管路和电路接头处是否可靠。

(4)检查压缩机皮带的张紧度是否合适，必要时予以调整。

(5)检查压缩机进、排气口管的温度是否正常；由制冷系统排出的冷风来判断冷量是否正常。

(6)从贮液干燥器视液玻璃处观察制冷剂量是否充足。

2. 空调系统的定期维护

空调系统定期维护的项目和内容见表 9-1。

表 9-1　空调系统定期维护的项目和内容

维护项目	检查内容	维护周期				
制冷剂量是否充足	从贮液器视液镜处进行观察	周	月	季	年	更换时间
制冷系统管路	检查管路接头处是否有油迹、是否有制冷剂泄漏		●			
	检查管路固定夹是否有松动现象			●		
	检查高低压软管是否有损伤、老化或与其他零件相干涉			●		3年
冷凝器表面	有无杂物、污泥，若有清洁其表面，并修整变形的翅片	●				
鼓风机电机	测量 I、V 是否正常				●	4年
蒸发器表面	清除污物				●	
膨胀阀	感温包贴紧情况				●	
贮液器	检查贮液器是否有脏堵，若其干燥剂吸湿能力已经饱和，而且有脏物则必须更换				●	维修时最好更换
压缩机	轴的油封处是否有泄漏		●			
压缩机安装、调整支架	是否有松动现象		●			

续表 9-1

维护项目	检查内容	维护周期				
压缩机电磁离合器	电磁离合器工作是否正常，电磁离合器间隙是否正常		●			
压缩机皮带	检查压缩机皮带张力是否符合要求		●			
空调控制元件	检查 A/C 开关、继电器、压力开关、风速开关、风速电阻器的功能是否正常				●	
暖风控制机构	检查模式控制旋钮、温度控制旋钮是否到位				●	
电气线路	检查电气线路的插接件是否插接可靠		●			
空调器壳体	检查其接缝处是否漏气、减震垫是否脱落，壳体是否有裂纹、损坏				●	
暖风导管	检查暖风导管是否有变形、裂坏、损坏				●	

注：●表示需要维护。

3. 空调系统检修数据

空调系统的检修数据见表 9-2。

表 9-2　空调系统的检修数据

项　目		标准值
怠速转速(r/min)		850±50
空调怠速(r/min)		1000±50
调速电阻电阻值(暖风机电机)Ω	H-M	0.8
	H-L	2.5
	L-M	1.7
空调压缩机电磁离合器间隙(mm)		0.3～0.7
压缩机过热保护开关工作温度(℃)	导通	小于 150
	断开	大于 50(OFF 状态下，最低至于 120℃)

4. 空调系统充注制冷剂的流程如何？

充注制冷剂的流程如图 9-1 所示。

5. 怎样对空调系统抽真空？

注意：无论何时打开(暴露于大气中)，空调系统必须用真空泵将其抽真空。空调系统必须设有进排气支管压力表，必须被抽真空约 15min。

小心：在回收系统中的制冷剂之前，不要抽真空。

(1)如图 9-2 所示连接歧管压力表。

(2)将歧管压力表中间那一根软管接到真空泵上。

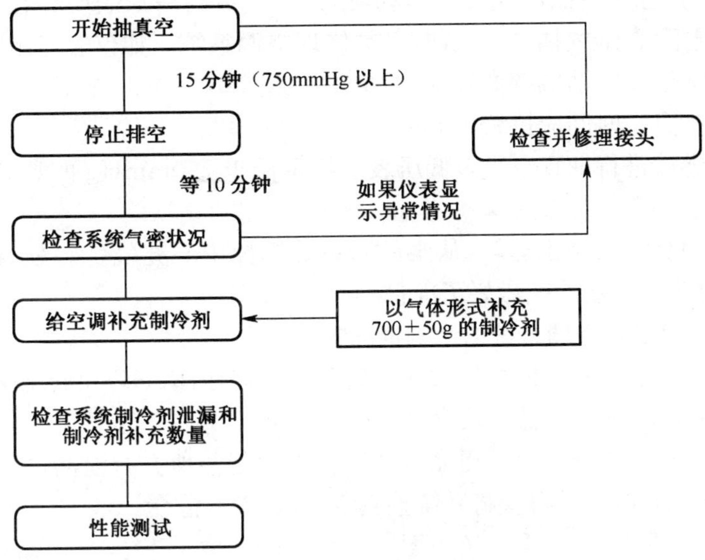

图 9-1 充注制冷剂的流程

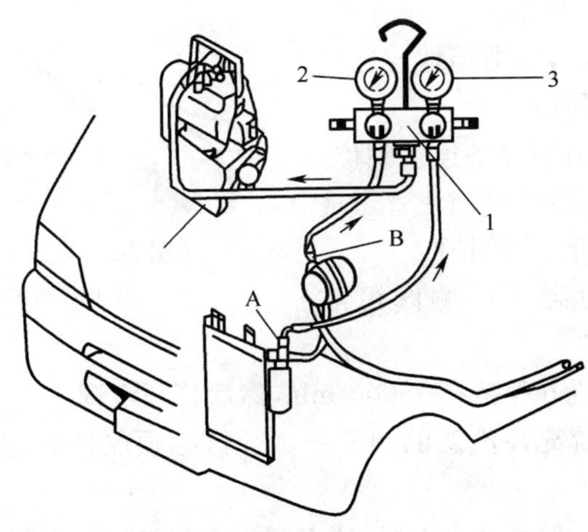

图 9-2 连接进排气歧管压力表

1. 歧管压力表 2. 低压表 3. 高压表 4. 回收设备或真空泵 A. 高压维修阀 B. 低压维修阀

(3)操作真空泵，然后打开歧管压力表吸入侧的阀门，如在系统内有任何堵塞，那么，在高压表上就有显示，在这种情况出现时，请打开歧管压力表的另一侧阀门。

(4)只要不存在泄漏现象，大约 10min 之后，低压表则显示出低于 760mmHg 的真空。

注意：如该系统没有显示低于 760mmHg 的真空，请关闭两个阀，停下真空泵并注意观察低压仪表的移动，压力表读数的增加表明存在泄漏。在这种情况下，在继续抽真空之前，必须修理空调系统。如仪表显示出稳定读数(表明无泄漏)，请继续抽真空。

(5)抽真空时间应持续15min。

(6)继续进行抽真空直至低压表上显示低于760mmHg的真空，然后关闭两个阀。

(7)使真空泵停止运转，从泵的入口处拆掉中心充气(液)软管。这时，该系统已为充注制冷剂做好了准备。

6. 如何检查空调系统的泄漏情况？

在完成抽真空任务之后，关闭歧管压力表高压阀(HI)和低压阀(LO)并等待10min，验证一下低压仪表读数是否变化。

注意：如仪表读数移动更靠近“0”，就说明某些地方有泄漏，检测管道接头，作必要的校正，并再次将系统抽真空，确保没有泄漏。

可以使用电子险漏仪(如图9-3所示)，仔细地检查该系统泄漏情况。

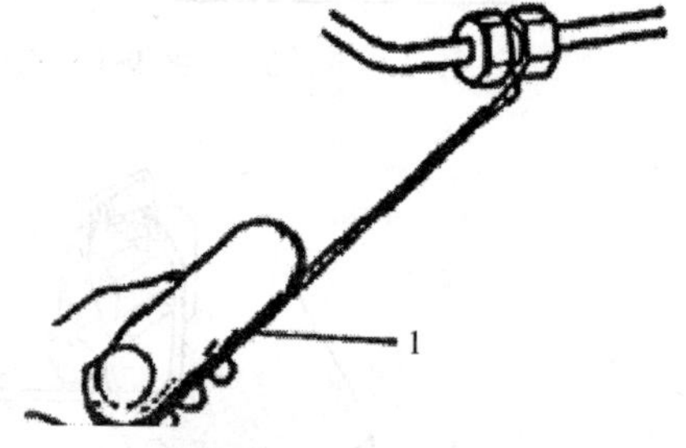

图9-3 电子检漏仪

1. 电子检漏仪

7. 怎样充注制冷剂？

(1)在抽真空后，要适当地放置好歧管压力表的连接软管。

(2)将歧管压力表设备连接到位，然后打开制冷剂容器阀对加注管道进行排气，然后打开低压侧阀门。

警告：务必使高压一侧阀可靠关闭。

(3)起动发动机并保持在1500r/min，然后打开空调。

(4)给空调系统充注汽态的制冷剂，此时，必须保持和制冷剂容器直立状态。

(5)当制冷剂容器被抽真空时，按下列程序用新的制冷剂容器替换它。

①关闭低压阀。

②用已充有制冷剂的制冷剂容器替换被抽真空的容器，当使用制冷剂容器开关阀时，可按下面步骤进行更换，如图9-4所示。

a. 退回顶针，拧松其板螺母，拆去制冷剂容器开关阀。

b. 将先前拆除的制冷剂容器开关阀重新安装到新的制冷剂容器上。

③排出存在于中心充注软管中的气体。当使用制冷开关容器开关阀时，可按下面步骤进行排气，如图9-5所示。

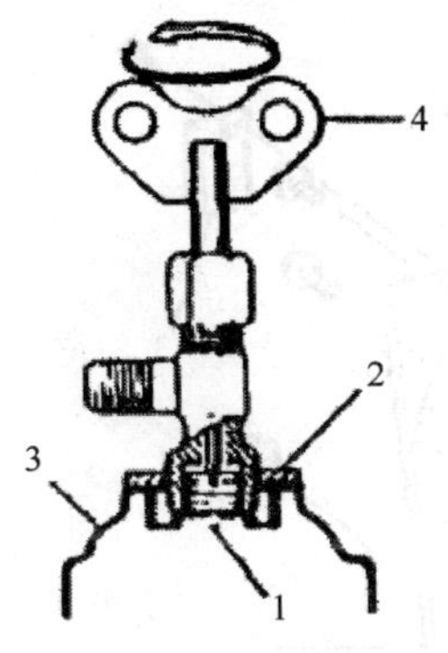

图 9-4 连接制冷剂容器

1. 针 2. 板螺母 3. 制冷剂容器 4. 手柄

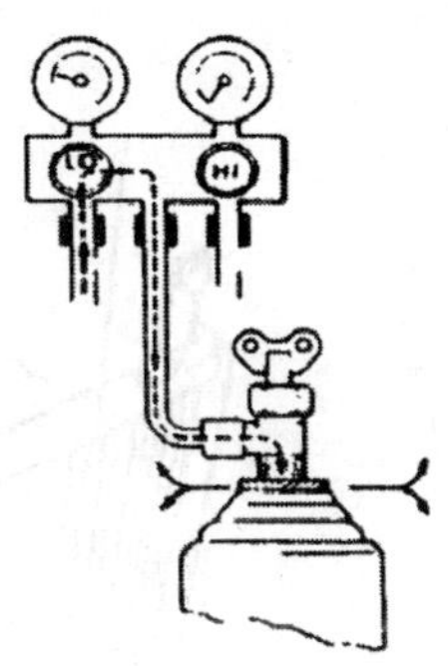

图 9-5 排出气体

a. 一次性完全拧紧制冷剂容器开关阀，然后稍许拧松板螺母（打开一小点）。

b. 将歧管压力表低压阀打开一些。

c. 一旦制冷剂通过制冷剂容器与开关阀之间的缝隙冒出来并带有漏气的声音，不但马上要拧紧歧管压力表的低压阀，而且要拧紧板螺母。

d. 顺时针地转动开关阀手柄，使其顶针能钻进新容器，产生一个制冷剂流动的通孔。

(6)在该系统被加注了规定量（650～750g）的制冷剂之后或当低压和高压表分别显示了规定的数值时，关闭歧管压力表的低压侧阀，此时，观察视液镜并检查里面是否存在气泡，如没有任何气泡，则表明该系统已充足制冷剂，如图 9-6 所示。

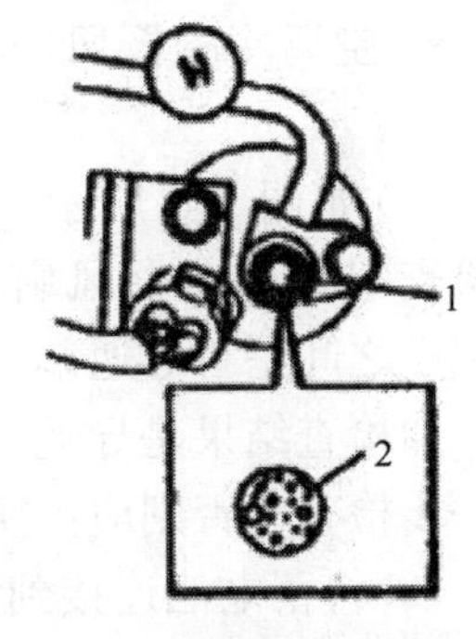

图 9-6 观察视液镜并检查里面是否存在气泡

1. 视液镜 2. 气泡

低压表：当补充规定量（制冷剂）时大约 200～300kPa 绝对压力（气温在 25～35℃）；

高压表：当补充规定量（制冷剂）时大约 1370～1670kPa 绝对压力（气温在 25～35℃）。

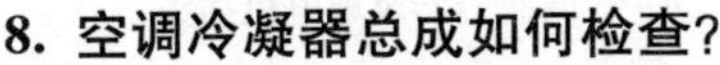

8. 空调冷凝器总成如何检查?

空调冷凝器总成如图 9-7 所示。

检查空调冷凝器总成以下内容：

(1)冷凝器散热叶片是否泄漏，堵塞，以及损坏。

(2)冷凝器装配件是否泄漏。

(3)被阻塞的冷凝器散热叶片必须用水清洗，然后用压缩空气吹干。

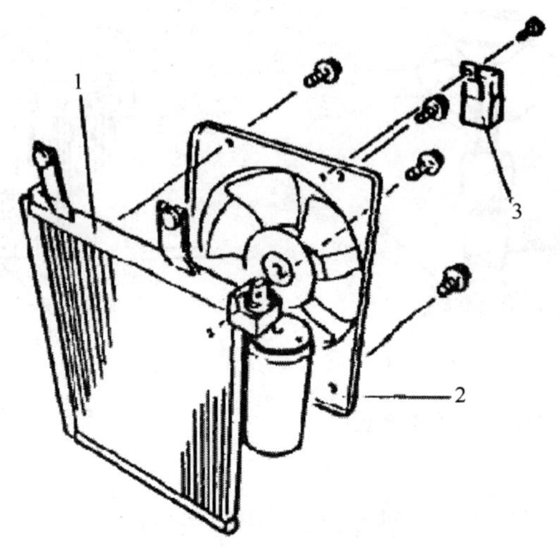

图 9-7 空调冷凝器总成

1. 冷凝器总成 2. 冷凝器风扇 3. 冷凝器风扇继电器

注意：小心不要损坏冷凝器散热时片，如冷凝器散热叶片弯曲，请用起子或钳子将之弄直，如发现配件或管子有泄漏，应修理或更换冷凝器。

9. 空调冷凝器风扇电机如何检查？

（1）如图 9-8 所示，用万用表检查空调冷凝器风扇电机二个端子之间是否导通。

如检查结果是导通，请进行下一步检查。否则应更换。

（2）将蓄电池连接到空调冷凝器风扇电机上，然后检查冷凝器风扇电机工作是否平稳。如果有故障，应更换新件。

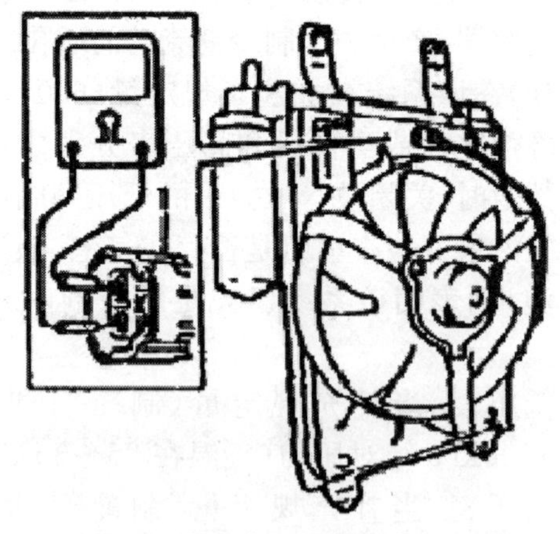

图 9-8 空调冷凝器风扇电机的检查

1. 空调冷凝器风扇电机插头

10. 空调压缩机由哪些部件组成？

空调压缩机主要由前端板、离合器线圈、压缩机 V 带轮、电枢板等部件组成，分解图如图 9-9 所示。

11. 空调压缩机的故障诊断方法如何？

空调压缩机故障主要有以下三种形式：漏气、噪声以及压力不足。在绝大多数情况下，压缩机漏气是由轴密封件引起，当检查漏气时，一般使用漏

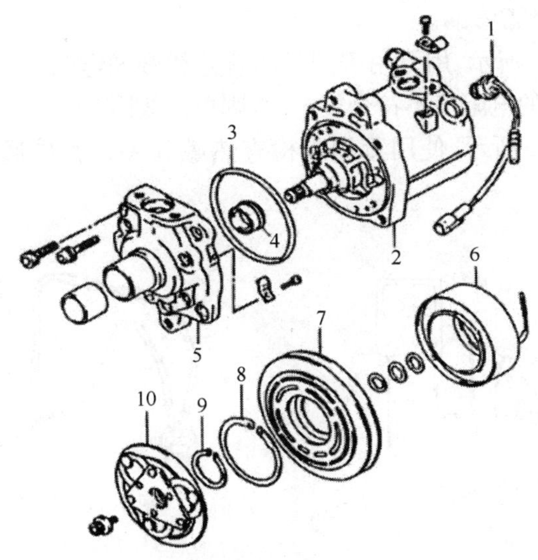

图 9-9　空调压缩机分解图

1. 热敏开关　2. 压缩机　3. O 形环　4. 唇装自紧油封　5. 前端板
6. 离合器线圈　7. 压缩机 V 带轮　8、9. 簧环　10. 电枢板

气测试器，如少量机油从轴密封件漏出，则没有必要更换密封件，设计时允许渗漏少量机油轴密封件。其目的在于润滑，因此，只有当大量的压缩机机油泄漏出来或当用气体测试得漏气时，才必须更换轴密封件。

空调压缩机的故障诊断见表 9-3。

表 9-3　空调压缩机的故障诊断

故障	故障可能原因	处理方法
压缩机有噪声	(1)旋转阀产生故障 (2)轴承阀产生故障 (3)气缸或轴产生故障	更换 更换 更换
电磁离合器有噪声	(1)轴承产生故障 (2)离合器产生损坏	更换 更换
冷气不足	(1)密封垫产损坏 (2)片簧阀产生故障	更换 更换
不旋转	(1)旋转阀锁死以致气缸和/或轴以及片簧阀被锁 (2)电磁离合器被卡住 (3)由于机油量不足，旋转部件卡住	更换 更换 更换
机油或液体泄漏	(1)轴密封件损坏 (2)O 形环损坏	更换 更换

12. 空调压缩机的部件检查方法有哪些？

(1)分别检查压力板及转子是否磨损和油浸。检查离合器轴承有无噪声，磨损以及润滑脂渗漏。

(2)如图 9-10 所示，用万用表测量离合器线圈的电阻值，标准电阻：2.9～3.8Ω。如被测量的电阻值不符合规定值，则更换线圈。

(3)如图 9-11 所示，使用万用表检查热敏开关是否导通。如未导通，应将其更换。

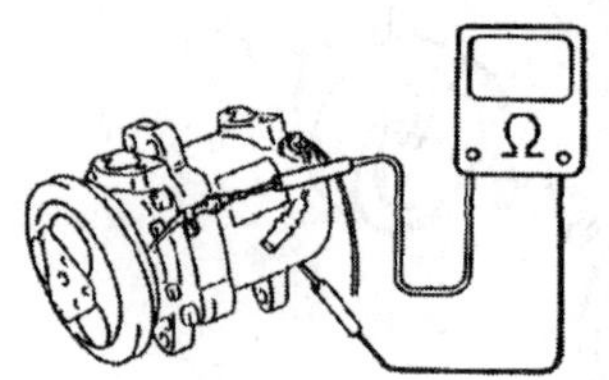

图 9-10 测量离合器线圈的电阻值

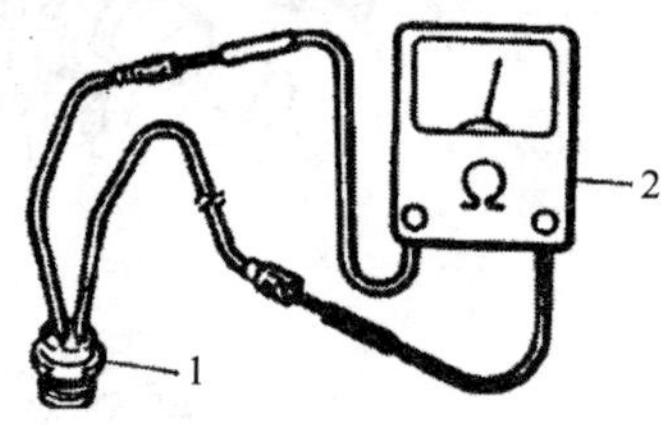

图 9-11 检查热敏开关

1. 热敏开关 2. 万用表

13. 怎样检查空调压缩机传动 V 带？

(1)用大约 100N 的力推动压缩机 V 带轮与曲轴 V 带轮之间的中间点，测量其偏移量来检查 V 带的张紧度，如图 9-12 所示。正常的挠度为 8～11mm；当更换新的 V 带时，将 V 带张紧度调节至 8～9mm。

(2)检查 V 带是否有磨损及裂纹，必要时，应更换。

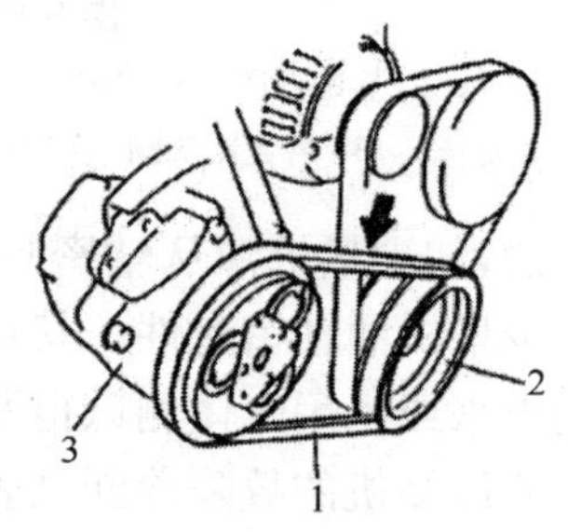

图 9-12 空调压缩机传动 V 带的检查

1. 传动 V 带 2. 曲轴 V 带轮 3. 空调压缩机

14. 如何通过观察孔检查制冷剂数量？

使用下述步骤能快速检查空调系统充注的制冷剂是否合适。

(1)按下列设定让空调工作几分钟：

①空调及风扇开关：高位；

②发动机转速：1100r/min(快转怠速)；

③门：全开。

(2)通过观察孔，检查空调系统内的制冷剂情况，如图 9-13 所示，并把观察到的情况和表 9-4 中所示的相比较。

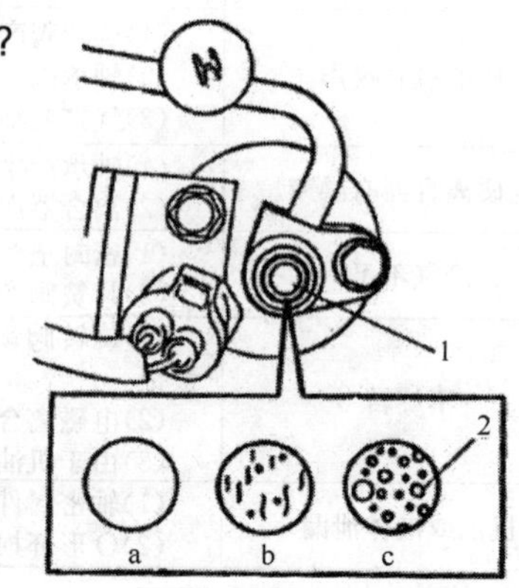

图 9-13 检查空调系统内的制冷剂情况

1. 观察孔 2. 气泡 a. 过量充注或无制冷剂 b. 适当 c. 制冷剂不足

表 9-4　检查空调系统内的制冷剂情况

序号	问　题	原　因	处理方法
1	在观察孔内发现气泡	系统内制冷剂补充不足	用泄漏测试器检查系统是否泄漏
2	在观察孔内未发现气泡	系统内制冷剂已用完或补充不足	参考步骤 3 和步骤 4
3	在压缩机入口与出口之间之温度变化不大	系统内无制冷剂或几乎无制冷剂	先对系统抽真空，然后加注制冷剂，再用泄漏测试器检查系统泄漏情况
4	在压缩机入口与出口之间的温度存在明显的差异	适量或过量	参考步骤 5 和步骤 6
5	当关闭空调时，观察孔内的冷却剂立即消失，观察孔保持清晰	系统内制冷剂充注过量	排泄过量制冷液，将其调节到规定的充注位置
6	当关闭空调时，观察孔内先产生气泡然后消失	系统内的制冷剂加注适量	无需处理

15. 空调系统故障排除一般顺序如何?

空调系统故障排除一般顺序见表 9-5。

表 9-5　空调系统故障排除一般顺序

检查内容	故　障　现　象			
	1. 空调不工作	2. 空调工作时车内温度不下降(不出冷风)	3. 暖风机电机不旋转	4. 暖风机电机旋转不停
熔断器	1	—	1	1
线束接头	2	—	2	2
制冷剂量	3	1	—	—
空调压缩机继电器	4	4	—	—
空调压缩机电磁离合器	5	5	—	—
压缩机过热保护开关	6	2	—	—
空调开关	7	—	—	—
暖风机电机	—	—	3	—
风速开关	8	—	4	3
调速电阻	—	—	5	4
空调压力开关	9	3	—	—
发动机 ECU	10	—	—	—

注：数字表示检查内容的顺序。

16. 空调系统故障如何诊断与排除?

(1)初步检查。

①检查空调系统的熔丝,如有必要进行更换。

②检查空调系统鼓风机的运行,如有必要进行维修。

③检查离合器线圈的电气连接,如有必要进行维修。

④检查空调 V 带,如果 V 带已经损坏,应进行更换。

⑤检查电动冷却风扇的运行,进行必要的维修。

⑥检查冷凝器总成的气流是否受到限制,进行必要的清洁。

⑦检查系统在气流方面是否受到限制。

⑧检查系统压力。如果压缩机的压力等于规定数值,则说明空调系统工作正常。

(2)空调系统制冷剂压力值与故障排除(见表 9-6)。

表 9-6 空调系统制冷剂压力值与故障排除

歧管压力表(MPa)		问 题	原 因	处理方法
低	高			
0.15～0.3	1.5～2.0	正常状况	—	—
负压力	0.5～0.8	低压侧读出负压力,高压侧读出极限低压力; 干燥器及膨胀阀进出管道周围冻结	膨胀阀内有尘粒卡住或水滴冻结,阻止制冷剂流动膨胀阀热敏管道漏气阻止制冷剂流动	清洗膨胀阀。如不能清洗则更换更换干燥罐,重新加注制冷剂
正常:0.15～0.3 异常:负压力	正常:1.5～2.0 异常:0.6～1.0	在空调工作期间,低压侧有时显示负压有时显示正常压力; 高压侧重复显示异常及正常压力	因系统中有湿气,膨胀阀被冻结,并暂时中断制冷循环	更换膨胀阀; 更换干燥罐; 抽真空系统并重新充注制冷剂
0.05～0.1	0.69～1.0	低压及高压侧均显示低压读数; 通过观察孔可以看到持续不断的气泡	该系统制冷剂不够(制冷剂泄漏)	使用检漏仪检查泄漏情况并进行修理
0.4～0.6	0.69～1.0	低压侧压力偏高; 高压侧压力偏低	压缩机内部泄漏	检修压缩机或进行更换
0.3～0.45	1.9～2.5	在低压侧和高压侧上压力均偏高,即使发动机转动缓慢,也看不见气泡	制冷剂充注过量; 冷凝器散热不正常	调整制冷剂到规定量检查并修理冷凝器

续表 9-6

歧管压力表(MPa)		问题	原因	处理方法
低	高			
0.3～0.45	1.9～2.5	在低压侧和高压侧上压力均偏高； 低压侧管道摸起来不冷； 通过观察孔可看见气泡	空调系统内存在空气	更换干燥罐； 重新抽真空并充注制冷剂

(3)制冷系统的故障诊断(见表 9-7)。

表 9-7 制冷系统的故障诊断

故障	原因	处理方法
不出冷风(空调系统工作不正常)	空调系统不工作 (1)无制冷剂 (2)熔丝烧断 (3)空调及风扇电机开关故障 (4)空调热敏电阻故障 (5)高低压保护开关故障 (6)空调继电器故障 (7)线路或搭铁故障 (8)空调 ECU 切断开关故障	(1)回收、抽真空及充注制冷剂 (2)检查保险，检查是否短路 (3)检查空调及风扇电机开关 (4)检查空调热敏电阻 (5)检查高低压保护开关 (6)检查空调继电器 (7)按需要修理 (8)检查空调切断开关信号
	压缩机不工作(不运转) (1)电磁离合器故障 (2)传动 V 带松弛或损坏 (3)压缩机故障	(1)检查电磁离合器 (2)拧紧或更换传动 V 带 (3)检查压缩机
	冷凝器电子扇不工作 (1)冷凝器电子扇继电器故障 (2)线路或搭铁故障 (3)空调冷凝器风扇电机故障	(1)检查冷凝器电子扇继电器 (2)按需要修理 (3)检查冷凝器风扇电机
不出冷风或制冷效果不好(空调系统运转正常)	(1)制冷剂补充不足或过量 (2)冷凝器堵塞 (3)蒸发器堵塞或冻结 (4)膨胀阀故障 (5)贮液干燥器故障 (6)传动 V 带打滑 (7)电磁离合器故障	(1)检查制冷剂量 (2)检查冷凝器 (3)检查蒸发器和热敏电阻 (4)检查膨胀阀 (5)检查贮液干燥器 (6)检查或更换传动 V 带 (7)检查电磁离合器
不出冷风或冷气不足(空调系统运转正常)	(1)压缩机故障 (2)空调系统内有空气 (3)暖风机故障 (4)空调系统中压缩机油过多	(1)检查压缩机 (2)更换贮液干燥器并重新充注 (3)检查暖风机 (4)排放空调系统中的压缩机油

续表 9-7

故　　障	原　　因	处理方法
冷气时断时续	(1)线路连接有问题 (2)膨胀阀故障 (3)空调系统内湿度过度潮湿 (4)电磁离合器故障 (5)制冷剂充注过量	(1)必要时修理 (2)检查膨胀阀 (3)更换贮液干燥器并重新充注 (4)检查电磁离合器 (5)检查制冷剂充注量
只在高速运转时出冷气	(1)冷凝器堵塞 (2)制冷剂补充不够 (3)空调系统内有空气 (4)传动 V 带打滑 (5)压缩机故障	(1)检查冷凝器 (2)检查补充制冷剂 (3)更换贮液干燥器并重新充注 (4)检查并更换 V 带 (5)检查压缩机
仅在高速运转时不出冷气	(1)制冷剂补充过量 (2)蒸发器冻结	(1)检查制冷剂量 (2)检查蒸发器和空调热敏电阻
冷气风力不足	(1)蒸发器堵塞或冻结 (2)暖风机电机故障 (3)线路搭铁故障	(1)检查蒸发器和空调热敏电阻 (2)检查暖风机 (3)必要时修理